Джон Мак-Артур

СВОБОДА И СИЛА ПРОЩЕНИЯ

Благая весть
Самара, 2025

УДК 241
ББК 86.376
М15

Джон Мак-Артур
Свобода и сила прощения

Перевод: С. Омельченко
Редакция: В. Зелинская
Консультант: А. Бринза
Техническая редакция: В. Сафаров
Верстка и дизайн обложки: М. Литвинова

Мак-Артур, Джон.
М15 Свобода и, сила прощения / Джон Мак-Артур. — Самара: Благая весть, 2025. — 328 с.

TMAI Edition ISBN: 978-1-967358-15-1 УДК 241
ББК 86.376

Если не указано иначе, ссылки на места Священного Писания даны по Синодальному переводу Библии.

The Master's Academy International
E-mail: publishing@tmai.org

ОГЛАВЛЕНИЕ

ВСТУПЛЕНИЕ

Месть всегда популярна, прощение — нет. Возмездие часто изображается как добродетель, отражающая здоровое самоуважение. Оно представляется как неотъемлемое право личной свободы. Месть является доказательством большой силы.

В одном фильме полицейский направляет пистолет на пойманного бандита и, призывая его бежать, произносит нараспев: «Давай, беги, доставь мне удовольствие». Этим он показывает свою сущность — он достигнет личного удовлетворения, если убьет преступника.

Наше общество пьяно от гроздьев человеческого гнева. Преступления из мести становятся отличительным признаком нынешнего поколения. И поэтому неудивительно, что так много людей охвачены виновностью, гневом, депрессией и другими разрушающими чувствами.

Еще в начале своего пасторского служения я заметил интересный факт: почти все личностные проблемы, которые побуждают людей искать пасторского душепопечительства, в какой-то степени связаны с проблемой прощения. Наиболее трудные проблемы людей, ищущих попечительства, были бы значительно уменьшены (а в некоторых случаях и разрешены полностью), если бы правильно понималось учение Священного Писания о прощении.

Люди, приходящие за советом, как правило относятся к одной из двух категорий. Одни нуждаются в том, чтобы понять, как Божье прощение распространяется на грешников;

другие — в том, как научиться прощать. Иными словами, некоторые люди борются со своим собственным чувством вины; а некоторые имеют греховное пристрастие порицать других и не прощать причиненные обиды. И чувство виновности, и чувство порицания изнуряют человека и физически, и духовно. Оба этих чувства могут сделать жизнь жалкой. Оба могут породить множество родственных проблем. И оба можно излечить только правильно понимая, чему учит о прощении Священное Писание.

Я часто защищаю точку зрения о практической сущности любого учения. Наши убеждения и взгляды определяют наше мышление, поведение и нашу реакцию на испытания, которые преподносит нам жизнь. Абстрактные взгляды никогда не остаются абстрактными, они неизбежно проявят себя в поведении человека. Поэтому правильная система убеждений лежит в основании всякого действительно праведного поведения.

И тем не менее, я часто слышу, как люди жалуются, что изучение Библии и наставление в учении непрактичны. Тема этой книги полностью опровергает такое мнение, потому что невозможно справиться с виновностью или порицанием, пока мы не поймем, чему учит о прощении Священное Писание. Иными словами, наиболее важные аспекты христианской жизни в конечном счете зависят от правильности нашего понимания таких вопросов, как виновность, прощение, примирение и других, связанных с ними предметов.

Эта книга исследует вопрос прощения на основании того, как учит об этом Священное Писание. Ее цель — показать практическое применение этой насущной доктрины и помочь читателю научиться по-библейски реагировать на свою собственную вину, а также уметь прощать обидчикам.

По ходу мы коснемся некоторых важных вопросов прощения и как оно влияет на нашу жизнь:

– Можем ли мы быть уверенными в Божьем прощении?
– Если христиане уже прощены, почему они нуждаются в ежедневном исповедании своих грехов?
– Как мы должны исповедовать свои грехи: только перед Богом или также перед другими людьми?
– Отнимает ли Бог Свое прощение у человека, получившего его?
– Должно ли прощение нами других быть *безусловным?*
– Как согласовывается учение Иисуса о прощении с Его повелением наказывать людей, упрямо живущих во грехе?
– Если мы должны прощать до семижды семидесяти раз, как учил Петра Христос, имеем ли мы вообще право сомневаться в законности повторного раскаяния обидчика?
– Не озабочен ли Бог справедливостью тоже? Где справедливость, если я прощаю тех, кто причинил мне зло?

Прощение — это не простая тема, особенно в такой сложный век как наш. Сейчас стало модным говорить о «прощении». Часто это увертка для тех, кто отказывается правильно разрешать проблему виновности, возлагая вину за *свои* ошибки на родителей, правительство или на общество в целом. Можно ли совместить современные методы трактовки виновности и порицания с учением Иисуса о прощении? Я считаю, что нет. И в этой книге мы вместе рассмотрим, что говорит по этому вопросу Писание и почему

Божьи принципы прощения бесконечно превосходят все человеческие взгляды на виновность, порицание, милость и справедливость.

Вероятно, никакая другая концепция христианской веры не имеет такой важности, как прощение. Само Евангелие — это весть о Божьем прощении, и учение Христа было наполнено увещеваниями Своим последователям прощать друг друга. Иисус установил невероятно высокие требования, уча нас прощать даже самых жестоких обидчиков.

И честно признаемся, что иногда требования кажутся нам слишком высокими. Как мы можем преодолеть наши естественные человеческие наклонности и научиться прощать так, как того требует от нас Бог? Это часть того, что мы будем рассматривать в данной книге.

Но, прежде всего, мы должны серьезно усвоить, чему учит нас Писание о грехе, виновности и *Божьем* прощении. И когда мы это поймем, мы действительно будем благодарны, что требования, установленные Иисусом, так высоки — потому что они основаны на прощении, которое дарует нам Сам Бог. Наша нужда в Божественном прощении бесконечно больше, чем какое-либо прощение, которое мы призваны даровать другим грешникам. Человек, придерживающийся этой истины, никогда не будет иметь серьезных проблем в прощении других.

Бог есть Бог прощающий, и каждый день мы зависим от Его продолжающегося прощения наших грехов. И единственное, что мы можем сделать, — это подражать Его прощению в наших отношениях друг с другом.

И все-таки, во всех нас есть естественная тенденция уменьшать свои собственные грехи и увеличивать наше обвинение других — к себе относиться с милостью и требовать возмездия другим. Но если мы научимся больше сокрушаться нашим собственным грехом, чем несправедливым обращением с нами других, мы будем твердо стоять на пути к духовному здоровью. С одной стороны, мы сами нуждаемся в прощении, а с другой — мы крайне нуждаемся в том, чтобы прощать других.

Эти вопросы постоянно присутствовали в учении Христа во время Его земного служения. Его притчи, проповеди, и даже молитва «Отче наш» подчеркивают истину, что прощенные должны также прощать. Некоторые из Его самых жестких высказываний были обращены к людям, не желающим прощать.

Вы уже, наверное, заметили, что прощение совсем не такая уж и удобная тема для исследования. Кстати, готовя материал для этой книги, я скоро понял, что в Писании очень немного тем, столь обличительных, как эта.

И тем не менее, в итоге — весть о прощении положительная и обнадеживающая. Без Божьего прощения мы не имели бы никакой надежды. И когда мы научимся прощать других, множество жизненных трудностей уладятся сами по себе. Мы обнаружим, что прощение является начальной точкой для решения самых неприятных проблем жизни.

Поэтому я предлагаю эту книгу с надеждой, что она станет лекарством для многих, зажатых в тисках современного духовного и эмоционального недомогания человечества. Если вам трудно прощать или вы ищете прощения других, эта книга для вас. Если вы боретесь с виновностью или с гневом порицаете других, эта книга также для вас. Когда мы будем изучать темы свободы и силы Божьего высшего дара, пусть ваше сердце приблизится к Богу, Который всегда готов прощать, чтобы вы также научились легко делать это.

1

ОСНОВАНИЕ ВСЯКОГО ПРОЩЕНИЯ

Не Знавшего греха Он соделал грехом вместо нас,
чтобы мы стали праведностью Божией в Нем.
2 Кор. 5:21 (Нов. перевод с греческого подлинника)

Прощение. Нет ничего более чуждого греховной природе человека. И ничто не характеризует Божественную благодать так, как прощение.

Падшее человечество очень трудно воспринимает Божье прощение. Как грешники, мы каждый лично знаем, насколько трудно бывает простить других, тех, кто обошелся несправедливо с нами. Поэтому некоторые люди не могут представить Всемогущего Бога иначе, как суровым и непрощающим. Другие, зная, что Писание учит нас, что Бог многомилостив, воображают, что Он настолько снисходителен, что грешнику на самом деле нечего бояться. Но обе концепции крайне ошибочны в вопросе понимания Божественного прощения.

В поисках компромисса наше отношение к прощению склонно изменяться в зависимости от того, на какую сторону уравнения мы смотрим. Когда мы — получатели милости, мы, естественно, рассматриваем прощение как одну из величайших добродетелей. Но когда мы оказываемся обиженной стороной, прощение часто кажется нам вопиющим нарушением справедливости!

И тем не менее, все признают и справедливость, и милосердие как великие добродетели. Кто из нас не желает получить прощение, когда знает, что поступил неправильно? И кто не презирает несправедливость, особенно когда был обижен сам?

Итак, как же нам совместить этих две великих добродетели, справедливость и милосердие? Но более важно, как совмещает их Бог? Если Он ненавидит несправедливость, как Он может поощрять милосердие? Как может совершенно святой Бог прощать грешников?

«Ну, для Бога это легко, — подумаете вы. — В конце концов, Он может просто решить простить нас и объявить все наши преступления утратившими силу и аннулированными. Он может просто извинить грешника и оставить грех ненаказанным».

Но это недостаточное понимание сущности Бога и небиблейский взгляд на прощение. Бог не может и не будет оправдывать преступников, просто игнорируя сделанное ими зло. Так поступать было бы несправедливо, а Бог есть Бог справедливый.

Здесь мы должны быть особенно осторожны, чтобы наше мышление было библейским. Некоторые люди склонны принимать Божью благодать и прощение как должное, игнорируя Его совершенную праведность. Другие много и громко говорят о Божьей справедливости, мало упоминая Его благодать. Обе истины должны быть в гармонии, если мы хотим понять, чему учит о прощении Св. Писание.

СПЕРВА ПЛОХАЯ ВЕСТЬ

Бог не прощает нас, просто отсрачиваясь, когда мы согрешаем. Библия неоднократно подчеркивает, что Бог накажет всякий грех. В Гал. 6:7, например, нам дается очень серьезное предупреждение: «Не обманывайтесь: Бог поругаем не бывает. Что посеет человек, то и пожнет». В Исх. 23:7 Бог говорит: «Я не оправдаю беззаконника». Недвусмысленно сказано и в Наум. 1:3: «Господь... не оставляет без наказания». Звучит это и в проповеди Евангелия: «Ибо открывается гнев Божий с неба на всякое нечестие и неправду...» (Рим. 1:18).

Священное Писание определяет взаимоотношения между Богом и грешником, как вражду (Рим. 5:10; 8:7). Бог ненавидит грех, и следовательно, все, кто согрешает, становятся врагами Богу. Он — Бог, «всякий день строго взыскивающий» (Пс. 7:12). Он ненавидит делающих беззаконие (Пс. 5:6).

Все грешники находятся в одной лодке. Нарушившие какое-либо незначительное постановление Божие, так же виновны как и те, кто нарушил все заповеди (Иак. 2:10). Истина в том, что ни один из грехов не является незначительным (Рим. 3:10-18). Все люди рождаются с неутолимым стремлением ко греху (Пс. 57:4). Они — объекты Божьего святого гнева (ст. 3), наслаждающиеся своим грехом, духовно мертвые (Ефес. 2:1), не имеющие никакой надежды (ст. 12). С человеческой точки зрения это действительно состояние полной безысходности.

С другой стороны, Бог совершен, бесконечно свят, абсолютно безупречен и полностью праведен. Его справедливость должна быть удовлетворена наказанием любого нарушения Его закона. И заслуженное наказание нашего беззакония бесконечно строго — это вечное проклятие. Мы ничего не можем предложить Богу в искупление за наш грех, потому что цена за грех слишком высока.

Положение падшего человечества самое мрачное. Каждый человек — грешник, находящийся под нависшим мечом Божьего суда. По природе мы — чада гнева (Ефес. 2:3), полностью порабощенные грехом (Иоан. 8:34). Мы не имеем врожденной способности почитать Бога и повиноваться Ему (Рим. 8:7-8).

Ситуация кажется необратимой: мы ответственны перед святым Богом, требующим справедливости, в то же время мы — виновные грешники, неспособные ничего сделать для удовлетворения Божьей справедливости. Оставленные на произвол, мы все были бы обречены.

Какая-либо надежда на оправдание любыми средствами — невозможна. Сам Бог говорит, что оправдывать грешника — это мерзость, равная греху обвинения праведного: «Оправдывающий нечестивого и обвиняющий праведного — оба мерзость пред Господом» (Прит. 17:15). «Кто говорит виновному: «ты прав», того будут проклинать народы, того будут ненавидеть племена» (Прит. 24:24).

Снова и снова в Священном Писании Сам Бог строго запрещает кому-либо оправдывать нечестивого.

ТЕПЕРЬ ХОРОШАЯ ВЕСТЬ

Но Писание говорит нам, что Бог оправдывает нечестивых (Рим. 4:5). Он покрывает их грехи (ст. 7). Он не принимает в счет их злые дела (ст. 8). Он объявляет их праведными, полностью прощая их грехи. Теперь вы видите, почему Евангелие — Благая Весть?

Как может Бог даровать такое прощение, не идя на компромисс со Своим требованием справедливости? Как Он может оправдывать грешников, не представляя Себя несправедливым? Как Он может прошать грешников, не нарушая Свое Слово, тогда как Он уже поклялся, что накажет всякое беззаконие? Ответ: «Сам Бог сделал Сына Своего Иисуса Христа искуплением за наши грехи».

Многие христиане, услышав эту фразу, со знанием дела закивают головой. Но сравнительно мало тех, кто смог бы ясно выразить сущность доктрины искупления или защитить ее от многочисленных нападок врагов истины.

Поэтому я бы посоветовал вам не подходить к данному разделу поверхностно, хотя вам и может показаться, что мы будем изучать предмет, знакомый многим. Я надеюсь в оставшейся части этой главы раскрыть истину о заместительной жертве Христа, так чтобы вы более ясно поняли глубину и значимость этой самой важной из всех христианских доктрин.

Эта истина лежит в самом сердце Евангельской вести. Это самая важная истина во всем Писании. Она объясняет, как Бог может оставаться справедливым, оправдывая грешников (Рим. 3:25-26). И это единственная надежда для всякого грешника, ищущего прощения.

СЛУЖЕНИЕ ПРИМИРЕНИЯ

Вероятно, самая важная глава в Св. Писании, касающаяся заместительной смерти Христа за грешников, находится во Втором Послании к Коринфянам, в 5-й главе. Обратите внимание, как идея прощения наполняет контекст.

Действительно, *примирение* является главной темой Послания Апостола Павла:

> Все же от Бога, Иисусом Христом примирившего нас с Собою и давшего нам служение примирения, потому что Бог во Христе примирил с Собою мир, не вменяя людям преступлений их, и дал нам слово примирения. Итак мы — посланники от имени Христова, и как бы Сам Бог увещевает чрез нас; от имени Христова просим: примиритесь с Богом.
>
> — 2 Кор. 5:18-20

Различные варианты слова «примирение» использованы в этих нескольких стихах пять раз. Павел, например, говорит о «служении примирения» (ст. 18). Это его определение задачи благовестника. «Слово примирения» (ст. 19) говорит о проповеди Евангелия. Именно так Павел характеризует Евангелие — весть примирения. Обязанность каждого служителя Евангелия рассказать грешникам, как они могут примириться с Богом.

Примирение с Богом предполагает полное прощение. Поэтому тема прощения находится в центре этого отрывка.

Великая истина: у Бога есть план, посредством которого Он может осуществить то, что, казалось бы, абсолютно невозможно. Есть путь к удовлетворению Его справедливости без осуждения грешника. Он может исполнить Свое обещание возмездия за грех, но в то же время примирить с Собой грешников. Он может оставаться справедливым, даже оправдывая нечестивых (Рим. 3:26). «Милость и истина встретятся, правда и мир облобызаются» (Пс. 84:11).

АВТОР ПРИМИРЕНИЯ

Обратите внимание, что примирение грешника начинается и полностью достигается для него Богом. Искупленный человек не вносит никаких собственных заслуг в этот процесс. Павел ясно об этом говорит: «Все же от Бога, Иисусом Христом примирившего нас с Собою» (2 Кор. 5:18).

Взаимоотношения между Богом и грешником *никогда* не восстанавливаются, потому что грешник решает изменить свои пути и загладить свою вину перед Богом. Прежде всего, никакой грешник никогда не захотел бы и не смог бы сделать такой шаг к Богу.

Помните, что грешник полностью пленен грехом, нравственно неспособный любить или повиноваться Богу; он добровольно находится во вражде с Ним (Рим. 8:7-8).

Более того, как мы уже увидели, никакой грешник не может сделать ничего, чтобы удовлетворить требования совершенной праведности Божьей. Грешники, считающие, что они заслуживают Божье благорасположение, только добавляют к своим грехам еще и самоправедность. Их необоснованная надежда заслужить Божественные качества на самом деле является лишь оскорблением бесконечной святости Божьей, единственный стандарт Которого — абсолютное совершенство, недосягаемое для падшего человечества.

Грешники не могут утолить праведный Божий гнев или удовлетворить Его святую справедливость. Они не способны также соответствовать Его стандартам абсолютного совершенства. Другими словами, никакой грешник никогда не сможет искупить свой грех. Грешники нарушили закон Божий и поэтому навсегда изгнаны из Его присутствия.

Самоисправление исключено. Даже если бы грешники были в силе изменить себя, они никогда бы не смогли заплатить цену искупления за ранее совершенное зло. «Начать новую страницу» не значит аннулировать грех, который уже записан.

Более того, наилучшие усилия грешника в добрых делах всегда заражены грехом и поэтому не могут заслужить святое Божие расположение. «Все мы сделались — как нечистый, и вся праведность наша — как запачканная одежда» (Ис. 64:6). Джон Буньян, ясно понимавший это истину, однажды сказал, что наилучшая молитва, которой он когда-либо молился, имела в себе достаточно греха, чтобы осудить весь мир.

Поэтому нелепо и думать, что грешник может просто решить примириться с Богом и, следовательно, осуществить примирение.

Почему эта истина требует так много внимания? Потому что многие люди неправильно ее понимают. Они считают, что примирение — это то состояние, которого достигает грешник, прекратив отвергать Бога. Часто можно услышать, как христиане пытаются евангелизировать неверующих, внушая им, что простым актом воли любой грешник может прекратить свое неповиновение Богу, и этим достичь примирения. Это недостаточное понимание Евангелия, основанное на неполном понимании серьезности человеческой порочности. Предположить, что любой грешник мог бы или хотел бы восстановить правильные взаимоотношения с Богом, значит недооценивать рабство греха и его силу над волей грешника.

Кроме того, величайшее препятствие для нашего спасения даже не в нашей враждебности по отношению к Богу, а в *Его* гневе против нас. Примирение, описанное Павлом в этом отрывке, достигается не потому, что мы решаем принять Бога, а потому что Он решает принять нас.

Следовательно, для достижения примирения Сам Бог должен быть его Автором и Созершителем. Примирение с Богом никогда не сможет быть достигнуто личными усилиями грешника, потому что все такие усилия греховны сами по себе. Это оставляет грешнику единственную надежду — надежду на милость и любовь Бога, как Автора и Совершителя примирения.

Нежелание спасать грешников вовсе не свойственно Богу. Ведь Он Первым искал Адама и Еву после их грехопадения (Быт. 3:9). Он искал Свой непокорный народ и молил покаяться и принять Его спасение. Он плакал слезами Иеремии за грехи Израиля (Иер. 13:15-17). В истории с Осией Бог изображен идущим на рынок рабынь-блудниц, чтобы привести Свою неверную, запятнанную грехом жену и обращаться с ней с любовью, как если бы она была целомудренной, девственной невестой (Ос. 3:1-3).

В противоположность этому языческие боги были или же враждебно настроены и требовали умиротворения для отказа от своего смертоносного намерения, или безразличны и нуждались в возбуждении криками своих поклонников. Бог же не настроен враждебно или безразлично. Он по Своей природе — Спаситель.

Это благая весть о прощении — «что Бог во Христе примирил с Собою мир, не вменяя людям преступлений их» (2 Кор. 5:19). Поэтому для грешников есть путь к примирению с Богом. Через искупительную жертву Христа Сам Бог осуществил то, что казалось ранее невозможным. Вражда может быть удалена, грех прощен и общение восстановлено

Самим Богом, но не грешником. Именно это и провозглашается в Евангелии.

В Рим. 5:10-11 сказано: «Будучи врагами, мы примирились с Богом... [Мы] хвалимся Богом чрез Господа нашего Иисуса Христа, посредством Которого мы получили ныне примирение».

Бог обеспечивает это примирение. Он его осуществляет. И да не думаем мы, что сможем добавить хоть один грамм заслуг к этому процессу.

Апостол Павел повторяет эту же тему в Кол. 1:21-22: «И вас, бывших некогда отчужденными и врагами, по расположению к злым делам, [Он] ныне примирил».

Всякий раз, когда в Новом Завете речь идет о примирении, подчеркивается роль *Бога* в его осуществлении. Нигде не говорится, что грешник сам может осуществить примирение. Нигде не дается и намека на то, что он может заслужить Божье благорасположение. Истинно обратное.

С другой стороны, нигде в Писании не говорится, что Бог медлит в отношении примирения грешников с Собой. Напротив, Сам Бог начинает и совершает примирение с грешником. Он предлагает примирение всем, кто уверует.

Когда Апостол Павел призывал грешников: «От имени Христова просим: примиритесь с Богом» (2 Кор. 5:20), он не предлагал им попытаться загладить вину перед Богом, а просто убеждал *их* принять то, что предлагал *Господь*.

В этом отличие христианского прощения. Любая, когда-либо созданная человеком религия, учит, что есть что-то, что должен сделать грешник, чтобы угодить Богу. Только Библейское христианство учит, что Бог дал грешникам все необходимое, чтобы угодить Ему.

СРЕДСТВА ПРИМИРЕНИЯ

Итак, это главные истины, лежащие в основе христианской доктрины прощения: Бог есть Тот, Кто осуществляет прощение грехов; грешнику невозможно заслужить себе Божье благорасположение. И если Бог явит милость грешникам, Он не сделает это в нарушение Своей совершенной справедливости. Он поклялся наказывать виновных, и эта клятва должна быть исполнена, иначе справедливость не будет удовлетворена. Поэтому, пока Божий гнев против виновного полностью не изольется, прощение остается возмутительным оскорблением Божественной праведности, и никто не сможет примириться с Богом.

Следовательно, гнев Божий против греха создает наибольшее препятствие для прощения любого грешника.

Вас эта истина не шокирует? Многих современных читателей она шокирует. Слишком много людей понимают Божественную благодать как благосклонную снисходительность, при которой Бог просто извиняет грех и отворачивается в сторону — как если бы благодать подразумевала понижение Божественного стандарта, чтобы приспособиться к нечестию. Писание этому не учит. Сам Бог сказал, что всякое преступление и непослушание получит справедливое наказание (ср. Евр. 2:2), и Он не может отступить от Своего совершенства, чтобы потворствовать нечестивому. Такое отступление противоречило бы Его праведности.

Как же тогда Бог примиряет грешников с Собой? На каком основании Он может даровать грешникам прощение? Здесь мы подходим лицом к лицу к нужде искупления. Для того, чтобы гнев Божий был удовлетворен, для того, чтобы Бог *смилостивился* над грешником, требуется соответствующее искупление. Бог должен исполнить требования справедливости, излив Свой гнев на заместительную жертву. Кто-то должен понести наказание вместо грешника.

И это как раз то, что и произошло на кресте. Апостол Павел концентрирует всё Евангелие в одном простом высказывании: «Не Знавшего греха Он соделал грехом вместо нас, чтобы мы стали праведностью Божией в Нем» (2 Кор. 5:21, Нов. перевод с греческого подлинника).

Прочитав это, вы, возможно, подумаете: «Что может быть общего у этого стиха с прощением?»

Ответ: всё. Хотя на поверхности этот стих и покажется трудным для понимания, он закладывает основание для всякого прощения. Истина, которую хочет выразить здесь Апостол Павел, является основанием того, как Бог искупляет грешников. Я сомневаюсь, что в Св. Писании есть более важный стих для понимания Евангелия.

Эта глубокая истина — ключ к пониманию Божественного прощения: Бог сделал безгрешного Христа грехом вместо нас, чтобы мы стали настоящей праведностью Божией в Нем. Давайте тщательно проанализируем этот важный стих Писания.

Заместительство

Во-первых, этот стих говорит о заместительстве. Это значит, что Христос умер *нашей* смертью. Он понес наказание за *наш* грех. Он на Себе претерпел гнев Божий, который заслужили мы. Бог «не Знавшего греха сделал грехом вместо нас, чтобы мы стали праведностью Божией в Нем».

Говоря простым языком, Апостол Павел свидетельствует о следующем: Бог обращался с Христом как с грешником и наказал Его за все грехи тех, кто уверует, чтобы Он мог обращаться с ними как с праведниками, и оказать им честь за совершенное послушание Христа.

Подумайте о глубоком значении этой истины: смерть Христа была платой за грехи тех, кто уверует. Он заместил их перед судом. Он понес их виновность и пострадал вместо них. И настоящая природа страдания, которое Он претерпел, была бесконечно больше, чем унижение, гвозди и бичевание, сопровождавшие Его распятие. Он принял полную меру Божьего гнева за грех.

Иными словами, когда Христос висел на кресте, взяв на Себя грехи других, Бог Отец излил на Своего безгрешного Сына каждую каплю Божественной ярости за грех. Это объясняет слова Христа в девятом часу: «Элои! Элои! лама савахфани?», что значит: «Боже Мой! Боже Мой! для чего Ты Меня оставил?» (Марк. 15:34). Есть очень реальная причина, по которой Бог Отец оставил Сына — это судебный порядок. Когда Христос висел на кресте, Бог в неограниченной полноте извергал Свой сильный гнев и недовольство за наш грех на Своего Сына!

Эта доктрина шокирует нас. Бог Отец возложил на Своего Сына наказание за вину, справедливо принадлежавшую другим! Но несмотря на то, что эта истина так поразительна, — это ясное учение Писания. Апостол Петр писал: «Он грехи наши Сам вознес телом Своим на древо, дабы мы, избавившись от грехов, жили для правды» (1 Пет. 2:24). Исаия, пророческим языком изображая страдания Христа, говорит:

> Он взял на Себя наши немощи, и понес наши болезни; а мы думали, что Он был поражаем, наказуем и уничижен Богом. Но Он изъязвлен был *за грехи наши* и мучим за

> беззакония наши; наказание мира *нашего* было на Нем,
> и *ранами Его* мы исцелились... Господь возложил на Него
> грехи всех нас.

— Ис. 53:4-6, курсив добавлен

Пророк продолжает: «Господу угодно было поразить Его, и Он предал Его мучению... Душа Его принесет жертву умилостивления» (ст. 10).

Смерть Христа была *«угодна»* Богу? Именно этому учит Писание. Библия неоднократно говорит, что Христос умер как «умилостивление» за наши грехи (Рим. 3:25; Евр. 2:17; 1 Иоан. 2:2; 4:10). Слово «умилостивление» говорит об умиротворении, полном удовлетворении Божественных требований к грешнику. Это удивительная истина. Она означает, что Христос сполна заплатил выкуп за грехи тех, кого Он искупил.

Люди часто неправильно понимают, из чего состоял этот выкуп. «Ибо Сын Человеческий... пришел... дать душу Свою как выкуп за многих» (Марк. 10:45, [Нов. перевод с греческого подлинника]; ср. 1 Тим. 2:6). Но вопреки тому, что считают многие, «выкуп», о котором говорится здесь, это не откуп сатане. Сатана не имеет никакого права требовать выкуп за избавление душ. (См. дальнейшее обсуждение этого в приложении 1).

Наоборот, заплаченный «выкуп» — это искупление, предложенное для удовлетворения справедливости Божией. Христос выкупил Своих людей, претерпев за их грех наказание, требуемое Божественной праведностью. Ценой искупления был полный гнев Божий, направленный на невиновную, совершенно праведную жертву! Только это могло искупить вину грешников.

Многие находят это учение неприятным. Богословы-либералы часто протестуют, что такой взгляд на искупление показывает Бога жестоким и наивным. Они отрицают, что Бог требует какую-либо плату — особенно жертву крови — для того, чтобы умилостивиться к грешникам. Бог, утверждают они, не имеет нужды «сводить счеты» с грешником за грех или требовать какой-либо платы, поскольку, по их мнению, Божественная благая воля — достаточное основание для прощения грешников. Если Бог хочет простить грех, говорят они, Он может это сделать свободно.

Но придерживаться такого взгляда значит ослаблять справедливость Божью за счет Его человеколюбия. Такой взгляд обесценивает Божье прощение, и ставит ни во что совершенную праведность. Отнюдь не возвышая Бога, либеральный взгляд унижает Его, компрометируя Его совершенную праведность.

Писание ясно учит, что только жертва крови может искупить грех и укротить гнев Божий против грешника. В Ветхом Завете Бог сказал Израилю: «Душа тела в крови, и Я назначил ее вам для жертвенника, чтобы очищать души ваши, ибо кровь сия душу очищает» (Лев. 17:11). Евр. 9:22 лаконично, но емко утверждает: «Без пролития крови не бывает прощения».

Поэтому искупление через пролитие крови абсолютно необходимо для прощения грехов. Прощение невозможно без достаточной, заместительной жертвы. Писание ясно об этом говорит. Гнев и справедливость Божья не должны приуменьшаться в нашем понимании Его прощения.

В наши дни приобретает популярность одно серьезное неправильное понимание жертвы Христа на кресте. Известное под названием «Правительственная теория искупления» (или

«Богословие нравственного закона»), это учение утверждает, что смерть Христа была доказательством Божьего гнева против зла, графическим проявлением Божьего недовольства грехом — но не буквальной платой за грехи. Те, кто защищает этот взгляд, отрицают, что наша вина на самом деле была переложена на Христа, и что Его праведность может быть вменена грешникам.

Богословы, представители этого учения, много говорят и пишут о «пробуждении». (Кстати, их страница в Интернете, рекламирующая этот вид богословия, называется «Ресурсы богословия пробуждения» [Revival Theology Resources]). Они цитируют авторов, чьи имена знакомы христианам, таких как Чарльз Финней и Альберт Барнес. Иногда они утверждают, что верят во *что-то* типа заместительного искупления. Но отличие их богословия в том, что они настаивают, что ни виновность, ни праведность не могут быть переложены с одного человека на другого. Поэтому они исключили единственный вид заместительной жертвы, который в итоге имеет значение в библейской доктрине оправдания.

Вот почему такой взгляд на искупление в действительности — серьезный компромисс с центральной истиной Евангелия. Он равносилен отрицанию факта, что смерть Христа на кресте была платой за грехи *всякого* человека. Фактически, он оставляет грешников вообще без искупления и предполагает, что для того, чтобы получить оправдание, они должны исправить свою жизнь, сами избавиться от своего греха, и, живя жизнью послушания, очистить себя от дальнейшего осквернения. Так как Св. Писание ясно учит, что такое самоисправление невозможно (Иер. 13:23), этот взгляд на искупление фактически сводит Библейское обетование спасения на нет. (См. приложение 1: «Как мы должны понимать искупление?»).

Но как было отмечено раньше, всё самоисправление в мире не сможет искупить прошлые грехи, как и не сможет оно обеспечить совершенную праведность, необходимую, чтобы угодить Богу. Всё заблуждение отступнического Израиля состояло из убежденности, что они сами могли достичь праведности, независимо от праведности, которую дает верующим Бог: «Не разумея праведности Божией и усиливаясь поставить собственную праведность, они не покорились праведности Божией» (Рим. 10:3).

Но учение Библии, от начала до конца, подтверждает, что грешники никак не могут сами искупить свои грехи. Поэтому для искупления за грех нужна была совершенная жертва. Это включало пролитие крови невиновной заместительной жертвы (что означает смерть, не простое кровопускание). И заместительная жертва должна была понести не просто символическое, а полное наказание за вину (ср. Ис. 53:5). Только такая совершенная жертва могла удовлетворить требования Божьей справедливости и следовательно, примирить Его с грешниками.

Это в точности то, что, как говорит Св. Писание, дала жертва Христа:

> [Христа] Бог предложил в жертву умилостивления в Крови Его чрез веру, для показания правды Его в прощении грехов, соделанных прежде, во время долготерпения Божия, к показанию правды Его в настоящее время, да явится Он праведным и оправдывающим верующего в Иисуса.
> — Рим. 3:25-26

Мы начисто отвергаем либеральное мнение, что эта доктрина заместительного искупления ставит Бога в один ряд с древними языческими богами, якобы требовавшими жертвоприношения крови для своего успокоения. Искупительное дело Христа вообще не имеет ничего общего с языческими понятиями об умилостивлении и оскорбленных божествах.

Бог Священного Писания не похож на богов древнего Ханаана, или даже более изощренных богов греческой мифологии. Он не подвержен неуравновешенности и раздражению, чтобы требовать какого-то жертвенного стимула для успокоения необузданного нрава. Мы не должны сравнивать Божий гнев с плохим настроением. Его справедливая ненависть ко греху есть святой и неизменный закон, а не капризный характер. Его требование искупления за грех есть неотъемлемый вопрос Божественной праведности, а не бессмысленная жажда мести.

Никто не должен предполагать, что жертва Христа была необходимой для преодоления какого-то нерасположения со стороны Отца в спасении грешников. Бог в Своей сущности — Бог любящий и желающий спасать, Он не находит удовольствия в смерти грешника (Иез. 33:11).

Тем не менее, Св. Писание ясно учит о том, что, как основание Божественной справедливости, единственным приемлемым искуплением за грех была жертва крови, страдающая заместительная жертва, которая понесла бы весь гнев Божий вместо грешников. Так как это должен был быть кто-то, незнавший греха, Христос — *единственная* заместительная жертва, и Его смерть на кресте обеспечила искупление, необходимое для предоставления прощения грешникам.

Эта доктрина заместительного искупления является единственным основанием Божьего прощения. Отдельно от искупительного дела Христа ни один грешник не имел бы никакой надежды на спасение.

Всё основание примирения грешника с Богом — это реальность того, что Христос умер, понеся вину за наш грех. Он умер как заместительная жертва, заняв наше место. Он понес наше наказание и дал Богу свободу вменить нам праведность.

Вменение

Понимание вменения необходимо при объяснении текста 2 Кор. 5:21. *Вменение* говорит о законном взаиморасчете. Вменить кому-то вину значит записать вину на счет этого человека. Подобно и вменить праведность значит считать человека праведным. Таким образом, вмененные вина или праведность — это вполне объективная реальность; она существует совершенно отдельно от человека, которому вменяется. Другими словами, человек, которому вменяется вина, из-за этого не становится по-настоящему виновным. Но он считается виновным по закону. Это объявление человека виновным, а не фактическое переделывание его характера.

Вина грешников была вменена Христу. Он ни в коем смысле не был по-настоящему запятнан виной. Он был просто объявлен виновным перед судом неба, и наказание за всю вину было возложено на Него. Грех был вменен Ему, но не стал частью Его природы.

Это замечательное утверждение: «Не Знавшего греха [Бог] *соделал грехом* вместо нас, чтобы мы стали праведностью

Божией в Нем». Оно не может означать, что Христос *стал* грешником. Это утверждение не может означать, что Он совершил какой-либо грех, что Его природа была осквернена, или, что Он понес наш грех в каком-либо другом смысле, помимо законного вменения.

Христос не имел способности грешить. Он был безупречен. Этот же самый стих определяет Его, как «не Знавшего греха». Он был незапятнан. Он должен был быть незапятнанным грехом для того, чтобы стать совершенной жертвой. Он был свят, невиновен, неосквернен — отделен от грешников (Евр. 7:26). Он был без греха (Евр. 4:15). Если бы грех каким-либо образом запятнал Его природу, если бы Он стал настоящим грешником, Он Сам был бы достоин наказания за грех, а следовательно неправомочен внести плату за грехи других. Совершенный Агнец Божий не мог быть запятнанным. Поэтому фраза «[Бог] соделал [Его] грехом» *не может* означать, что Христос был запятнан настоящим грехом.

Это означает то, что вина за *наши* грехи была вменена Ему, занесена на Его счет. Многие места Св. Писания подчеркивают эту концепцию: «Он изъязвлен был за грехи наши и мучим за беззакония наши» (Ис. 53:5). «Он грехи наши Сам вознес телом Своим на древо» (1 Пет. 2:24). Он понес «грехи многих» (Евр. 9:28).

Поэтому во 2 Кор. 5:21 Павел просто подразумевает, что Бог обращался с Христом, как если бы Он был грешником. Он вменил Ему нашу вину и взыскал с Него полное наказание за грех, хотя Сам Христос и не знал греха.

Вина, которую Он понес, не была Его виной, но Он понес ее, как если бы она была Его. Бог возложил *нашу* вину на Христа и обязал Его заплатить за нее. Вся вина за все грехи всех, кто когда-либо будет спасен, была вменена Иисусу Христу — занесена на Его счет, как если бы Он был виновен во всем. Затем Бог излил всю ярость Своего гнева за весь этот грех, и Иисус все это испытал.

Таково значение этого стиха, который говорит, что Бог соделал Христа грехом за нас.

Оправдание

Этот стих также содержит ответ на волнующий многих вопрос о том, как грешники могут быть оправданы. Таким же образом, как вина грешников была вменена Христу, так и Его праведность вменяется всем верующим.

Писание неоднократно говорит, что праведность, которой искуплены грешники, основание, на котором они становятся приемлемыми Богу, — есть праведность, *вмененная* им. Еще в Быт. 15:6 мы читаем, что Авраам «поверил Господу, и Он вменил ему это в праведность». 4-я глава Послания к Римлянам использует оправдание Авраама как образец оправдания верующих.

Поэтому понятие о вменении решающее для понимания того, как верующие могут примириться с Богом. Христа Бог «соделал грехом», потому что наша вина была вменена Ему. Мы становимся праведными посредством вменения Его праведности нам. Все так просто.

Обратите внимание на смысл этого: Христос, умирая на кресте, не стал на самом деле грешным, чтобы нести нашу вину. И по такому же принципу нам не нужно становиться в действительности совершенными для того, чтобы получить Его совершенную праведность. Как достигается праведность оправдания? Только посредством вменения. Так как Бог поставил наш грех в заслугу Христу, Он ставит праведность Христа в заслугу нам.

Это значит, что наше прощение не зависит от какой-то предварительной нравственной реформы с нашей стороны. Каждый верующий получает прощение немедленно, точно так как разбойник на кресте. Нет необходимости в каких-либо делах искупления, или в похвальных ритуалах. Прощение не стоит нам ничего, потому что Христу оно уже стоило всего.

Союз с Христом, сопровождающий истинное обращение всякого грешника, неизбежно приведет к измененной жизни (2 Кор. 5:17). Всякий истинный христианин сообразуется в образ Христов (Рим. 8:29-30). Но эта перемена жизни никоим образом не заслуживает Божественного прощения. Прощение наше произошло прежде, чем первые признаки уподобления Христу стали заметны, потому что искупительное дело Христа уже полностью уплатило цену за наш грех, в то же время обеспечив нас одеждами совершенной праведности, что является неотъемлемым правом всякого верующего.

Когда Бог смотрит на христианина, даже на самого благочестивого, самого последовательного, Он не принимает его на основании добродетельной жизни. Он считает этого человека праведным только благодаря вмененной праведности Христа. В этом весь смысл 2 Кор. 5:21. Это подразумевает Писание, когда говорит, что Бог «оправдывает нечестивого» (Рим. 4:5). И это самый центр Евангельской вести.

Совершенная праведность Христа бесконечно превосходнее праведности, которую мы можем придумать сами. Поэтому Апостол Павел, отбрасывая годы изощренного фарисейского послушания закону, сказал, что теперь его великая надежда «найтись в Нем не со своею праведностью, которая от закона, но с тою, которая чрез веру во Христа, с праведностью от Бога по вере» (Фил. 3:9). Павел сказал, что самая высокая степень праведности, какую человеку возможно достичь, подобна мусору в сравнении с праведностью Христовой, вменяемой верующим (ст. 7).

Верующий облечен в праведность Иисуса Христа. Только совершенство такой праведности определяет положение каждого верующего перед Богом. Поэтому всем христианам дано такое высокое положение чести (восседать с Христом на небесах, см. Ефес. 2:6). Поэтому Писание говорит, что «нет ныне никакого осуждения тем, которые во Христе Иисусе» (Рим. 8:1). Их грехи уже навеки прощены, и как верующие они покрыты совершенной праведностью Христа.

Как человек достигает этого прощения? Верою. В 4-й главе Послания к Римлянам весь смысл сказанного Павлом состоит в том, что грешники оправдываются только через вмененную праведность, и что это вменение происходит только через веру:

> Что же, скажем, Авраам, отец наш, приобрел по плоти? Если Авраам оправдался делами, он имеет похвалу, но не пред Богом. Ибо что говорит Писание? Поверил Авраам Богу, и это вменилось ему в праведность. Воздаяние делающему вменяется не по милости, но по долгу. А не делающему, но верующему в Того, Кто оправдывает нечестивого, вера его вменяется в праведность.
>
> — ст. 1-5

Вера — *единственная* предпосылка для оправдания. Никакими делами заслужить его нельзя. Никакой обряд не может стать орудием для его получения. Кстати, Павел указывает в 10-м стихе, что Авраам был оправдан *прежде* своего обрезания (ср. Быт. 15:6 и Быт. 17:10). Поэтому обрезание, не смотря на всю свою важность в завете Бога с Авраамом, не может быть условием или средством для оправдания.

Если Бог оправдывает нечестивого только через веру (Рим. 4:5), в чем тогда эта вера состоит?

В отказе верить чему-либо или кому-либо другому, кроме Христа, в вопросе спасения. Это означает отказ от самоправедности и полное упование на Христа в вопросе спасения, а также искреннюю любовь ко Христу и ненависть ко всему, что Ему неугодно. Он предлагает прощение и вечную жизнь всем, кто придет к Нему. «Дух и невеста говорят: прииди! И слышавший да скажет: прииди! Жаждущий пусть приходит, и желающий пусть берет воду жизни даром» (Откр. 22:17).

Дорогой читатель, если вы понимаете, что вы грешник, и жаждете свободы и прощения своих грехов, обратитесь ко Христу прямо сейчас. Он не изгонит приходящих к Нему (Иоан. 6:37). Он желает прощать и примирять грешников с Собой. Если вы не имеете Божьего прощения ваших грехов, если этот вопрос не решен между вами и Богом, вам нет смысла продолжать читать эту книгу. «Как бы Сам Бог увещевает чрез нас; от имени Христова просим: примиритесь с Богом» (2 Кор. 5:20).

ПРИМИРЕНИЕ СПРАВЕДЛИВОСТИ И ПРОЩЕНИЯ

Во Христе примиряются Божья справедливость и Его милость. «Милость и истина встретятся, правда и мир облобызаются» (Пс. 84:11). Эти два кажущихся непримиримыми Божьи свойства примирились во Христе.

Бог примирил с Собою грешников. Всем верующим прощён неоплатный долг, не потому что мы этого заслуживаем, не как награда за покаянные дела, которыми мы расплачиваемся за свои грехи, но только на основании того, что сделал для нас Бог.

Этот неоценимый дар бесплатного прощения становится основанием для любого прощения и образцом того, как мы должны прощать других. Когда мы будем исследовать предмет прощения более глубоко, пожалуйста, помните всё, что сделал Бог для того, чтобы обеспечить нам прощение. Если мы будем постоянно помнить, сколько простил нам Бог, и чего Ему это стоило, мы скоро поймём, что никакой проступок против нас не сможет оправдать наш дух непрощения. Христиане, лелеющие злобу или отказывающиеся прощать других, потеряли из виду основание своего прощения.

Прощение Божье является образцом для нашего прощения, и наилучшим примером этого есть Сам Христос. В следующей главе мы исследуем возможно самый выразительный пример Божественного прощения во всём Писании.

2

МОЛИТВА УМИРАЮЩЕГО ХРИСТА

Там распяли Его... Иисус же говорил:
«Отче! прости им, ибо не знают, что
делают».
Лук. 23:33-34

Если у кого и была хорошая причина не прощать, так это у Господа Иисуса. Он был единственной настоящей жертвой — абсолютно невиновной в каких-либо неправильных поступках. Он никогда никого не обидел, никогда не произнес лжи, никогда не совершил недоброго или эгоистичного поступка, никогда не нарушил закона Божьего, никогда не помыслил нечистого. Он никогда не поддался никакому злому искушению.

Священное Писание говорит: «Он не сделал никакого греха, и не было лести в устах Его» (1 Пет. 2:22). Он «подобно нам, искушен во всем, кроме греха» (Евр. 4:15). Он «святой, непричастный злу, непорочный, отделенный от грешников» (Евр. 7:26).

Никто другой не заслуживал смерти *меньше,* чем Он. Даже злой Римский правитель Понтий Пилат неоднократно свидетельствовал: «Я не нахожу никакой вины в этом человеке» (Лук. 23:4; ср. Марк. 15:14; Иоан. 19:4, 6).

И тем не менее, Пилат, сговорившись с другими злыми людьми, используя ложные, сфабрикованные обвинения, осудил Христа на смерть и убил Его самым жестоким образом, который можно представить. В своей ненависти толпы людей были доведены до неистовства, несправедливо требуя Его смерти (Марк. 15:11-14).

И через все это Христос как Агнец веден был на заклание (Ис. 53:7). Подчиняясь унижениям и несправедливости, Он отдал Свою жизнь без сопротивления, угроз и мести. И все эти страдания и несправедливость имели определенную цель — сделать Его искупительной жертвой за грехи тех, кто предал Его смерти!

Его сердце наполняло прощение, а не осуждение или месть. Он сказал: «Сын Человеческий пришел не губить души человеческие, а спасать» (Лук. 9:56). «Ибо не послал Бог Сына Своего в мир, чтобы судить мир, но чтобы мир спасен был чрез Него» (Иоан. 3:17).

Вы, может быть, подумаете: «Одно дело, когда Христос прощал. Он знал, что по Божьему плану Он должен был умереть. Перед Ним стояла задача, и она включала смерть. Он понимал все это с начала. Но Бог ведь не ожидает, что я буду принимать оскорбления так легко!»

Но страдания и смерть Христа недвусмысленно поставлены христианам в пример для подражания:

> Христос пострадал за нас, оставив нам пример, дабы мы шли по следам Его. Он не сделал никакого греха, и не было лести в устах Его. Будучи злословим, Он не

злословил взаимно; страдая, не угрожал, но предавал
то Судии Праведному.

— 1 Пет. 2:21-23

ОБРАТИ ДРУГУЮ ЩЕКУ

Принцип прощения с самого начала был особенностью учения Христа. Нагорная проповедь содержит целый раздел с наставлением для учеников в терпении переносить несправедливые обиды: «Вы слышали, что сказано: «око за око, и зуб за зуб». А Я говорю вам: не противься злому. Но кто ударит тебя в правую щеку твою, обрати к нему и другую» (Матф. 5:38-39). Многие люди понимают содержание этих слов неправильно, поэтому стоит взглянуть на них поближе.

Во-первых, важно понять, что Христос не учил всеобщему пацифизму. Некоторые считают, что этот раздел из Нагорной проповеди исключает использование силы или насилия в какой бы то ни было ситуации. Однако, это не так, потому что в Рим. 13:4 гражданским властям ясно дается право и обязанность носить меч, подразумевая применение силы, включая и смертельное, в случае необходимости — в качестве отмщения «в наказание делающему злое». Поэтому полицейский, убивающий преступника, чтобы остановить совершение преступления, или палач, убивающий приговоренного к смерти, действует в соответствии с установленным Богом порядком.

Во-вторых, этот текст не исключает самозащиту в случае явно преступного нападения. Иисус учит, как мы должны реагировать на обиды и оскорбление нашего личного достоинства (ст. 39-42). Этот текст конечно же не означает, что муж должен отказаться защищать свою жену, или отец — уклоняться от защиты своих детей. Те, кто видит в этом тексте такой радикальный пацифизм, извратили намерение Иисуса.

В-третьих, Христос не отменял ни одного принципа Ветхозаветного закона. Он исправлял *искажение* закона, имевшее место в раввинском предании. Принцип «око за око» был Богодухновенно дан Моисею, и поэтому он не мог быть злым: «Кто сделает повреждение на теле ближнего своего, тому должно сделать то же, что он сделал: перелом за перелом, око за око, зуб за зуб; как он сделал повреждение на теле человека, так и ему должно сделать» (Лев. 24:19-20; ср. Исх. 21:24; Втор. 19:21).

Мы знаем, что Христос не объявлял этот закон бесполезным и недействительным, потому что Он Сам заявил в Матф. 5:17-18: «Не думайте, что Я пришел нарушить закон или пророков; не нарушить пришел Я, но исполнить. Ибо истинно говорю вам: доколе не прейдет небо и земля, ни одна иота или ни одна черта не прейдет из закона, пока не исполнится все». Поэтому невероятно, чтобы Христос намеревался изменять или улучшать нравственный стандарт Ветхозаветного закона.

Что же Он тогда подразумевал? Если стих 39 на самом деле не аннулирует правило «око за око», чтобы заменить его более добрым, более мягким принципом, в чем же суть этого текста? Дело вот в чем: принцип «око за око» был дан для решения вопросов гражданского права. Он был директивой для судей, определяющих наказание за гражданские нарушения, чтобы гарантировать соответствие наказания преступлению. Этот принцип не был жестоким, он ограничивал наказание

2. Молитва умирающего Христа

тяжестью преступления. И во всех случаях, где принцип «око за око» применялся, вынести приговор обидчику и определить наказание должны были *судьи*, а не обиженная сторона (Исх. 21:22-24; ср. Втор. 19:18-21). Нигде и никогда Ветхий Завет не разрешал отдельным людям брать закон в свои руки и применять его против тех, кто лично их обидел.

К сожалению, раввинское предание размыло необходимое разграничение между вопросами гражданского права и мелкими личными обидами. Раввины злоупотребляли принципом «око за око», применяя его в спорах для оправдания людей, ищущих личной мести за причиненные им обиды.

Иисус просто исправлял это неправильное представление. Он также делал некоторые необходимые разграничения между общественными и личными оскорблениями, между серьезными и мелкими. Удар по щеке — это не настоящее повреждение. Пусть желающий следовать за Христом просто подставит другую щеку. Но если жертва считает нападение преступным деянием, то пусть пройдет через надлежащие процедуры гражданского закона и позволит *другим* установить вину и определить наказание. Никто не имеет права на личное возмездие. Так поступать значит ставить себя в роли судьи и палача. Это нарушает дух всего, что закон говорит о гражданском и личном праве.

Поэтому повеление Иисуса обратить другую щеку устанавливает две категории оскорблений: одну — мелкую и личную, а другую — основательную или публичную. Во втором случае кто-то другой, кроме жертвы, должен доказать вину и определить наказание. В первом случае обиженная сторона, желая прославить Бога, должна просто с терпением переносить обиды.

НЕ ПРОТИВЬСЯ ЗЛОМУ

Слова Иисуса в Матф. 5:39 суммируют принцип, который применяется к мелким личным обидам: «Не противься злому. Но кто ударит тебя в правую щеку твою, обрати к нему и другую».

Этот стих многие годы применялся неправильно. Один культ в 70-е годы был известен тем, что его члены применяли фразу «не противься злому» в самой крайней форме, заходя так далеко, что одновременно поклонялись сатане и Христу!

Конечно же, Христос не учил, что злые люди должны иметь свободу во всех обстоятельствах. Сам Иисус противостал злым делателям и в Своем учении и в Своих действиях. В двух случаях Он даже сделал бич из веревок и изгнал тех, кто осквернял дом Его Отца (Матф. 21:12; Иоан. 2:15).

В другом месте Св. Писание учит нас противостоять диаволу (Иак. 4:7; 1 Пет. 5:9). Мы должны сопротивляться лжеучителям, опровергая их ложь (Тит. 1:9). Мы должны противостать злу в церкви, исключая из нее делающих зло (1 Кор. 5:13; более полное обсуждение церковной дисциплины см. в 7-й главе).

Павел даже учил, что согрешающие служителя должны быть обличаемы «перед всеми, чтобы и прочие страх имели» (1 Тим. 5:20).

По выше упомянутым причинам ясно, что принцип непротивления и правило «обрати другую щеку» не может предназначаться для воспрепятствования гражданскому правительству наказывать преступников. Применить этот принцип в гражданской сфере означало бы повергнуть общество в хаос. Гражданское правительство поставлено Богом «для наказания преступников и для поощрения делающих добро» (1 Пет. 2:13-14; ср. Рим. 13:4). Справедливость обязывает нас утверждать закон и настаивать, чтобы и другие поступали так. Сообщение о преступлении является и гражданской ответственностью, и актом сострадания. Извинить или помочь прикрыть проступки других означает согласие со злом. Безразличие к защите невиновного есть серьезное зло само по себе (Иер. 5:28-29).

Поэтому в Писании никак нет места для мнения, что наша реакция на зло всегда должна проявляться в пассивном непротивлении. Не может быть, чтобы Иисус учил этому в Матф. 5:39.

Но что же тогда подразумевал Иисус, когда сказал: «Не противься злому»?

Опять же, Он запрещал личное возмездие, месть, злобу, негодование или воинственную реакцию перед лицом личных или просто мелких оскорблений. Слово, переведенное «противься», говорит о воинственном возмездии. Эта идея подразумевает личную месть. Христос же просто преподает тот самый принцип, который изложил Апостол Павел в Рим. 12:17-19:

> Никому не воздавайте злом за зло, но пекитесь о добром пред всеми человеками. Если возможно с вашей стороны, будьте в мире со всеми людьми. Не мстите за себя, возлюбленные, но дайте место гневу Божию. Ибо написано: «Мне отмщение, Я воздам, говорит Господь».

Таким образом мы часто можем преодолеть зло, делая добро (ст. 21).

АГНЕЦ НА ЗАКЛАНИЕ

Кто-то скажет, что распятие Христа не было ни мелким, ни личным. Поэтому оно не вписывается в категорию тех оскорблений, которые мы должны не замечать, не так ли?

Так, но оно вписывается в третью категорию оскорблений, которые Иисус также упоминает в Своей Нагорной Проповеди: гонение за праведность. Наш Господь учил, что мы должны с радостью переносить, когда страдаем ради праведности:

> Блаженны изгнанные за правду, ибо их есть Царство Небесное. Блаженны вы, когда будут поносить вас и гнать и всячески неправедно злословить за Меня. Радуйтесь и веселитесь, ибо велика ваша награда на небесах: так гнали и пророков, бывших прежде вас.
>
> — Матф. 5:10-12

Обратите внимание, к какой реакции призывает Христос, когда мы терпим такую несправедливость: «Радуйтесь и веселитесь». Это не описание непостоянной, капризной радости.

Здесь не говорится о садистском наслаждении при перенесении страдания. Это постоянный, спокойный мир — присутствие духа, показанное Самим Христом в момент Его испытаний.

Писание неоднократно изображает Христа как Агнца, Которого ведут на заклание: «Он истязуем был, но страдал добровольно и не открывал уст Своих; как овца, веден был Он на заклание, и как агнец пред стригущим его безгласен, так Он не отверзал уст Своих» (Ис. 53:7). Акцент ставится на Его молчании и пассивности Он страдал за праведность, и было бы неправильно, если бы Он сопротивлялся. Почему?

Во-первых, Он не имел судебного разбирательства. И официальный Рим, и Иудейский Синедрион вместе сговорились предать Его смерти. В этом случае, хотя оскорбление против Него было и основательным, и публичным, Он не имел возможности искать законной защиты. Там не было более высокого земного суда, к которому Он мог бы обратиться. Его единственной защитой было восстание. Но Он остановил эту идею в Саду Гефсиманском, когда упрекнул Петра и велел ему спрятать свой меч (Иоан. 18:11). В этом случае вооруженное сопротивление не было оправданием, независимо от того, насколько неправы были Его гонители, и независимо от того, насколько невиновным Он был.

Иисус напомнил Петру, что если бы Он хотел оказать сопротивление, Он мог бы просто помолиться Отцу и мгновенно иметь небесные армии, присланные Ему на помощь: «Он представит Мне более, нежели двенадцать легионов Ангелов» (Матф. 26:53). Поэтому Христос *мог* бы остановить Свое распятие, если бы Он это избрал.

Но если бы Он так поступил, Его земное дело не было бы завершено, и искупление за грех не было бы осуществлено. Отец дал Ему испить чашу, и Он подчинился воле Отца, несмотря на то, какой ценой это Ему досталось. Он победил зло добром.

Одним из важных факторов в описаниях распятия во всех четырех Евангелиях является молчание Христа перед Его обвинителями. Когда Ему задавались законные вопросы, Он отвечал честно, но кратко. Однако, по большей части Он хранил молчание. Первосвященник неистовствовал, пытаясь найти какую-нибудь причину, чтобы Его обвинить, но «Иисус молчал» (Матф. 26:63; ср. Марк. 14:61). Будучи приведенным к Пилату, Он стоял в полном безмолвии, пока первосвященники и книжники собирали против Него ложные обвинения (Матф. 27:12). В Марк. 15:4-5 записано следующее: «Пилат же опять спросил Его: Ты ничего не отвечаешь? видишь, как много против Тебя обвинений. Но Иисус и на это ничего не отвечал, так-что Пилат дивился». Когда Пилат выспрашивал Иисуса о том, откуда Он, «Иисус не дал ему ответа» (Иоан. 19:9). Лука также говорит, что Ирод «предлагал Ему многие вопросы, но Он ничего не отвечал ему» (Лук. 23:9).

Вот почему Петр, очевидец большей части драмы, писал: «Будучи злословим, Он не злословил взаимно; страдая, не угрожал, но предавал то Судии Праведному» (1 Пет. 2:23).

«ОТЧЕ! ПРОСТИ ИМ»

Когда Иисус всё же говорил в те последние часы перед Своей смертью, было видно, что Его разум не был заполнен ни местью, ни самозащитой. *Прощение* было преобладающей темой Его мыслей в процессе всего распятия.

Например, в пик Своих страданий, в тот самый момент, когда большинство жертв распятия, наверное, в ярости извергали проклятия, Он молился о прощении Своих истязателей: «Отче! прости им, ибо не знают, что делают» (Лук. 23:34).

Епископ Дж. К. Райл писал: «Эти слова, наверное, были произнесены, когда нашего Господа пригвождали ко кресту, или сразу после того, как крест был установлен на холме. Стоит отметить, что как только потекла кровь Великой Жертвы, Великий Первосвященник начал ходатайствовать».

Вы видите славу этого? Хотя Христос и Всевластный, Вечный, Всесильный Бог, Он не угрожал, Он не осуждал, Он не произносил приговор распинавшим Его. Вместо того, чтобы разразиться против них гневными упреками, Он молился о них.

Раньше Иисус учил: «Любите врагов ваших... и молитесь за обижающих вас и гонящих вас» (Матф. 5:44). Но кто бы мог подумать, что это учение зайдет так далеко?

Подобно многим другим аспектам смерти нашего Господа, это проявление Божественной милости было исполнением Ветхозаветного пророчества. Предсказал это Исаия: «[Он] предал душу Свою на смерть, и к злодеям причтен был, тогда как Он понес на Себе грех многих и *за преступников сделался ходатаем*» (Ис. 53:12).

Это был час, на который Иисус пришел (Иоан. 13:1). До этого момента враги много раз искали Его, чтобы предать смерти (ср. Иоан. 7:30; 8:20). «Я отдаю жизнь Мою, — сказал Он. — Никто не отнимает ее у Меня, но Я Сам отдаю ее: имею власть отдать ее и власть имею опять принять ее; сию заповедь получил Я от Отца Моего» (Иоан. 10:17-18). Все, что происходило в те ужасные часы, было «по определенному совету и предведению Божию» (Деян. 2:23). Все это происходило, *да сбудется Писание* (Иоан. 19:28; ср. ст. 24, 36; Марк. 15:28).

По этой причине Он и пришел (Иоан. 3:17). Прощение было главной целью Воплощения. Именно поэтому Он умирал. Именно поэтому Он молился. И это Он подтвердил примером Своей смерти. Опять-таки, Он дал нам пример, которому мы призваны свято следовать. Если вы не чувствуете своей несостоятельности, отвечая на этот призыв, наверное вы не поняли всю его важность.

Сцена на кресте содержит удивительный контраст. С одной стороны Иисус, кротко смиривший Себя воле Отца, «быв послушным даже до смерти, и смерти крестной» (Фил. 2:8). А с другой стороны толпа, глумящаяся, насмехающаяся, подстрекающая убийц, полная решимости любой ценой осуществить свое злое дело. Они сошлись вместе в этот ужасный и в то же время священный момент — одинокий, непорочный Агнец и кровожадная, презренная толпа: «И когда пришли на место, называемое Лобное, там распяли Его» (Лук. 23:33). Опять-таки, все это должно было произойти «по определенному совету и предведению Божию» (Деян. 2:23), *да сбудется Писание* (Иоан. 19:28). Но в этот момент, конечно, только Сам Агнец понимал, что исполнялась воля Божья.

Кто-то обязательно спросит, за кого молился Христос. За иудеев, которые сговорились приговорить Его к смерти? За римских солдат, которые лично пригвождали Его ко кресту, а затем бросали жребий о Его одежде? За насмехающуюся толпу, поносившую Его?

Ответ: за всех их, и более того. В некотором смысле пределы этой молитвы конечно же простираются дальше людей, бывших там в этот день. Они достигают каждого человека, который когда-либо поверил во Христа и принял Его прощение. Более того, там на Него были возложены наши грехи. Мы так же виновны, как и люди, которые на самом деле вбивали гвозди в Его безгрешные руки и ноги.

Но слова «Отче! прости им» не были молитвой мгновенного, безусловного прощения всех, участвующих в распятии Христа. Скорее, это было ходатайство от имени тех, кто покается и поверит в Него как Господа и Спасителя. Иисус молился, чтобы, когда они осознают чудовищность того, что сделали, и будут искать Божьего прощения за это, Бог не имел к ним претензии. Прощение не относится к тем, кто продолжает упрямо упорствовать в несокрушенном неверии, грехе и противлении. Те, кто свою непреклонную ненависть к Нему унес в могилу, этой молитвой не были оправданы от своего преступления.

Прощение предлагается всем бесплатно (Откр. 22:17). Бог стремится прощать грешников, как отец простил блудного сына. Он призывает каждого грешника обратиться к Нему в смиренном покаянии (Иез. 18:3-32; Деян. 17:30). Тех, кто это сделает, Он обещает принять с раскрытыми объятиями и неограниченным прощением. Но те, которые остаются в неверии и неповиновении, никогда не познают Божьего прощения.

Поэтому Христос молился за тех, кто покается в своих злых делах. Грех, в совершении которого они были виновны, был настолько ужасающим, что если бы эти люди реально не услышали Его молитвы об их прощении, они могли бы предположить, что их грех непростителен. (См. приложение 2: «Что такое непростительный грех?»)

Почему Он молился словами: «*Отче!* прости им», когда раньше Он просто прощал грешников Сам (ср. Лук. 7:48)? В конце концов, не показал ли Он, что «Сын Человеческий имеет власть на земле прощать грехи» (Матф. 9:6)?

Да, но сейчас, взяв на Себя наши грехи, Он занял наше место, умирая за нас, отказавшись от всех Божественных привилегий, включая Свою жизнь. Он висел там перед Богом, как представитель грешного человечества. И поэтому Он взывал к *Отцу* о прощении беззаконников. В тот момент Он отождествлял Себя с теми, чья безрассудная ненависть к Нему принесла Ему все эти страдания. Какое чудо Божественной милости!

Слова Иисуса «ибо не знают, что делают» (Лук. 23:34) явно не подразумевают, что те, кто предал Его смерти, не осознавали ужасной *реальности* своего преступления. Иудейские вожди знали, что обвинили Его ложно (Матф. 26:59). Пилат знал, что Иисус был невиновен (Лук. 23:4). Любой человек, хоть немного знавший, что происходило, мог увидеть ту великую несправедливость, которая творилась (Марк. 14:56).

Однако это были слепые люди, ведомые слепыми вождями (Деян. 3:17). Никто из них до конца не понимал размеров своего злодеяния. Они были полностью слепы к духовному свету Божественной истины.

Их невежество, однако, не извиняет их. Доказательств, свидетельствующих о том, Кто Иисус, было достаточно. Слушая Его, «народ дивился учению Его, ибо Он учил их, как власть имеющий, а не как книжники и фарисеи» (Матф. 7:28-29). Они засвидетельствовали Его могущественные дела (Иоан. 10:32-33). Вполне вероятно, что некоторые, требующие теперь Его смерти, были те же люди, которые ранее следовали за Ним, чтобы увидеть творимые Им чудеса. Кто-то из них мог быть среди того множества людей, которых Он накормил (Иоан. 6:26). Возможно, многие из них находились в толпе, за неделю до этого приветствовавшей Его при въезде в город (Матф. 21:8-11)! Конечно же, эти люди не могли не знать о многих вещах, которые Иисус говорил и делал в их присутствии. Но даже их неведение не извиняет их жестокое убийство.

И тем не менее, наш Господь в Своей великой милости молился об их прощении. Духовно они были слепы, совершенно невосприимчивы к ужасной реальности содеянного ими. Это не была осознанная или умышленная попытка задуть Свет мира. Их умы были полностью слепы к этому истинному Свету, и поэтому они не могли понять всю чудовищность своего преступления. «Ибо, если бы [они] познали, то не распяли бы Господа славы» (1 Кор. 2:8).

Была ли молитва Иисуса об их прощении отвечена? Конечно была.

ПРОЩЕННЫЙ РАЗБОЙНИК

Первый ответ на эту молитву пришел самым драматичным образом, еще даже до смерти Иисуса.

И Матфей и Марк записали, что Христос был распят между двумя разбойниками. Эти люди, вероятно, были мятежниками, виновными в преступлениях против государства. Они могли быть сообщниками Вараввы, бывшего разбойником (Иоан. 18:40), убийцей и виновным в подстрекательстве против Рима (Лук. 23:18-19).

В любом случае эти два человека были не в ладах с законом. Преступления, в совершении которых они обвинялись, заслуживали смертной казни, и один из преступников в итоге признал, что, в отличие от Христа, они оба действительно заслужили смерть (Лук. 23:41).

Следовательно, они были чрезвычайно безнравственными людьми, и их жестокосердие проявляется в том факте, что, будучи распинаемы, в момент своей мучительной агонии они оба изливали унижения на Христа. Когда первосвященники и книжники поносили Его, говоря: «Других спасал, а Себя Самого не может спасти! если Он Царь Израилев, пусть теперь сойдет с креста, и уверуем в Него» (Матф. 27:42), «также и разбойники, распятые с Ним, поносили Его» (ст. 44; ср. Марк. 15:32).

Представьте себе, насколько закоренелой должна быть злоба человека, чтобы насмехаться над невинной жертвой, тогда как сам насмешник заслужил такое же наказание! Эти люди были отпетыми злодеями. Конечно же, они были самыми худшими негодяями, окружавшими Христа, когда Он умирал.

Насколько удивительно, что Христос просил у Бога прощения для таких нечестивых людей, как эти!

Лука, записавший молитву Иисуса о прощении Его противников, также добавляет удивительный финал к истории о двух разбойниках. В их поношении наступил момент, когда один из разбойников пережил волнующую перемену в сердце. Наблюдая, как Иисус в молчании терпел такие страдания, не отвечая Своим гонителям угрозами или оскорблениями, этот разбойник, будучи мучим угрызениями совести, покаялся. И когда они оба умирали, он обратился к Спасителю с просьбой: «Помяни меня, Господи, когда придешь в Царствие Твое!» (Лук. 23:42).

Его простое заявление на самом деле было серьезным исповеданием веры. Он ясно увидел глубину своей вины. Он исповедал, что его наказание было справедливым и что Христос был невиновен (ст. 41). Его поведение мгновенно превратилось из злобного поношения в кроткую хвалу. Он безоговорочно признал праведное притязание Иисуса быть Господом в Царстве Небесном (ст. 42). Маловероятно, что осужденный преступник оценил всю важность смерти Христа, но в тот момент, пока он принимал заслуженное наказание за свои преступления против Рима, Христос искупал его грехи перед Богом.

Как же поношение этого разбойника так быстро превратилась в поклонение? Плоть и кровь не открыли Ему истину, но его очи были просвещены Всемогущим Богом. В последние минуты его земной жизни Бог в Своем милосердии дал ему новое сердце. Он не сделал ничего, чтобы заслужить Божественную благодать. Напротив, до последнего момента он поносил и насмехался над Христом, хотя сам смотрел смерти в глаза, а в последствии его ждал Божий суд.

Но вид молчаливых страданий Христа, Агнца Божьего, ведомого на заклание, пробудил в сердце этого разбойника святой страх перед Богом, и в конечном счете он осудил своего собрата: «Или ты не боишься Бога, когда и сам осужден на то же?» (Лук. 23:40). Этим заявлением он осудил и себя. «Мы осуждены справедливо, — исповедал этот разбойник, — потому что достойное по делам нашим приняли, а Он ничего худого не сделал».

Зная, что сам по себе он не имел никакой надежды, разбойник попросил Христа о малейшем одолжении: «Помяни меня». Просьба напоминает отчаянную мольбу мытаря, который «не смел даже поднять глаз на небо; но, ударяя себя в грудь, говорил: Боже! будь милостив ко мне грешнику!» (Лук. 18:13).

Это был крик отчаяния при последнем издыхании, призыв к малейшему проявлению милости, признанно незаслуженной.

Иисус, готовый прощать даже самого злобного обидчика, удовлетворил просьбу этого человека, и более того: «Истинно говорю тебе, ныне же будешь со Мною в раю» (ст. 43).

В этом обещании было полное прощение всех злых дел, которые он когда-либо сделал. От самого грешника ничего не требовалось для искупления его злодеяний. Никакие покаянные дела не были ему предписаны, никаких угроз чистилища не прозвучало; он даже не получил упрека за то, что так долго не приходил ко Христу. Он сразу же получил полный вход в Небесное Царство: «*Ныне же* будешь со Мною в раю». Искупительная жертва Христа была достаточной для обеспечения полного и бесплатного прощения этому самому ужасному из грешников.

В Писании больше ничего не сказано о разговоре Иисуса с умирающим разбойником. Оба они претерпевали невыразимые страдания. Скоро они оба войдут в рай: Христос, заплатив полную цену за грехи разбойника, и разбойник, облекшись в совершенную праведность безгрешного Спасителя. Чудо прощения произошло!

СВЕРХЪЕСТЕСТВЕННЫЙ ФЕНОМЕН

Все это произошло под мрачным покровом тьмы. Евангелист Матфей говорит: «От шестого же часа тьма была по всей земле до часа девятого» (27:45). Тьма, покрывшая на землю, не была и не могла быть просто затмением. Пасха всегда приходилась на полнолуние, исключая солнечное затмение в этот день. Это была сверхъестественная тьма, прообраз Божественного суда. Бог судил грехи человечества, и как результат, Свет мира должен был умереть. Это был самый торжественный момент в истории Вселенной, и только тьма была подходящим знамением для такого момента.

Матфей также записал ряд удивительных событий, происшедших в момент смерти Христа.

> Иисус же, опять возопив громким голосом, испустил дух. И вот, завеса в храме разодралась на-двое, сверху донизу; и земля потряслась; и камни расселись; и гробы отверзлись; и многие тела усопших святых воскресли и, выйдя из гробов по воскресении Его, вошли во святый град и явились многим.
>
> — 27:50-53

Смерть Христа не была случайной трагедией, хотя всем присутствующим наверное показалось, что теперь воцарится хаос. Пастырь был поражен, и овцы рассеялись. Для маленькой группы оставшихся последователей все это казалось великой победой сил зла. Сама природа, казалось, пребывала в хаосе: тьма по всей земле, землетрясение и господство гнетущего мрака — вся Вселенная поверглась в полное отчаяние.

Но ничего не могло быть дальше от истины, чем это. Сам Христос полностью всем управлял. Он сказал фарисеям: «Я отдаю жизнь Мою, чтобы опять принять ее. Никто не отнимает ее у Меня, но Я Сам отдаю ее. Имею власть отдать ее и власть имею опять принять ее» (Иоан. 10:17-18). Какими бы ни казались хаотическими события, Бог ни на одну секунду не потерял Свой всемогущий контроль над грешниками. Напротив, несколько раз в повествовании о распятии мы читаем: «Да сбудется Писание» (Иоан. 19:24, 28, 36). Все события происходили в соответствии с Божественным планом.

Когда Христос умер, Он просто склонил голову и испустил дух. Никто не мог отнять у Него жизнь против Его воли.

Ни в один момент Он не терял Своей Божественности или Своего Всемогущества. Все происшедшее было частью Его замысла — замысла, предназначенного сделать возможным прощение грехов.

Что казалось хаосом в природе в момент смерти Христа, на самом деле было полной значения цепью сверхъестественных, подконтрольных Богу событий, показывающих, что прощение свершилось.

Завеса разодралась

Обратите внимание, что завеса Храма разодралась «сверху донизу» (Матф. 27:51). Это завеса, разделявшая Святое Святых от остальной части Храма. Она характеризовала линию, которую никто не должен был пересекать, кроме первосвященника, входившего раз в год в День искупления с кровью жертвы.

Значительное место в Послании к Евреям, особенно в главах 9 и 10, уделяется обсуждению значения этой завесы, которая показывала, «что еще не открыт путь во святилище» (Евр. 9:8). Ежегодные жертвоприношения только символизировали совершенную жертву, грядущую, которая, когда будет принесена, навсегда положит конец всем жертвам (Евр. 10:11-12).

В этот момент был учрежден Новый Завет, основанный на пролитии крови Христа.

Гарантия того, что грехи прощены навеки, — неотъемлемая часть обетований Нового Завета (ст. 16-17). «А где прощение грехов, там не нужно приношение за них» (ст. 18). Поэтому в соответствии с Посланием к Евреям каждый верующий может с дерзновением входить во святилище — к истинному, небесному престолу благодати — посредством крови Христа (ст. 19).

Разрыв завесы сверху донизу означает, что Сам Бог разорвал ее. Прощение было полным и необратимым. С этого дня церемонии и священнодействия в Храме не имели больше значения. В течении одного поколения Храм был разрушен, а с ним и вся Моисеева система жертвоприношений была прекращена повелением свыше.

Земля потряслась

Матф. 27:51 продолжает: «Земля потряслась; и камни расселись». Землетрясения во времена Ветхого Завета всегда были выразительным наглядным уроком о Божьем гневе. Когда Бог на Синае вручил Моисею закон, «вся гора сильно колебалась» (Исх. 19:18). Даже в Псалмах колебание земли или землетрясение всегда было признаком наказания и гнева Божьего (17:8; ср. 67:9; 76:19; 96:4). День последнего суда начнется с глобального землетрясения, подобного которому никто никогда не видел (Евр. 12:26-27; Откр. 6:14-15).

Землетрясение в Матф. 27:51 сопровождало гнев Божий против греха, излитый на Его Сына. Этот момент стал кульминацией Божьего суда за наш грех, когда Сын Божий испустил дух, и земля потряслась в ужасе.

Мертвые воскресли

В этот же момент произошло еще одно чудо: «Гробы отверзлись; и многие тела усопших святых воскресли» (Матф. 27:52). В других Евангелиях это событие не упоминается. «Многие», но не все святые в Иерусалиме и вокруг него воскресли. Этот термин относителен и может говорить даже о десяти человеках. Незначительное внимание, уделяемое этому событию Писанием, похоже, исключает широкомасштабное воскрешение. Эти люди восстали из мертвых, несомненно, в прославленных телах, и «по воскресении Его, вошли во святый град и явились многим» (ст. 53). Их было достаточно, чтобы подтвердить, что чудо в действительности произошло. Больше об этих людях ничего не сказано.

Принеся свидетельство Воскресения, они несомненно вознеслись во славу — предтечи события, описанного в 1 Фес. 4:16.

Все эти явления произошли одновременно, и таким образом, в самый мрачный час, который когда-либо знала земля, эти чудеса победы сообщили, что произошло что-то действительно прекрасное. Христос приобрел прощение. Великий Пастырь отдал Свою жизнь за овец.

И даже в тот момент Бог искуплял грешников. В Матф. 27:54 записано: «Сотник же и те, которые с ним стерегли Иисуса, видя землетрясение и все бывшее, устрашились весьма и говорили: воистину Он был Сын Божий».

УВЕРОВАВШИЙ СОТНИК

Сотник был армейским офицером, имеющим больше ста воинов в подчинении. Он, несомненно, руководил распятием Христа и двух разбойников. Некоторые из его подчиненных, вероятно, охраняли Иисуса после истязаний в Претории, резиденции Пилата в Иерусалиме. Они могли также быть среди воинов, арестовывавших Иисуса в Саду Гефсиманском предыдущим вечером.

Эти же воины, несомненно, участвовали в бичевании Иисуса. Они облекали Его в багряницу, возлагали Ему на голову терновый венок, завязывали глаза, избивали, плевали на Него и поносили (Матф. 27:27-30; Лук. 22:63-64). Они же пригвождали руки и ноги Иисуса ко кресту, затем бросали жребий о Его одеждах и нагло поносили Его в минуты Его тяжелых страданий.

Они слышали объявление Пилатом невиновности Иисуса, поэтому знали, что Он не был мятежником. Ничто в Его действиях или поведении не делало Его какой-либо угрозой Риму или Израильскому народу. Для этих солдат Он, наверняка, был полным контрастом в сравнении с многими преступниками, в распятии которых они участвовали. Их поношение предполагает, что вначале они приняли Его за безумного или душевнобольного религиозного фанатика.

Но сверхъестественная тьма, землетрясение, и то, как Христос переносил Свои страдания, начали воздействовать на этих воинов. Марк говорит, что смерть Иисуса в конце концов открыла их очи на то, Кем Он в действительности был: «Сотник, стоявший напротив Его, увидев, что Он, так возгласив, испустил дух, сказал: истинно Человек Сей был Сын Божий» (Марк. 15:39). Эти солдаты несомненно видели смерть несчетного числа жертв распятия, но никто никогда не умирал как Иисус. Сила, требуемая, чтобы возопить, как это сделал Иисус, была неслыханной в этой стадии распятия.

Матфей говорит, что не только сотник, но также воины с ним «устрашились весьма» (Матф. 27:54). Греческое выражение здесь говорит о чрезвычайном испуге — наподобие паники. Такой страх часто возникал, когда люди осознавали, кем в реальности был Иисус. Кстати, выражение, использованное здесь, идентично выражению, использованному Матфеем для описания реакции учеников, когда они увидели Иисуса, идущим по воде (14:26), и реакции троих учеников на Горе Преображения, когда они увидели Христа в Его славе (17:6).

Эти солдаты у подножия креста вдруг осознали, Кого они распяли, и результатом был полнейший страх. Несмотря на все ужасы тьмы и землетрясения, они были ничтожны в сравнении с осознанием того, что Преданный ими смерти действительно был Сыном Божьим — Тем, Которого иудейские вожди предали на распятие за то, что называл Себя Сыном Божьим! И поэтому в своем признании сотник использовал слова иудейских вождей, обвинявших Иисуса перед Пилатом («Он... сделал Себя Сыном Божиим», Иоан. 19:7).

Свидетельство, сказанное сотником, кажется подлинным исповеданием его веры и веры воинов. «*Воистину* Он был Сын Божий» (Матф. 27:54). Лука записал, что реакцией сотника было истинное поклонение: «Сотник... прославил Бога» (Лук. 23:47). Древняя традиция гласит, что сотника звали Лонгин, и что он уверовал и стал одним из членов первохристианской церкви.

Этот сотник и другие уверовавшие солдаты стали немедленным ответом на молитву Иисуса о Его мучителях. Сам Бог спас этих людей в ответ на мольбу Своего умирающего Сына об их помиловании.

Откуда мы это знаем? Потому что спасение — *всегда* результат действия Божественной благодати. Вера этих людей была подтверждением действия Бога в их сердцах. «Никто не может назвать Иисуса Господом, как только Духом Святым» (1 Кор. 12:3). Иисус ясно объяснил еще Петру, что Бог есть

Источник истинной веры (Матф. 16:16-17). Только Сам Бог мог изменить ожесточенные сердца сотника и его воинов.

ВЕСЬ НАРОД

Сотник и его люди были не единственными, кого охватил страх при виде смерти Иисуса. Лука пишет, что распятие Христа закончилось горечью и ужасом для большинства тех, кто требовал Его смерти: «И весь народ, сшедшийся на сие зрелище, видя происходившее, возвращался, бия себя в грудь» (Лук. 23:48).

Несколькими часами раньше это была кровожадная толпа, со злобным наслаждением громко требующая смерти Иисуса. Теперь, получив то, чего они так хотели, эти люди остались ни с чем, кроме отчаяния, горя и страха. Долгожданный триумф оставил их пустыми и без надежды. Толпа рассеялась и все в страхе спешили укрыться в своих домах. Биение себя в грудь выражало тревогу и определенную степень раскаяния. Но в отличие от сотника, прославившего Бога, этим людям недоставало истинного покаяния. В отличие от воинов они не исповедали свой грех и веру в Иисуса Христа.

Тем не менее, молитва со креста была отвечаема Богом. В Библии кажется очевидным, что эти люди были среди трех тысяч, присоединившихся к церкви за один день (Деян. 2:41). Кто знает, сколько из этих людей и тысяч других, спасенных в Иерусалиме в последующие недели, были частью кровожадной толпы на Голгофе.

Апостол Петр, обращаясь к народу в День Пятидесятницы, высказал предположение, что многие из них лично участвовали в распятии Христа. Петр фактически обвинил их в этом деле: «Итак твердо знай, весь дом Израилев, что Бог соделал Господом и Христом Сего Иисуса, *Которого вы распяли*» (Деян. 2:36, курсив добавлен).

И они не отрицали своей вины. Она, очевидно, тяжелым бременем лежала на них с того момента, как они ушли с Голгофы, бия себя в грудь. Когда они услышали слова Петра, «они умилились сердцем и сказали Петру и прочим Апостолам: что нам делать, мужи братия?» (ст. 37).

И когда Петр призвал их покаяться и довериться Христу, результат был потрясающим: «Охотно принявшие слово его крестились, и присоединилось в тот день душ около трех тысяч» (ст. 41).

Они тоже были Божьим ответом на молитву Его умирающего Сына. В каком-то смысле молитва Иисуса привела к чуду в День Пятидесятницы. Но три тысячи обращенных в День Пятидесятницы были только началом. Вполне могло быть, что к концу апостольской эры большинство тех, кто участвовал в предании Иисуса смерти, были детьми Царства Божьего в ответ на Его молитву о прощении!

Более того, в определенном смысле каждый прощенный грешник, который когда-либо жил, является ответом на молитву Христа. Так как наша вина вначале вознесла Его на крест, мы ответственны за Его смерть так же, как и те, кто лично вбивал гвозди в Его руки и ноги. И прощение, предложенное Им на кресте тем, кто предавал Его смерти, то же прощение, которое Он предлагает грешникам сегодня. Мы, испытавшие это прощение, имеем священную обязанность оказывать подобную милость другим (Ефес. 4:32).

Какой высокий стандарт Он установил для нас! Его отказ платить тем же, Его молчаливое принятие обид, нанесенных

Ему другими, Его молитва о прщении, Его готовность прощать — все это пример, которому мы должны следовать.

Как быстро наша плоть отказывается от следования этому примеру! Когда мы незаслуженно страдаем, очень легко оправдать месть и очень трудно следовать по стопам нашего Господа. Но как и Он, мы должны вверять себя Тому, Кто судит праведно (1 Пет. 2:23).

Можем ли мы посмотреть на эту сцену на кресте, понять глубину страстей Господних, и затем оправдывать нашу неготовность прощать какую-либо обиду, нанесенную нам нашими близкими? Ответ очевиден. Не должны ли мы оказать милость, так как мы получили милость (ср. Матф. 18:21-35)? Как те, кому много прощено, мы должны много и нашему Господу и другим верующим (ср. Лук. 7:47). Пусть Господь поможет нам следовать по Его стопам милости!

ЕСЛИ ИСПОВЕДУЕМ ГРЕХИ НАШИ...

Если исповедуем грехи наши, то Он, будучи
верен и праведен, простит нам грехи наши
и очистит нас от всякой неправды.
1 Иоанна 1:9

Вышеприведенный стих — один из первых, который запоминают новообращенные, потому что обетование прощения и очищения дает большое утешение тем, кто всю свою жизнь тяготился виной.

Но этот стих в последнее время стал центром противоречия. Некоторые известные богословы утверждают, что, поскольку христиане *уже* прощены, они никогда не должны просить у Бога прощения, а делать так значит проявлять неверие. Они настаивают, что 1 Иоан. 1:9 не имеет ничего общего с христианами.

Одним из наиболее приверженных сторонников этого взгляда является Боб Джордж, известный автор и радиопроповедник. Джордж характеризует христиан, молящихся о прощении, как людей, «которые ежедневно испытывают чувство неуверенности... не верят, что все их грехи прощены».[1]

Джордж и другие, разделяющие его взгляды, утверждают, что *единственный* путь к тому, чтобы наслаждаться свободой во Христе, возможен тогда, когда навсегда забыта вина и принято Божье прощение как полностью завершенный акт на основании дела Христова.

В этой точке зрения достаточно истины, чтобы ввести в заблуждение многих искренних верующих. Как мы увидели в 1-й главе, грехи верующего прощены, искуплены Христом. Христиане освобождены от вины за свои грехи и облечены в совершенную праведность Христа. Перед Богом их прощение — совершившийся акт. Библия говорит: «Итак нет ныне никакого осуждения тем, которые во Христе Иисусе» (Рим. 8:1). «Кто будет обвинять избранных Божиих? Бог оправдывает их. Кто осуждает?» (Рим. 8:33-34). «Христос искупил нас от проклятия Закона» (Гал. 3:13, Нов. перевод с греческого подлинника).

Поэтому для престола Божьего суда грехи верующих прощены еще до того, как они совершены. Бог как Судья до конца наказал Христа за наши грехи, и на суде Он отказывается обвинять нас в этих грехах. «Блаженны, чьи беззакония прощены и чьи грехи покрыты; блажен человек, которому Господь не вменит греха» (Рим. 4:7-8). Все христиане находятся в этом блаженном состоянии, и данная истина является основанием нашей свободы во Христе. Это неопровержимая истина.

Но это не *вся* истина. Не допускайте мысли, что оправдав нас, Бог вообще не обращает внимания на наши грехи. И на минуту не подумайте, что верующие могут пребывать во грехе, не возбуждая Божьего недовольства. Не смотрите на личное сожаление о грехе, как на какое-то препятствие на пути к духовному здоровью. Не делайте вывод, что обращение к Богу о прощении — это что-то такое, чего христианин никогда не должен делать. Такое мнение явно небиблейское; и не будет преувеличением назвать его ересью. Христиане, думающие что могут грешить, не оскорбляя Бога и не ища прощения у Своего Небесного Отца, сильно обманываются.

Давайте рассмотрим эти вопросы поближе.

ДОЛЖНЫ ЛИ ВЕРУЮЩИЕ МОЛИТЬСЯ О ПРОЩЕНИИ?

Недавно я получил журнал от миссии, известной своим учением, что христиане никогда не должны просить у Бога прощения. В передовой статье основатель миссии пишет:

> Вы вероятно слышали людей, молящихся так: «Господи, просим Тебя, чтобы Ты простил нам все наши грехи». Но подождите. Почему прощенные христиане просят у Бога прощения? Разве они не верят, что они уже прощены? Если они верят в свое прощение, почему же тогда они постоянно о нем просят? Их молитвы показывают неверие.

Спустя несколько абзацев автор предлагает то, что он называет лучшим методом молитвы:

> Как часто вы слышите такую молитву: «Господи, благодарю Тебя, что я стою перед Тобой — полностью прощенный человек. Благодарю Тебя, что я чист, как первый снег»? Эти слова звучат редко, но они услаждают сердце Бога, потому что демонстрируют веру человека в Бога, говорящего,

что во Христе мы получили прощение (Ефес. 4:32). И невозможно снискать Божье благорасположение, если вам кажется, что Он все больше огорчен вами. Чтобы чувствовать себя уверенно, вы должны верить, что Он не обвиняет вас ни в одном грехе.

Во всем этом подходе к вопросу прощения есть одна неизбежная проблема — это полная противоположность учению Св. Писания.

Христос ясно учил Своих учеников, как молиться: «Прости нам грехи наши» (Лук. 11:4). Те, кто спорит против молитвы о прощении, относя ее к другой диспенсации, считают, что Иисус, давая молитву «Отче наш», учил закону, а не благодати. Следовательно, настаивают они, учить людей просить у Бога прощения равносильно жизни под законом, а не под благодатью. И требовать от христиан молиться так, как изложено в молитве «Отче наш», в соответствии с этим взглядом, есть законничество.

Один человек, пропагандирующий этот взгляд, прислал мне письмо, в котором писал:

> Молитва «Отче наш» принадлежит к Ветхозаветной эре, когда руководящим принципом был закон, а не благодать. Понимает ли по-настоящему кто-либо из верующих сегодня, что Божье прощение зависит от того, как мы прощаем других? Верно ли, что если я не буду прощать других, Бог не простит и меня? И должны ли христиане бояться, что Бог отнимет Свое прощение у верующих, отказывающихся прощать своим обидчикам? Мы должны заключить, что положения молитвы «Отче наш» являются законом, а не

благодатью. Условное прощение (с соблюдением условия) не относится к христианам.

Это показывает элементарное непонимание прощения. Оно не предлагается на разных условиях во времена Ветхого и Нового Завета. Даже в Ветхом Завете спасение всегда было по благодати, не от закона. Верующие оправдывались только верой, не делами.

Весь довод Павла в 4-й главе к Римлянам основан на том, что спасенные всех времен получают избавление таким же образом, как и Авраам: на основании праведности, вменяемой только по вере (ст. 1-5). Это включает Ветхозаветных святых, живших во времена закона Моисеева, таких как Давид (ст. 6-8). Их грехи были прощены таким же образом, как и наши, и они также были облечены в совершенную праведность, вмененную им по вере.

Другими словами, ограничение молитвы «Отче наш» эпохой Ветхого Завета — или любой другой диспенсацией — не меняет ясный факт, что Иисус учил уже оправданных людей обязанности молиться о прощении.

ПОЧЕМУ МЫ ДОЛЖНЫ ПРОСИТЬ У БОГА ПРОЩЕНИЯ, ЕСЛИ ОН УЖЕ НАС ОПРАВДАЛ?

Если оправдание снимает грехи прошедшего, настоящего и будущего, и нет ныне никакого осуждения тем, кто во Христе (Рим. 8:1), почему верующие должны молить Бога о прощении? Не молимся ли мы о чем-то, что уже принадлежит нам?

Давайте остановимся и посмотрим на этот предмет с библейской точки зрения.

Прежде всего, Писание ясно учит искупленных людей регулярно молиться о прощении. Это ясно видно во многих из Псалмов покаяния (Пс. 6; 31; 37; 50; 101; 129; 142); это подтверждает молитва «Отче наш»; об этом говорится в 1 Иоан. 1:9.

Живя в грешном мире со своими грешными склонностями, христиане, хотя и навеки омыты через омовение возрождения (Тит. 3:5), всё еще нуждаются в ежедневном очищении от влияния своих грехов.

Идеальный пример этих двух видов очищения находится в описании Апостолом Иоанном Вечери Господней, когда Иисус хотел омыть ноги Петру. Вначале Петр не разрешал Христу послужить ему таким унизительным образом. Он сказал Господу: «Не умоешь ног моих вовек» (Иоан. 13:8).

Иисус ответил: «Если не умою тебя, не имеешь части со Мною».

Петр, как всегда быстрый в своих решениях, заключил, что по этой причине омовение ног не будет для него достаточным: «Господи! не только ноги мои, но и руки и голову» (ст. 9).

Ответ Иисуса проводит ясное различие между двумя видами очищения: «Омытому нужно только ноги умыть, потому что чист весь; и вы чисты, но не все» (ст. 10).

Омовение иллюстрирует прощение оправдания. Те, которые оправданы, навеки прощены от наказания за грех. Они не нуждаются в повторном оправдании, однако, из-за повседневных влияний греха, нуждаются в очищении. Грех нужно регулярно исповедать и оставлять, и искать прощение любящего, но огорченного Отца.

Времена глагола в 1 Иоан. 1 также подтверждают это. Буквальный перевод 7-го стиха гласит: «Кровь Иисуса Христа, Сына Его, продолжает очищать нас от всякого греха». И время глагола в стихе 9 показывает продолжающееся действие: «Если продолжаем исповедовать грехи наши».

Поэтому ни исповедание, ни очищение, упоминаемое в 1 Иоан. 1, не является однократным, законченным событием. Эти стихи не поддерживают идею, что Бог не обращает внимания на ежедневные согрешения верующего, как если бы наше оправдание раз и навсегда сделало грех абсолютно незначащим вопросом для христианина.

Но, тем не менее, этот вопрос, похоже, беспокоит многих христиан. Почему мы должны искать Божьего прощения, если Он *уже* даровал нам прощение в оправдании?

Ответ заключается в том, что Божественное прощение имеет два аспекта. Первый аспект: Бог как Судья дарует *судебное* прощение. Это прощение было приобретено искуплением, которое Христос совершил за нас. Такое прощение освобождает нас от какой-либо угрозы вечного осуждения. Это прощение оправдания. Оно свершается мгновенно и его никогда не нужно просить опять.

Второй аспект — это *отцовское* прощение, которое Бог дарует нам как Отец. Он огорчен, когда Его дети согрешают. Прощение оправдания снимает *судебную* вину, но оно не исключает Его Отцовского недовольства нашим грехом. Он наказывает тех, кого Он любит, для их же временного блага (Евр. 12:5-10).

Поэтому прощение, которое должны искать каждый день христиане, не есть прощение разгневанного Судьи, но милость огорченного Отца. Это прощение Христос учил нас просить в молитве «Отче наш». Вступительная фраза молитвы «Отче наш» демонстрирует, что подразумеваются отцовские отношения, не судебные. (Это также касается и 1 Иоан. 1, где тема «общение... с Отцом и Сыном Его, Иисусом Христом» также предполагает, что прощение в стихе 9 отцовское, а не судебное).

Судебное прощение снимает *наказание* за наши грехи. Родительское наказание имеет дело с *последствиями* греха. Судебное прощение освобождает нас от осуждения оскорбленного, Всемогущего Судьи. Отцовское прощение восстанавливает взаимоотношения с огорченным и недовольным, но любящим Отцом. Судебное прощение дает нам непоколебимое *положение* перед престолом Божественного суда. Отцовское прощение касается *состояния* нашего освящения в любой момент и дается с престола Божественной благодати (Евр. 4:16).

Как Судья Бог готов прощать грешников; но как Отец Он также готов продолжать прощать и очищать Своих детей от их осквернения грехом.

ГНЕВАЕТСЯ ЛИ БОГ НА СВОИХ ДЕТЕЙ ВООБЩЕ?

Простого предположения, что Бог может быть недоволен Своими детьми, достаточно, чтобы возбудить противление многих, кто считает, что никогда, ни при каких обстоятельствах грехи чада Божьего не могут вызвать Божественное недовольство. Один христианин, запутавшийся в этих вопросах, прислал нам в церковь письмо следующего содержания:

> Вы хотите сказать, что Бог может гневаться на Своих детей? Если мы облечены праведностью Христа, как может Бог даже видеть наш грех? А если Он не видит наш грех, как Он может быть им недоволен? Я считаю, что Бог никогда не бывает недоволен христианином, потому что Он принимает нас во Христе, как если бы мы были такими же праведными, как Христос. А к Своему возлюбленному Сыну все Его *благоволение*.
>
> Кроме того, если мы считаем, что Бог гневается на Своих детей, когда они согрешают, можем ли мы утверждать, что Он вообще нас простил?

К сожалению, всё больше и больше христиан запутываются в этих вопросах. Неправильное толкование Библии развило концепцию благодати до такой крайности, что некоторые начинают верить, будто по условиям оправдания Бог обязан равнодушно смотреть на грех и непослушание верующего. Некоторые, впитавшие эти доктрины, очевидно считают, что так как Христос искупил наш грех, Бог уже не имеет права возразить, когда мы проявляем непослушание. Но чтобы придерживаться такого взгляда, человек должен игнорировать или искажать важные доктрины Священного Писания. Например, как мы уже увидели, Писание ясно учит, что Бог наказывает Своих непослушных детей:

> [Вы] забыли утешение, которое предлагается вам, как сынам: «сын мой! не пренебрегай наказания Господня, и не унывай, когда Он обличает тебя. Ибо Господь, кого любит, того наказывает; бьет же всякого сына, которого принимает». Если вы терпите наказание, то Бог поступает

с вами, как с сынами. Ибо есть ли какой сын, которого бы не наказывал отец? Если же остаетесь без наказания, которое всем обще, то вы — незаконные дети, а не сыны. Притом, если мы, будучи наказываемы плотскими родителями нашими, боялись их, то не гораздо ли более должны покориться Отцу духов, чтобы жить? Те наказывали нас по своему произволу для немногих дней; а Сей — для пользы, чтобы нам иметь участие в святости Его. Всякое наказание в настоящее время кажется не радостью, а печалью; но после наученным чрез него доставляет мирный плод праведности.

— Евр. 12:5-11

Какова природа отцовской дисциплины, которую Бог применяет к Своим детям? Это важно для понимания природы прощения, которое Иисус учил искать Своих учеников.

Боб Джордж проводит яркий контраст между *наказанием* и *дисциплинированием*. Он пишет:

> Несмотря на то, что эти слова [«дисциплинирование» и «наказание»] используются взаимозаменяемо, все-таки они обозначают разные вещи. Я думаю, что недоразумение исходит от здравомыслящих, но не являющихся непогрешимыми, родителей, которые иногда с любовью дисциплинируют нас, а иногда в гневе и разочаровании наказывают. Затем мы проецируем эти характеристики на Бога и начинаем считать, что и Он поступает таким же образом. На самом же деле, ничто не может быть более далеким от истины. Это заблуждение является заключительным сильным звеном, аргументом законничества,

который гласит, что людей необходимо исправлять, чтобы они продолжали пребывать в благодати Божией. Давайте начнем с того, что дадим правильные определения этим словам.

Наказание — это строгие меры воздействия, налагаемые на человека, совершившего неправильный поступок или преступление. Здесь больше внимания уделяется возмездию (воздаяние каждому тем, чего человек заслуживает), чем исправлению...

С другой стороны, *дисциплинирование* — нечто совершенно противоположное. Дисциплинирование — это тренировка, которая развивает самообладание, характер и способности.[2]

В том, что говорит Джордж, есть доля истины. Обычное наказание часто не имеет иной цели, кроме совершения правосудия. Например, смертная казнь намерена не исправить или реабилитировать преступника, но наложить должное наказание за соответствующее преступление.

Истинно также то, что дисциплина иногда не несет никакого карательного оттенка наказания. Пример Джорджа о дисциплине — баскетбольный тренер, который проводит свою команду через тяжелые тренировки, для того чтобы приготовить к соревнованию. Цель — не наказать игроков, но привести их в форму. Джордж пишет:

> Дисциплинирование и наказание вызывают одинаковые ощущения у получающей стороны! Но резкий контраст виден и в *отношении,* и в *цели,* ради которых применяются наказание и дисциплинирование. За наказанием

скрываются *гнев* и *оскорбление*, цель же — справедливость. За дисциплинированием скрывается любовь, цель же — благо и развитие личности.[3]

Однако правда ли то, что дисциплинирование *никогда* не включает наказания? Правда ли, что наказание никогда не служит для исправительных целей?

Нет, неправда. Сам Джордж, к примеру, иллюстрирует «наказание» рассказом о полицейском, который привлек его к ответственности за превышение скорости. Он пишет:

> Видите, офицера полиции совершенно не интересует, почему вы превышаете скорость, ему безразлично, сделали вы это с какой-то целью или без всякого умысла, и также ему совершенно не интересно выслушивать ваши истории о тех днях, когда вы соблюдали закон. Все, что он знает сейчас — это то, что вы нарушили закон и должны быть наказаны. Вы одновременно замечаете, что он не сделал ни одного комплимента пятидесяти водителям, которые проехали мимо него и не превысили скорость. Он просто безучастно смотрел на них, но как только произошло нарушение, он тотчас же предпринял необходимые действия. Вот это — наказание.[4]

Но если Джордж предполагает, что дорожный штраф не служит исправительной цели, он неправ. Штрафы за превышение скорости частично предназначены для наказания, а частично для предотвращения дальнейших нарушений. Если штраф достаточно высок, он будет напоминать нарушителю не нарушать правил повторно. В этом отчасти намерение законодателей, определяющих уровень штрафов, и этим довольно часто определяется намерение полицейского, когда он выписывает штраф. («Я должен тебя оштрафовать, чтобы в следующий раз ты помнил и не превышал скорость»).

Поэтому штраф несет в себе частично карательную функцию, частично исправительную. *Многие* виды наказания предполагают степень исправительного дисциплинирования. И дисциплинирование — в частности отцовское дисциплинирование, описанное в 12-й главе Послания к Евреям, часто также включает карательный аспект.

Джордж хочет разделить их так, чтобы представить взаимно исключающими. Он явно отрицает, что Божье дисциплинирование по отношению к верующим предполагает какой-либо карательный аспект. Джордж пишет: «*В эпоху Нового Завета Бог никогда не обращается со Своими детьми на основе наказания...* Он не разговаривает с нами в гневе и не требует от нас справедливости» [5]

Но соответствует ли это учению Св. Писания? Нет. И пример с тренером баскетбольной команды не является образом, используемым в 12-й главе Послания к Евреям. Наоборот, этот отрывок Писания показывает огорченного Отца. Писание изображает Бога, применяющего дисциплинирование верующих розгой. Да, Он дисциплинирует Своих детей в любви для их же блага, и с целью более исправительной, чем карательной. Но в дисциплинировании, описанном автором Послания к Евреям, тем не менее, есть карательный элемент. Это решительное, но исполненное любви родительское наказание, а не просто напряженные тренировки, предписанные милостивым тренером.

Более того, само исправление всегда содержит в себе признание, что что-то делается неправильно. Любой хороший тренер садит недисциплинированного игрока на скамью запасных, или заставляет его отрабатывать (а также и учиться) на специальных тренировках. Исправление может включать карательную цель, и оно должно приводить к ощущению стыда.

Это важно, потому что Божья ненависть к нашему греху является проявлением Его любви к нам. Его любовь подобна родительской, это не расчетливая доброжелательность тренера, который просто надеется, что его команда выиграет. А карательный элемент Божьего дисциплинирования в такой же степени проявляет Его любовь, как и исправление.

Слова, использованные в 12-й главе Послания к Евреям для описания этого дисциплинирования, важны: «Ибо Господь, кого любит, того наказывает; бьет же всякого сына, которого принимает» (ст. 6). Это подходящие термины для передачи того, что описывает автор Послания к Евреям. Они подразумевают отцовское наказание с оттенком огорчения, смешанное с суровостью и степенью строгости. *Гнев* не будет слишком сильным определением, имея ввиду, что мы описываем отцовское негодование, а не гнев оскорбленного судьи.

Само Писание неоднократно использует язык святого гнева, чтобы показать Божье неодобрение грехов Его детей. Например, Моисей подробно изложил реакцию Господа на неповиновение израильтян в Кадес-Варни:

> ,, И Господь [Бог] услышал слова ваши, и разгневался, и поклялся, говоря: никто из людей сих, из сего злого рода,

не увидит доброй земли, которую Я клялся дать отцам вашим; только Халев, сын Иефонниин, увидит ее; ему дам Я землю, по которой он проходил, и сынам его, за то, что он повиновался Господу. *И на меня прогневался Господь за вас, говоря: и ты не войдешь туда.*

— Втор. 1:34-37, *курсив добавлен; ср. 3:26; 4:21*

Он также описал похожий случай у подножия горы Синай, когда израильтяне поклонялись золотому тельцу:

> И повергшись пред Господом, молился я, как прежде, сорок дней и сорок ночей, хлеба не ел, и воды не пил, за все грехи ваши, которыми вы согрешили, сделав зло в очах Господа и раздражив Его. Ибо *я страшился гнева и ярости, которыми Господь прогневался на вас и хотел погубить вас.* И послушал меня Господь и на сей раз. И на Аарона весьма *прогневался Господь* и хотел погубить его; но я молился и за Аарона в то время.
>
> — Втор. 9:18-20, *курсив добавлен*

Когда Соломон совершил зло в очах Господа, в 3 Цар. 11:9 записано: «И разгневался Господь на Соломона за то, что он уклонил сердце свое от Господа».

Моисей, Аарон и Соломон, все они были искупленными людьми, полностью оправданными верою. Их положение перед Богом ни в коей мере не зависело от их дел. Они получили полное судебное прощение. Тем не менее, Писание говорит, что своими грехами они вызывали Божий гнев.

Подобным образом Христос «вознегодовал» на учеников, не позволявших детям приходить к Нему (Марк. 10:14).

79

Несколько раз Он обличал Петра, однажды даже назвав его «сатана» (Марк. 8:33). Он также строго обличил Иакова и Иоанна (Лук. 9:55-56).

Поэтому взгляд, что Бог всегда милостив и никогда не проявляет огорчения Своими детьми, совершенно чужд Писанию. Идея, что Его дисциплинирование никогда не имеет какого-либо карательного элемента, тоже неправильна. Обетование Божие к тем, кого Он любит, в том, что Он наказывает их как отец детей. Такое наказание, хотя совершается с любовью и для нашей пользы, тем не менее выражает истинный Божий гнев против грехов — даже против грехов Своих детей.

Вот как звучит условие Божьего завета с Давидом:

> И продолжу вовек семя его, и престол его — как дни неба. Если сыновья его оставят закон Мой, и не будут ходить по заповедям Моим; если нарушат уставы Мои и повелений Моих не сохранят: *посещу жезлом беззаконие их, и ударами — неправду их;* милости же Моей не отниму от него, и не изменю истины Моей.
>
> — Пс. 88:30-34, *курсив добавлен*

Христианам никогда не нужно бояться Божьего гнева, как гнева Вечного Судьи, но они обязательно испытают Его отцовское неодобрение и наказание, когда согрешат. Такое дисциплинирование — наилучшее доказательство Его любви к нам (12-я глава Послания к Евреям). Поэтому не соглашайтесь с мнением, что Бог никогда не гневается на грехи Своих детей. Сам факт, что Он огорчен нашим грехом, подтверждает Его отцовскую любовь к нам.

ЧЕГО ДОСТИГАЕТ *И*СПОВЕДАНИЕ?

Что происходит, когда мы как прощенные верующие исповедываем наши грехи и ищем Божьего прощения? Прежде всего нам необходимо понять, что, согрешив, мы не теряем своего спасения. Исповедание греха — это не вопрос получения потерянного спасения обратно или обновления нашего оправдания.[6]

Писание учит, что кого Бог оправдывает, тех Он и прославляет (Рим. 8:30). Избранные не выпадают из процесса, не достигнув цели. «Начавший в вас доброе дело будет совершать его даже до дня Иисуса Христа» (Фил. 1:6). Наш грех может огорчить Бога, но не может отделить нас от Его любви (Рим. 8:38-39).

Но что говорит Писание? «Если исповедуем грехи наши, то Он, будучи верен и праведен, простит нам грехи наши и очистит нас от всякой неправды» (1 Иоан. 1:9). *Прощение* и *очищение* — два аспекта этого обетования.

Как мы увидели, прощение, упоминаемое здесь, подразумевает отцовское прощение: не прощение оправдания. Оно говорит о личном, родственном виде прощения. Это просто восстановление до состояния благословения в очах огорченного Отца.

Подобным образом очищение, упоминаемое в этих стихах, не есть омовение возрождения. Возрождение сообщает новую жизнь, часто изображаемую в Писании как омовение сердца (Иер. 4:14; Тит. 3:5); а постоянное очищение, описанное в 1 Иоан. 1:7-9, есть духовное омовение, чтобы избавить верующих от осквернения, причиненного грехом в их повседневном хождении. Именно такое очищение проиллюстрировал Иисус, когда настаивал на омовении запыленных ног Петра.

Ясно, что 2 Кор. 7:1 адресовано верующим: «Итак, возлюбленные, имея такие обетования, очистим себя от всякой скверны плоти и духа, совершая святыню в страхе Божием». Здесь Павел указывает, что посредством послушания и истинного покаяния мы участвуем в продолжающемся очищении от греха.

Поэтому и в 1 Иоан. 1:9 также говорится о продолжающемся прощении и очищении от греха, а не об очищении и прощении в момент спасения. Мы не должны думать, что прощение оправдания и омытие возрождения исключает для христиан необходимость бороться с субъективной реальностью греха в их жизни. Богослов-пуританин Мэтью Генри сказал:

> Христианская религия — это религия грешников, в которых грех все еще пребывает в определенной степени. Христианская жизнь — это жизнь продолжающегося покаяния, смирения и умерщвления греха, жизнь продолжающейся веры в благодарности и любви к Искупителю, и полного надежд, радостного ожидания дня славного искупления, в который верующий будет полностью и окончательно оправдан, и грех навеки уничтожен.[7]

Вот почему Писание учит нас постоянно исповедовать наши грехи и повседневно искать Божьего прощения и очищения. Он верен и праведен простить — *верен*, потому что это Его обетование нам в завете о взаимоотношениях, и *праведен*, потому что Он уже совершил искупление наших грехов.

МОЖЕМ ЛИ МЫ ИСПОВЕДАНИЕМ И ИСКАНИЕМ БОЖЬЕГО ПРОЩЕНИЯ ПРЕДОТВРАТИТЬ ЕГО НАКАЗАНИЕ?

Полностью ли Божье прощение аннулирует факт нашего согрешения? Когда мы исповедуем свой грех и ищем Божьего прощения, отменит ли Он Свое наказание мгновенно и освободит ли нас от последствий греха?

Некоторые считают, что прощение должно аннулировать все последствия греха. Этот вопрос неизбежно встает, например, когда служитель, впавший з блуд, совершает покаяние и хочет вернуться к служению в церкви. Естественно, павший служитель будет защищать свой взгляд, указывая, что Бог простил его грех, поэтому прошлые грехи не должны приниматься во внимание при обсуждении его кандидатуры на руководство церковью.

Однако основное Библейское требование для всех епископов и диаконов в церкви таково, что они должны быть *непорочными* (1 Тим. 3:2, 10; Тит. 1:6-7). Это слово говорит об общественной репутации служителя. «Непорочный» означает, что его не в чем обвинить. Оно не говорит о безгрешности, иначе никто не смог бы пройти отбор. Но «непорочный» — это человек, жизнь которого не поражена никакими явными греховными пороками или скандалами, мешающими ему стоять перед паствой, как примеру последовательного благочестия.

Некоторые грехи, в частности скандальные грехи блуда, несут с собой позор, который не может быть заглажен, даже если сам проступок и прощен (Прит. 6:32-33). Прощение восстанавливает правильные отношения человека с Богом, но пятно позора и скандал греха иногда остаются. В таких случаях человек может быть прощен, но, тем не менее, он теряет право на ответственное духовное служение, так как его жизнь не является образцом благочестивой добродетели.

Бог обещает милость тем, кто исповедует и оставляет свой грех. В Писании говорится: «Скрывающий свои преступления не будет иметь успеха; а кто сознается и оставляет их, тот будет помилован» (Прит. 28:13).

В Св. Писании, однако, нет обетования, что Божье прощение ликвидирует *все* последствия нашего греха. Мы уже увидели, что прощение не обязательно изглаживает общественный позор, связанный со скандальным грехом. Прощение также не обязательно предотвращает Божественное наказание за грех.

Например, когда Давид согрешил с Вирсавией, прошло много месяцев, прежде чем он достаточно смирился, чтобы исповедовать свой грех и просить прощения. Писание говорит, что Вирсавия выносила и родила сына, прежде чем Нафан пришел обличить Давида в его преступлении.

Вероятно, все эти месяцы, живя в неповиновении, Давид переносил сильный эмоциональный и духовный спад по причине своего греха. Он писал об этом времени: «Когда я молчал, обветшали кости мои от вседневного стенания моего, ибо день и ночь тяготела надо мною рука Твоя; свежесть моя исчезла, как в летнюю засуху» (Пс. 31:3-4).

Это было частью Божьего дисциплинирования против Давида. Его мир был отнят от него, и тяжесть вины повлияла на него физически.

В духовном отношении его неисповеданный грех разрушил сладость его общения с Богом. Общение было нарушено

Давидом. Проблема не была в том, что Бог отказался общаться с Давидом; скорее, грех Давида мешал ему искать Бога, как он это делал, когда совесть его была чиста. В Псалме 50, описывая этот эпизод с грехом, Давид сказал: «Грех мой всегда предо мною» (ст. 5).

Грех мешал Давиду иметь связь с Богом и таким образом стал непреодолимым барьером для полной радости общения, которую Давид всегда имел с Господом. Сравните признание Давида в 50-м Псалме с исповеданием, которое он произносил, когда был чист перед Богом: «Всегда видел я пред собою Господа... Оттого возрадовалось сердце мое и возвеселился язык мой» (Пс. 15:8-9). Но пока грех Давида оставался неисповеданным, этот грех всегда был перед ним, мешая ему общаться с Богом.

Хотя «и было это дело, которое сделал Давид, зло в очах Господа» (2 Цар. 11:27), Бог со Своей стороны искал восстановления Давида.

История эта хорошо известна. Пророк Нафан обличил Давида в его грехе. Он сделал это умело, рассказав заблудшему царю притчу, нравственный урок от которой в точности описал зло, совершенное Давидом (2 Цар. 12:1-4). Не сумев узнать себя в этой притче, Давид вынес смертный приговор тому, кто был виновен в таком преступлении.

«Ты — тот человек», прозвучал остужающий ответ Нафана (ст. 7). Затем, продолжая, Нафан произнес пророчество о Божьем наказании против Давида:

> Так говорит Господь, Бог Израилев: Я помазал тебя в царя над Израилем, и Я избавил тебя от руки Саула, и дал тебе дом господина твоего и жен господина твоего на лоно

твое, и дал тебе дом Израилев и Иудин, и, если этого для тебя мало, прибавил бы тебе еще больше. Зачем же ты пренебрег слово Господа, сделав злое пред очами Его? Урию Хеттеянина ты поразил мечом; жену его взял себе в жену, а его ты убил мечом Аммонитян. Итак не отступит меч от дома твоего во веки, за то, что ты пренебрег Меня и взял жену Урии Хеттеянина, чтоб она была тебе женою. Так говорит Господь: вот, Я воздвигну на тебя зло из дома твоего, и возьму жен твоих пред глазами твоими, и отдам ближнему твоему, и будет он спать с женами твоими пред этим солнцем. Ты сделал тайно, а Я сделаю это пред всем Израилем и пред солнцем.

— 2 Цар. 12:7-12

Мгновенной реакцией Давида была исповедь с последующим искренним покаянием. 50-й Псалом и является отчетом о его покаянии.

Но Господь не отменил Свое наказание в ответ на исповедь Давида. Бог остановил смертный приговор, который Давид невольно вынес сам себе, но не отменил Свое наказание полностью:

>> И сказал Нафан Давиду: и Господь снял с тебя грех твой; ты не умрешь. Но как ты этим делом подал повод врагам Господа хулить Его, то умрет родившийся у тебя сын.

— 2 Цар. 12:13-14

Это идеальный пример того, как оправдание изглаживает вечное осуждение за грех, но совсем необязательно его временные последствия. Бог простил грехи Давида, но

Он не изгладил последствий — хотя некоторые из этих последствий были предписаны свыше, как средство карательного наказания.

Фактически, всю оставшуюся жизнь Давид нес последствия этого греха. С этого момента его жизнь стала летописью трагедии.

Как предсказал Нафан, жены Давида были осквернены средь светлого дня его ближним — сыном Авессаломом (2 Цар. 16:22). Слова Нафана Давиду ясно показывают, что Бог допустил это, как последствие греха Давида и как метод наказания.

Мог ли Бог полновластно остановить все злые последствия греха Давида? Да. Почему же Он этого не сделал, особенно после того, как Давид покаялся? Писание не дает полного ответа на этот вопрос, но в 2 Цар. 12:14 мы находим намек, когда Бог говорит Давиду, что наказание произойдет, потому что он «этим делом подал повод врагам Господа хулить Его [Бога]». Если бы Бог разрешил Давиду не переносить последствия своего греха, враги Божьи имели бы причину бесчестить Его.

Более того, наказание было частью Божьего завета с Давидом и доказательством Божьей любви к нему. В 2 Цар. 7:14-15 Бог обещает: «Я буду ему отцом, и он будет Мне сыном; и если он согрешит, Я накажу его жезлом мужей и ударами сынов человеческих; но милости Моей не отниму от него, как Я отнял от Саула, которого Я отверг пред лицем твоим».

Бог заключил нерушимый завет с Давидом и его домом навеки. И в самом центре этого завета было твердое обещание Божественной милости к Давиду. Но наряду с этой милостью пришло и Божественное наказание, когда Давид согрешил. Этот же принцип применим ко всем избранным: «Ибо Господь, кого любит, того наказывает; бьет же всякого сына, которого принимает» (Евр. 12:6; ср. Прит. 3:12).

Отнюдь не являясь подтверждением, что Бог *по-настоящему* не простил наши грехи, Его исполненное любви наказание служит доказательством того, что Он не отверг нас. «Если вы терпите наказание, то Бог поступает с вами, как с сынами. Ибо есть ли какой сын, которого бы не наказывал отец? Если же остаетесь без наказания, которое всем обще, то вы — незаконные дети, а не сыны» (Евр. 12:7-8).

ЧТО ЗНАЧИТ ИСПОВЕДОВАТЬ ГРЕХИ?

Цель истинного покаяния не в том, чтобы избежать земных последствий нашего греха. Прочитайте молитву Давида в 50-м Псалме и отметьте следующее. Исповедь Давида была полностью сосредоточена на *вине* за грех, а не на его последствиях. Когда он молился молитвой, записанной в этом Псалме, Давид уже знал, что будет страдать от ужасных последствий своего греха. Его родные дети навлекут на него позор. Его жен возьмут от него и принудят совершить прелюбодеяние среди белого дня. Дитя, зачатое им в прелюбодеянии с Вирсавией, умрет, принеся ему безутешное горе. Бог уже сказал ему устами Нафана, что все это непременно произойдет. Когда Давид писал 50-й Псалом, он знал, что это придет.

Тем не менее, эта великая молитва покаяния не упоминает о последствиях греха. Давид не жаловался на строгость Божьего наказания. Излияние его души в этом Псалме направлено против своего греха.

Это потому, что Давида больше всего беспокоил грех, а не наказание. Он писал:

> Беззакония мои я сознаю, и грех мой всегда предо мною. Тебе, Тебе единому согрешил я, и лукавое пред очами Твоими сделал, так что Ты праведен в приговоре Твоем и чист в суде Твоем.
>
> — Пс. 50:4-5

Давид говорит, что считает свое наказание полностью справедливым. Никто не должен сомневаться в праведности Божьей по причине Его обращения с Давидом. Сам Давид признал, что виновен и заслужил такие последствия, которые Бог избрал возложить на него.

Именно это означает исповедовать грехи наши. В 1 Иоан. 1:9 слово «исповедуем» есть перевод греческого глагола *хомологео*, буквально обозначающего «говорить то же самое». Исповедовать наши грехи означает говорить то же самое, что говорит о них Бог. Поэтому исповедание наших грехов означает признание, что Божий взгляд на наши преступления правилен.

Однажды я слышал, как один проповедник утверждал, что всё, что требует для прощения Бог — это просто назвать грехи, перечислить их, и Он простит. Другой проповедник, которого мне пришлось слышать, доказывал, что всё, что необходимо — это осознать свои грехи. Но данный стих этому не учит. И исповедание не обозначает простое *признание* наших грехов. Человек может признать свой грех, даже не будучи согласным с Божьим отношением к греху. Признание вины не есть реальный смысл, передаваемый словом *хомологео*. Наоборот, «исповедовать» наши грехи в самом истинном смысле подразумевает ненависть к греху, печаль о его совершении и его осуждение. Вот что значит говорить то же самое, что и Бог, о ваших грехах.

Должны ли мы вести список грехов и исповедовать каждый отдельный проступок, чтобы получить очищение? Данный стих об этом не говорит. Согласие с Богом о наших грехах есть постоянное отношение, а не что-то механически стирающее в списке грех за грехом. И время глагола в 1 Иоан. 1:9 говорит о продолжающемся исповедании. Апостол Иоанн не призывает к пропорции между грехами и исповедями один к одному, но к постоянному, неизменному согласию с Богом в отношении наших грехов. И когда, подобно Давиду, мы оказываемся в рабстве какого-либо греха, покаяние и исповедь — единственный путь к восстановлению радости и гармонии в нашем общении с Богом.

КОМУ МЫ ИСПОВЕДУЕМ ГРЕХИ?

Исповедь, упоминаемая в 1 Иоан. 1:9, не есть исповедью земному священнику. Римо-католическая церковь, как известно, берет этот стих, соединяя его с Иак. 5:16 («Признавайтесь друг пред другом в проступках»), и использует эти стихи, как оправдание для исповеди перед священником.

Многие люди живут в страхе, что если они не будут регулярно перечислять список своих грехов и искать отпущения грехов священником, то могут умереть с неисповеданным грехом и оказаться в аду. В сущности, это делает исповедь грехов делом заслуг, как если бы акт исповеди, соединенный с актами наказания, как-то смог способствовать искуплению, необходимому для заглаживания грехов. Все это чуждо учению Писания, и конечно же чуждо 1 Иоан. 1:9. Этот текст не имеет ничего общего с личной исповедью перед священником и молитвенными четками.

Здесь опять особую важность имеет время глагола. Помните, что «если исповедуем грехи наши» говорит о продолжающемся отношении, не о священном ритуале. Это по сути дела описание Апостолом Иоанном всех истинных христиан — тех, кто непрерывно говорит о своем грехе то же, что и Бог. Иоанн описывает характеристику истинного верующего, а не создает таинство для наложения наказания.

Кстати, в этом контексте вообще нет ничего об исповедании перед другими людьми. Исповедь, которую имел ввиду Апостол, полностью направлена к Богу.

Бывает ли время, когда христианин должен исповедовать свои грехи другим христианам? Мы знаем, что исповедь перед Богом всегда необходима. Но нужна ли исповедь человека человеку? Да. Есть по крайней мере две ситуации, которые подтверждают необходимость такой исповеди.

Первая ситуация, когда мы ищем помощи у более сильных, более зрелых христиан, которые могут помочь нам нести бремя, требовать у нас отчета, молиться о нас, или по иному быть помощью в преодолении плохих привычек и трудных обстоятельств греха (Гал. 6:2). Такая исповедь имеется ввиду в Иак. 5:16: «Признавайтесь друг пред другом в проступках и молитесь друг за друга, чтобы исцелиться: много может усиленная молитва праведного».

Другой случай, когда исповедь человека человеку необходима, это когда мы исповедуем проступок кому-то, против кого мы согрешили, чтобы получить прощение. Это часть необходимого примирения, когда мы напрямую кого-то обидели (Матф. 5:24). Это не для того, чтобы предложить, что мы обязаны исповедаться перед кем-либо каждый раз, когда мы имеем о них злую мысль. Но когда наши грехи причинили реальные страдания другому человеку, исповедь перед обиженной стороной — уместный и даже необходимый аспект примирения.

Однако, в 1 Иоан. 1:9 имеется ввиду исповедь перед Богом, которая должна быть характеристикой каждого христианина.

ОСТАЮТСЯ ЛИ НАШИ ГРЕХИ НЕПРОЩЕННЫМИ, ЕСЛИ МЫ ИХ НЕ ИСПОВЕДАЕМ?

Один автор, труды которого я читал несколько лет тому назад, отстаивал взгляд списка учета грехов. Он считал, что христиане должны записывать свои конкретные грехи и исповедовать их один за другим. По его словам Бог прощает только те грехи, которые мы конкретно исповедуем. Все грехи, совершенные по незнанию, и грехи забытые или неисповеданные, остаются полностью непрощенными до судилища Христова. Там, — говорит он, — Христос рассмотрит эти неисповеданные грехи и накажет нас за них (хотя он верит, что дело Христа на кресте гарантирует, что наше наказание за эти неисповеданные грехи не подразумевает ад).

Этот человек — протестант, но его взгляд очень похож на католическое представление о чистилище. Это заблуждение так же серьезно, как и учение тех, кто говорит, что христиане никогда не должны исповедовать свои грехи, потому что если

Христово искупление не дало полное судебное прощение за *все* наши грехи, тогда христиане должны будут искупить (по крайней мере частично) некоторые из своих грехов. Такое учение явно отрицает достаточность Христова искупления.

Да, верующие *уже* имеют полное судебное прощение. Апостол Иоанн позже писал в этом же Послании: «Пишу вам, дети, потому что *прощены* вам грехи ради имени Его» (1 Иоан. 2:12). Здесь он использовал прошедшее время, чтобы подчеркнуть тот факт, что вечный вопрос нашего прощения решен навсегда. Угроза осуждения за наши грехи исчезла (Рим. 8:1).

Да, в 1 Иоан. 1:9 просто говорится об отношениях, которые являются характеристикой *всех* истинных христиан: о своем грехе они говорят то же, что и Бог. Когда они скрывают свои грехи, как Давид, они не будут преуспевать. Они лишаются радости. Они пожинают Божественное огорчение. Они испытывают Божественное дисциплинирование.

Но когда они исповедуют и оставляют свой грех, для них есть гарантия Божественного сострадания (Прит. 28:13). Бог, наказывающий согрешающих святых из Своей к ним любви, также желает изливать Свою милость и сострадание на кающихся и сокрушенных.

4

СЧИТАЙ ЭТО НА МНЕ

Прими его, как меня. Если же он чем обидел
тебя, или должен, считай это на мне.
Филимону 17-18

Священное Писание повсеместно учит, что те, кто был прощен, обязаны прощать других (Матф. 18:23-35; Ефес. 4:32;
Кол. 3:13). Следовательно, дух прощения должен быть ха-
рактерным для христиан.

Прощение грешников Богом еще называют вертикаль-
ным прощением. Прощение грешниками друг друга есть
горизонтальное прощение. В последующих главах мы рассмотрим несколько мест Св. Писания, которые касаются
горизонтального прощения и исследуют то, как мы должны
прощать друг друга.

Мы начнем с одной из самых коротких книг Нового
Завета — Послания к Филимону. Это также самое лаконич-
ное и наиболее личное из всех Посланий Павла. Хотя само
слово «прощение» и не упоминается в нем, оно является
темой всего Послания. Это великолепное описание того, как
прощение должно действовать в жизни каждого верующего.
Здесь наглядно показано, как благодать может восстановить
разбитые взаимоотношения и простить обидчика.

ДЕЙСТВУЮЩИЕ ЛИЦА

Трогательна и сама драма этого маленького Послания: удивительный промысел Божий соединил судьбы трех разных людей — беглого раба, оскорбленного рабовладельца и благочестивого Апостола. Эти люди очень отличались друг от друга во всем, кроме одного — все они были верующими в Иисуса Христа, а следовательно, членами одного Тела (1 Кор. 12:12-14).

Будучи необращенным человеком, Онисим (раб) убежал от своего хозяина и попал в Рим. Рим служил убежищем для беглых рабов, потому что они легко могли затеряться среди многочисленного населения и избежать опасности быть найденными.

В Риме Онисим при каких-то обстоятельствах столкнулся с Апостолом Павлом, находившимся под домашним арестом в ожидании следствия по ложным обвинениям в подстрекательстве. В Писании не даются детали их встречи, но ясно, что в результате свидетельства Апостола Онисим стал христианином (Филим. 10).

Филимон был рабовладельцем, которому Онисим причинил зло. Он тоже пришел к вере во Христа через служение Павла, возможно несколькими годами раньше, во время пребывания Павла в Ефесе (Деян. 18–20; ср. Деян. 19:26). Филимону принадлежал дом, в котором собиралась церковь в Колоссах (Филим. 2; ср. Кол. 4:17). Похоже, что он был человеком богатым и влиятельным — полная противоположность Онисиму в социальном плане. Тем не менее, он был посвященным христианином, и был почитаем Апостолом Павлом, как возлюбленный «сотрудник» (Филим. 1).

Онисим также стал близким другом и соработником Апостолу, лично прислуживая Павлу во время его заключения в Риме, когда многие другие христиане боялись общаться с Павлом, чтобы избежать пятна позора и возможного преследования (ср. 2 Тим. 1:8; 4:10-16).

СЮЖЕТ

Оба — и Павел, и Онисим, должно быть, не спешили с возвращением раба его господину. Павел даже заявил, что для него послать Онисима было подобно, как послать «мое сердце» (Филим. 12). Но Онисим должен был искать прощения своего господина за содеянное зло.

По римским законам Онисим был виновен в нескольких серьезных преступлениях. Своим побегом он совершил против своего господина преступление равное воровству. Также вполне возможно, что он на самом деле украл деньги, потому что Павел предлагает заплатить Филимону все, что должен ему Онисим (ст. 18). В Римской империи быть рабом-беглецом считалось серьезным преступлением. Если бы Онисима поймали охотники за беглыми рабами, его могли бы посадить в тюрьму, продать за выкуп или даже убить.

Возможно, именно по этой причине, прежде чем послать Онисима обратно к Филимону, Павел ждал, когда кто-нибудь сможет сопроводить его. Эта возможность появилась, когда нужно было послать Тихика в Ефес и Колоссы с Посланиями, которые Павел написал этим церквям. Послание Павла к Колоссянам представляет Онисима церкви в Колоссах, которая теперь будет его родной церковью. Павел называет Онисима «верным и возлюбленным братом нашим» (Кол. 4:9).

Присутствие Тихика в путешествии в Колоссы гарантировало Онисиму некоторую степень безопасности; но возвращение в дом Филимона имело значительный риск. По римским законам Филимон имел полную власть наказать беглого раба, как он считал должным. Многих римских рабов истязали и предавали смерти за более мелкие преступления. Обычно беглым рабам ставили клеймо в форме буквы F (от латинского слова *fugitivus* — беглец), чтобы в случае повторного побега они не могли скрыться. В лучшем случае беглый раб получал жестокое бичевание. (Незадолго до времени Павла было подавлено знаменитое восстание рабов под руководством Спартака, и с этого времени Римский закон особенно жестоко наказывал рабов, восстававших против своих хозяев). Тем не менее, Онисим охотно и, очевидно, без колебаний был готов вернуться к своему хозяину. Это говорит о подлинности его веры.

ПРЕДПОСЫЛКИ

Рабство было всеобщей практикой в период расцвета Римской империи, и вопросы, связанные с рабством, вплетены в сюжет Послания. Поэтому возможно, оно показывает Библейский взгляд на рабство.

Во-первых, рабство, разрешенное в Писании — это контрактное рабство, подразумевающее, что раб вступает в рабство по контракту с рабовладельцем — обычно на определенный период времени (ср. Исх. 21:2-6). В таких взаимоотношениях не было ничего существенно жестокого или несправедливого. Фактически, взаимоотношения раба с господином должны были действовать во многом, как современные взаимоотношения работодателя с рабочим с заключением трудового договора. Когда Св. Писание наставляет рабов повиноваться своим хозяевам, это равносильно повелению рабочим повиноваться своим начальникам.

Некоторые аспекты римского рабства *могли* даже быть выгодными для раба. Многие рабы одевались, питались и жили на более высоком уровне, чем бедные свободные люди. Рабы могли быть врачами, учителями, ремесленниками, музыкантами или счетоводами. Многие рабы, изучившие такие ремесла, в конечном счете могли купить себе свободу. Некоторые рабы даже владели имуществом. Разумные рабовладельцы использовали это, чтобы стимулировать своих слуг. Некоторые рабы и их владельцы налаживали близкую связь, почти как семейные узы. Иногда в завещании рабовладельцы давали своим любимым рабам свободу.

Но по *большей* части римское рабство не было таким милосердным. По всей империи оно было постоянно связано с оскорблениями и жестокой практикой, которые в своей сущности были безнравственны. Многие римские рабы приобретались и удерживались насильственно, вместо того, чтобы работать по законному соглашению. В Риме рабство деградировало до такой степени, что рабы считались как обычное имущество. В самых худших случаях рабов лишали прав вступать в брак и разводили как животных. Также не было необычным, когда рабов просто убивали из-за прихоти их хозяев. Нет никакого нравственного оправдания для того, кто требует такой абсолютной власти над жизнью и смертью другого человека.

Почему Библия не объявляет рабство безнравственным? Прежде всего, потому что не рабство само по себе, а *злоупотребление* рабством было злом. Нет ничего безнравственного или несправедливого в служении одного человека другому. Контрактное рабство, действующее без злоупотреблений, которые так часто сопровождали римское рабство, было не более безнравственным, чем современные отношения между работодателем и наемным рабочим.

Более того, в Св. Писании напрямую или в ясных принципах осуждаются все злоупотребления рабством. Например, насильственная торговля людьми, имевшая место в первые годы существования США (и в римском рабстве), ясно осуждается в Писании (Исх. 21:16). Бесчеловечность и несправедливость, часто творимые злыми рабовладельцами, также разоблачаются в Писании (ср. Лев. 19:15; Ис. 10:1-2; Ам. 5:11-14).

Было бы неправильно, если бы раннехристианская церковь отклонилась от своего призвания для того, чтобы проводить кампанию за социальные реформы, гражданские права или отмену рабства. Равно неуместно и для церкви сегодня заниматься такими делами. Когда социальная реформа становится единственным занятием церкви, борьба за человеческие права неизбежно оттесняет проповедь Евангелия, таким образом компрометируя миссию церкви.

Вместо этого, раннехристианская церковь разрушала жестокую систему римского рабства, достигая вестью Евангелия и рабов, и рабовладельцев. То, что произошло между Онисимом и Филимоном, — просто пример, как по всей империи Евангелие преобразовывало взаимоотношения «раб-господин». Побуждая Филимона принять Онисима как «брата» (Филим. 16), Павел показал взаимоотношения между возрожденными хозяином и рабом таким образом, который сделал жестокость немыслимой.

ПОСЛАНИЕ

Послание Павла к Филимону было, несомненно, запечатано и отдано Тихику, который взял его с собой в путь, вместе с Посланиями к Ефесянам и Колоссянам. Это Послание — мягкое побуждение Филимону, напоминание ему об обязанности прощать и призыв к предельному милосердию по отношению к Онисиму. Оно абсолютно ясно показывает великодушие сердца Павла и его любовь к милосердию.

Прощение явно было на сердце у Павла, когда он писал все три Послания, которые понес Тихик. Послание к Ефесянам говорит следующее: «Будьте друг ко другу добры, сострадательны, прощайте друг друга, как и Бог во Христе простил вас» (4:32). И Послание к Колоссянам раскрывает эту же мысль: «Итак облекитесь, как избранные Божии, святые и возлюбленные, в милосердие, благость, смиренномудрие, кротость, долготерпение, снисходя друг другу и прощая взаимно, если кто на кого имеет жалобу: как Христос простил вас, так и вы» (3:12-13).

Эти стихи точно завершают мысль, которую Павел хотел изложить конкретно Филимону. Питая сердечную привязанность к Онисиму, он желал увидеть его примирение с Филимоном, чью дружбу и поддержку также высоко ценил.

Послание к Филимону уникально среди Посланий Павла по нескольким причинам. Первая в том, что это единственное богодухновенное Послание, написанное отдельному человеку, который не был пастором, и единственное, касающееся сугубо личных вопросов. То есть, оно не предусматривалось специально, как наставление церкви в общем, хотя фактически наставляет всех христиан важности прощения. И тот факт, что в итоге оно было включено в канон Священного Писания, означает, что оно использовалось во всех церквях для назидания верующих. Но это могло быть инициативой Филимона. Павел же адресовал его только Филимону и его домашним.

Вторая, и даже более замечательная причина — это единственное из Посланий Павла, где он, вместо утверждения, приуменьшает свой апостольский авторитет. И делает он это умышленно. Его целью было призвать Филимона простить свободно, а не вынуждать его к прощению силою своего авторитета — «чтобы доброе дело [Филимона] было не вынужденно, а добровольно» (ст. 14).

Послание *преднамеренно* было скорее просьбой, чем приказом, когда Павел говорил своему другу: «Посему, имея великое во Христе дерзновение приказывать тебе, что должно, по любви лучше прошу» (ст. 8-9). Павел, сознательно отказываясь от проявления авторитета над Филимоном, вместо этого аппелировал к их любви друг ко другу (ст. 9), к значению для него духовного сотрудничества с Павлом (ст. 17) и большого долга самого Филимона перед Павлом, который привел его ко Христу (ст. 19).

Послание адресовано не только Филимону, но также и Апфии (которая наверное была женой Филимона) и Архиппу (несомненно их сын; ср. Кол. 4:17). Так Павел обратился ко всей семье с просьбой показать пример прощения для церкви, которая собиралась в их доме (ст. 2).

ПРИЗЫВ

Павел, очевидно, хорошо знал Филимона. Апостол стал Божьим избранным орудием в приведении Филимона к Христу. Они были давними друзьями и совместно несли служение. Они также имели других общих близких друзей. Например, Епафрас, бывший пастор Филимона в церкви в Колоссах, в настоящий момент был спутником Павла в Риме (Филим. 23). Павел имел большую уверенность в характере Филимона, и поэтому он так нежно просил своего друга, вместо приказания апостольским авторитетом.

Репутация Филимона как благочестивого и любящего христианина, очевидно, была широко известна. Она достигла даже Рима, потому что Павел пишет: «[Я слышу] о твоей любви и вере, которую имеешь к Господу Иисусу и ко всем святым» (Филим. 5).

Такая любовь к святым — характеристика всех истинных христиан. Апостол Иоанн писал: «Мы знаем, что мы перешли из смерти в жизнь, потому что любим братьев» (1 Иоан. 3:14). Любовь друг ко другу — естественный и ожидаемый побочный продукт познания Бога: «Возлюбленные! будем любить друг друга, потому что любовь от Бога, и всякий любящий рожден от Бога и знает Бога; кто не любит, тот не познал Бога, потому что Бог есть любовь» (1 Иоан. 4:7-8). Очевидно, что определенная степень любви к братьям присутствует в каждом верующем.

Но любовь Филимона была необычной. Он был известен своей великой любовью к братьям. Даже Павел находил утешение в том, что слышал о любви Филимона к святым. Он писал: «Ибо мы имеем великую радость и утешение в любви твоей, потому что тобою, брат, успокоены сердца святых» (Филим. 7).

Другими словами, проявление любви к святым было служением, благодаря которому Филимон стал хорошо известен. Его любовь и гостеприимство к народу Божьему были преобладающей чертой его характера, и каждый мог это видеть. Он не только открыл свой дом для церкви в Колоссах, но также был особо посвящен делу утешения сердец верующих братьев (ст. 7).

Греческое слово *анапауо,* переведенное в стихе 7 как «успокоены», — военный термин, используемый для описания отдыха армии после длинного марша. Служение Филимона среди святых имело освежающий и ободряющий эффект в борющейся и часто гонимой раннехристианской церкви.

Библия нигде не предполагает, что Филимон был старейшиной или учителем в церкви. Похоже, что он был рядовым членом церкви со служением помощи, гостеприимства и ободрения. Но избыток любви в его сердце был легендарным.

Именно эти добродетели стали основанием для просьбы Павла от имени Онисима. Хотя Онисим покинул дом Филимона как беглый раб, возвращался он как брат во Христе. Взаимоотношения «раб-господин» были вытеснены абсолютно новыми взаимоотношениями. Онисим и Филимон стали братьями по духу, и Павел знал, что Филимон признает обязанность, этим на него возложенную, потому что во Христе «нет раба, ни свободного... ибо все вы одно во Христе Иисусе» (Гал. 3:28). Вот суть призыва Павла к Филимону:

> Посему, имея великое во Христе дерзновение приказывать тебе, что должно, по любви лучше прошу, не иной кто, как я, Павел старец, а теперь и узник Иисуса Христа; прошу тебя о сыне моем Онисиме, которого родил я в узах моих: он был некогда негоден для тебя, а теперь годен тебе и мне; я возвращаю его; ты же прими его, как мое сердце. Я хотел при себе удержать его, дабы он вместо

тебя послужил мне в узах за благовествование; но без твоего согласия ничего не хотел сделать, чтобы доброе дело твое было не вынужденно, а добровольно. Ибо, может быть, он для того на время отлучился, чтобы тебе принять его навсегда, не как уже раба, но выше раба, брата возлюбленного, особенно мне, а тем больше тебе, и по плоти и в Господе.

— ст. 8-16

Призыв Павла к Филимону резко отличается от подхода, который он использует во всех остальных своих Посланиях. Здесь он обращается не к доктринальным принципам или Божьему закону, но к любви Филимона к братьям (ст. 9). Так как теперь Онисим был братом во Христе, Павел знал, что Филимон, естественно, будет склонен проявить к нему любовь.

Павел использовал подобный подход в случае с коринфянами, когда стремился вдохновить их на пожертвования. Он обращался к каждому человеку давать с расположенным сердцем: «Каждый уделяй по расположению сердца, не с огорчением и не с принуждением; ибо доброхотно дающего любит Бог» (2 Кор. 9:7). Убедительный призыв к долгу несомненно был бы эффективен, но награда за охотное избрание послушания намного больше, и Павел не хотел, чтобы они лишились этой награды. Подобным образом и по отношению к Филимону Павел был настолько уверен в готовности своего друга поступить правильно, что не видел необходимости использовать тактику силы.

Должен ли был Филимон прощать? Да. Отказав Онисиму в прощении, он нарушил бы учение Христа (ср. Лук. 17:4; Матф. 6:15).

Отказ прощать также является нарушением вечного нравственного Закона Божьего. Иисус, разъясняя шестую заповедь («Не убивай», Исх. 20:13), учил, что Ветхозаветный запрет на убийство также не дает места гневу и мести в сердце:

> А Я говорю вам, что всякий, гневающийся на брата своего напрасно, подлежит суду; кто же скажет брату своему: «рака», подлежит синедриону; а кто скажет: «безумный», подлежит геенне огненной. Итак, если ты принесешь дар твой к жертвеннику и там вспомнишь, что брат твой имеет что-нибудь против тебя, оставь там дар твой пред жертвенником, и пойди, прежде примирись с братом твоим, и тогда приди и принеси дар твой.
>
> — Матф. 5:22-24

Так Христос не только осудил гнев и злые слова, но также вменил в обязанность каждому верующему искать примирения, когда мы знаем, что какой-либо проступок, совершенный нами, оттолкнул брата или сестру. Это влечет за собой готовность исповедовать вину, когда мы были неправы, и готовность прощать, когда оскорбили нас. Находимся ли мы в положении обидчика или обиженного, мы должны активно искать примирения, а это всегда включает готовность прощать.

Чтобы никто не подумал, что эта обязанность дана только по отношению к верующим, вспомните вторую величайшую заповедь: «Возлюби... *ближнего* твоего, как самого себя» (Лук. 10:27). В ответ на вопрос «а кто мой ближний?» Иисус изложил притчу о добром самарянине, таким образом включая даже самых ничтожных и отверженных в число тех, кого мы должны любить как себя.

Любовь к другим, как к самим себе, ясно подразумевает обязанность прощения. Она состоит из отказа таить злобу или мстить, когда обида нанесена лично нам, и готовности предоставить полное прощение всем ищущим его. Это не означает, что мы должны смотреть в другую сторону, когда видим кого-либо в грехе (см. главу 7). Но в случае с покаявшимся братом, каким был Онисим, нет никакого оправдания для отказа в прощении. Если бы Филимон так поступил, он бы согрешил.

Помните следующее: грех против нас всегда подразумевает больший грех против Бога. Прелюбодеяние Давида с Вирсавией, например, было грехом против нее. Оно было грехом против ее мужа Урии, которого Давид послал на верную смерть. Это был грех против семьи Урии, лишившейся возлюбленного сына и брата. Это был грех против семьи Давида, которая в течении нескольких поколений несла последствия его поступка. И это был грех против всего народа Израильского, потому что Давид был их царем, примером и духовным вождем.

Тем не менее, в Псалме 50, великой молитве покаяния Давида, он говорит: «Тебе, Тебе единому согрешил я и лукавое пред очами Твоими сделал» (ст. 6) — как если бы грехи против других людей не заслуживали упоминания. Они тускнели в сравнении с грехом Давида против Бога, и он хотел показать, чтобы Бог знал, что он это понял. Давид не был бессердечным или невосприимчивым к своим грехам против других. Эти грехи были ужасны, включая убийство Урии, похищение его жены, осквернение национальной чистоты Израиля, ложь, распространяемую всем, и цельй сонм других проступков. Но несмотря на величину его грехов против других людей, грех против Бога был намного больше. И поэтому Бог был первым, к Кому Давид обратился за прощением. Бог единственный имеет вечное значение. Если Бог простил Давида, тогда Давид мог просить прощения у других и, где возможно, возмещать потери. Но так как оскорбление против Бога было самым великим, в первую очередь необходимо было примириться с Ним.

Если любой проступок против нас подразумевает больший проступок против Бога, и если Бог прощает обидчика, то кто мы, чтобы *отказывать* в прощении? Каким бы ни был проступок Онисима против Филимона, его грех против Бога был намного серьезнее. Если Бог уже простил его, Филимон *сам* был не вправе отказывать в прощении. Если Бог прощает больший проступок, грех отказывать в прощении меньшего. Более ли мы святы, справедливы и достойны, чем Бог? Являемся ли мы более высоким судом с более справедливым законом? Конечно, нет. Тогда да не осмелимся мы осуждать тех, кого простил Бог. Те, кто отказывается прощать или ищет мести, фактически посягнули на Божью власть.

Филимон также имел долг перед всей церковью в Колоссах простить Онисима. Если бы он отказался простить самого нового члена этой общины, то пострадала бы вся церковь. Было бы нарушено единство церкви, и пострадало бы их свидетельство перед окружающими людьми.

Поэтому глядя фактически с любой стороны, Филимон имел полную ответственность простить Онисима. Но вместо того, чтобы навязывать эту обязанность своему другу апостольским авторитетом, Павел мягко обращается к Филимону, как к возлюбленному брату, зная, что духовная зрелость Филимона находится на таком уровне, что он с радостью простит того, кто его серьезно оскорбил.

ПРЕТЕНЗИЯ

Достоверной информации о совершенном Онисимом проступке против Филимона нет. Мы знаем, что он совершил побег, не выполнив своих обязательств, оставив вверенное ему дело, возможно даже обворовав Филимона, чтобы иметь деньги на побег (ср. ст. 18). Его побег несомненно создал Филимону определенные трудности.

Поэтому, несмотря на личную посвященность Филимона Павлу, на его любовь к святым и его христианскую зрелость, у Павла не было причины предполагать, что ему будет легко простить Онисима. Возвращение Онисима вполне могло возбудить сильные эмоции у Филимона. По-человечески, Филимон имел полное право сердиться на Онисима и возмущаться тем, что этот раб сделал. Павел, тем не менее, был достаточно уверен в характере своего друга, формулируя свой призыв скорее как просьбу, чем повеление.

Представьте, как Филимон читал это письмо, когда Онисим, вероятно, стоял перед ним. Филимон, возможно, был удивлен и сначала не слишком рад видеть раба, который доставил ему столько хлопот. Но когда он прочитал письмо Павла, его сердце наверняка было тронуто тем, что писал Павел.

Обратите внимание, как он себя называет: «Павел старец, а теперь и узник Иисуса Христа» (ст. 9). Когда писалось Послание, Павлу было где-то около шестидесяти лет. Но он, вероятно, говорит о чем-то большем, чем о своем физическом возрасте. Это могло быть скрытое напоминание Филимону о том, что повлияло на Павла за все годы служения: узы, опасности, побивание камнями, голод, кораблекрушение, жажда, холод, изнурения и как результат этого — болезнь (ср. 2 Кор. 11:23-30). От них его немощная плоть быстро состарилась, и он часто болел. Более того, он оставался в узах. Он знал, что его дорогой брат не захочет дополнить к его страданиям. И поэтому в интересах Онисима он вскользь напомнил Филимону о своих страданиях. Конечно же Филимон не мог отклонить просьбу друга, который так много претерпел ради Христа.

АКТ ПРОЩЕНИЯ

Павел излагает дело Онисима так, чтобы коснуться сердца Филимона:

> Прошу тебя о сыне моем Онисиме, которого родил я в узах моих: он был некогда негоден для тебя, а теперь годен тебе и мне; я возвращаю его, ты же прими его, как мое сердце. Я хотел при себе удержать его, дабы он вместо тебя послужил мне в узах за благовествование; но без твоего согласия ничего не хотел сделать, чтобы доброе дело твое было не вынужденно, а добровольно. Ибо, может быть, он для того на время отлучился, чтобы тебе принять его навсегда, не как уже раба, но выше раба, брата возлюбленного, особенно мне, а тем больше тебе, и по плоти и в Господе. Итак, если ты имеешь общение со мною, то прими его, как меня. Если же он чем обидел тебя, или должен, считай это на мне.
>
> — ст. 10-18

Эта просьба к Филимону выделяет три решающих аспекта прощения.

Принятие

«Прими его» (ст. 17). Павел просил Филимона открыть свой дом и жизнь Онисиму и принять его обратно. Филимон, естественно, мог быть несклонен это делать. Ведь Онисим однажды уже причинил ему зло. Почему он должен давать еще один шанс непокорному рабу? Любой рабовладелец просто выжег бы клеймо на челе беглого раба, и затем продал бы его или понизил до самого низкого уровня ответственности.

Поэтому Павел дал Филимону несколько причин рассматривать Онисима в новом свете.

Первая — он *покаялся*. Когда Павел писал: «[Его] родил я в узах моих» (ст. 10), он говорил о духовном возрождении Онисима. Павел говорил, что он лично привел Онисима ко Христу. Онисим был сыном Павла в вере, как и сам Филимон (ст. 19). Павел хотел, чтобы Филимон знал о его уверенности в настоящем обращении раба.

Сам факт, что Онисим вернулся с письмом Павла к Филимону, был доказательством реальности его покаяния. Его появление перед Филимоном было равноценно готовности принять любое наказание, которое Филимон посчитает соответствующим. Показательно и то, что Онисим не остался в Риме, укрываясь под апостольским авторитетом Павла, пока Тихик отнесет за него письмо в Колоссы. Наоборот, Онисим, несомненно с побуждения Павла, пошел обратно, чтобы предстать перед человеком, которому он причинил зло, и лично искать его прощения. Он был готов принять последствия за свой грех, и это означало, что он готов понести любое наказание, которое Филимон признает справедливым. Все это, конечно, показывало «достойный плод покаяния» (Матф. 3:8).

Вторая — Онисим был *преображенным* человеком. «Итак, кто во Христе, тот новая тварь; древнее прошло, теперь все новое» (2 Кор. 5:17). Онисим, прежде бесполезный бунтарь, «теперь годен» (Филим. 11). Это ссылка на репутацию раба (обычная для рабов), означающая «пригодный». Павел уверял Филимона, что перемена в Онисиме была подлинной. Христос изменил направление всей его жизни. Когда-то непригодный, теперь он стал драгоценным братом, годным для Павла, и потенциально пригодным для Филимона.

Третья — Онисим показал себя *верным*. Он провел достаточно времени с Павлом в Риме, продемонстрировав свою верность Христу. Любовь Павла к обращенному рабу и уверенность в нем утвердилась. Онисим хорошо послужил Павлу и этим показал свою готовность нести поношение за Христа. Другие, более закаленные помощники Павла, когда невзгоды гонений становились невыносимыми для них, оставляли его (2 Тим. 4:10). Но Онисим, будучи младенцем в вере, посвятил себя на служение Павлу.

В этом присутствует скрытая ирония. В непослушании бежав из подчинения Филимону, по Божественной благодати Онисим стал рабом Иисуса Христа. Когда-то отказавшись служить Филимону, теперь он с готовностью посвятил себя послужить Апостолу Павлу. И это случилось в важный момент — когда Апостол Павел был в состоянии крайней нужды. Фактически, Онисим стал настолько нужным заключенному в тюрьму Апостолу, что Павел сказал, что возвращая его обратно к Филимону, он как бы отрывал его от своего сердца (Филим. 12).

Если бы Павел смог, он оставил бы Онисима в Риме, рядом с собой. Но он знал, что Онисим должен был вернуться и восстановить нарушенные взаимоотношения со своим хозяином.

Апостол Павел также знал, что будь это возможным, Филимон сам был бы в Риме, чтобы послужить ему. Поэтому Павел заверил Филимона, что принял служение Онисима, как предложенное «вместо тебя» (ст. 13). Но не желая более злоупотреблять милосердием своего дорогого друга, Павел решил, что пришло время отослать Онисима обратно. Взаимоотношения между двумя братьями во Христе должны быть восстановлены. И поэтому Павел обращается к одному другу от имени другого: «Прими его» (ст. 17).

Восстановление

Павел высказал предположение, что все эти события были допущены Божественным промыслом по хорошей причине: «Ибо, может быть, он *для того* на время отлучился, чтобы тебе принять его навсегда, не как уже раба, но выше раба, брата возлюбленного, особенно мне, а тем больше тебе, и по плоти и в Господе» (ст. 15-16).

Действительно, в истории с Онисимом не трудно увидеть руку Божью. Промысел устроил его встречу с Павлом вдали от Колосс. Божественная благодать привлекла его ко Христу и преобразила всю его жизнь и отношения. И теперь под водительством Святого Духа Онисим возвращался обратно, чтобы искать примирения с хозяином, которого он обманул. И во всем этом Апостол Павел приобрел друга и любящего слугу, не говоря уже о помощи и ободрении, которые он получал от Онисима. А Филимон получил своего раба обратно, позаимствовав его, сам того не зная, дорогому другу, которому он желал помочь и послужить, но не имел земной возможности сделать это. Только Бог мог извлечь столько блага из акта человеческого греха (ср. Быт. 50:20; Рим. 8:28)!

Павел просил Филимона не только принять Онисима, но также восстановить его. Не просто восстановить его как раба до его прежнего положения, но Павел просил принять его «выше раба, брата возлюбленного» (ст. 16). Некоторые понимают это выражение неправильно, считая, что Павел просил об освобождении Онисима. Но делать такой вывод из просьбы Павла нет причины. Как уже было отмечено раньше, Апостолы не рассматривали Великое Поручение нашего Господа, как кампанию по освобождению рабов. В другом месте Павел пишет:

> Каждый оставайся в том звании, в котором призван. Рабом ли ты призван, не смущайся; но если и можешь сделаться свободным, то лучшим воспользуйся. Ибо раб, призванный в Господе, есть свободный Господа; равно и призванный свободным есть раб Христов.
>
> — 1 Кор. 7:20-22

Тем не менее, Павел уговаривает Филимона принять Онисима не как простого раба, но как брата во Христе. Павел, видя посвященность Онисима Христу, знал, что он будет большим источником радости, вдохновения и общения для Филимона.

Возмещение

И теперь Павел дает Филимону удивительное предложение: «Итак, если ты имеешь общение со мною, то прими его, как меня. Если же он чем обидел тебя, или должен, считай это на мне» (ст. 17-18). Павел предлагает возместить Филимону убытки за Онисима.

Возмещение справедливо и правильно; когда мы ищем прощения другого человека, всегда уместно предложить возмещение. Гражданские законы Ветхого Завета требовали возмещения в большинстве случаев, когда зло можно было измерить деньгами или имуществом. За преднамеренное зло закон требовал возмещения убытка плюс одну пятую (Числ. 5:6-7).

Несомненно, побег Онисима дорого обошелся Филимону. Он, конечно, должен был найти и нанять замену Онисиму. Возможно также, что грех Онисима включал хищение денег или имущества у Филимона. Раб не имел права требовать, чтобы Филимон возместил ему долг. Но он тоже не мог заплатить то, что был должен сам. Поэтому Павел любезно предложил заплатить за него.

Хотя возмещение всегда справедливо и хорошо, милость, предложенная Павлом, лучше. Самое милосердное, благородное дело, которое Филимон мог сделать, — это полностью простить долг раба. Но Павел не хотел принуждать Филимона к прощению проступка. Поэтому он лично предложил позаботиться о долге Онисима.

Эти стихи служат хорошей иллюстрацией, как действует вменение (см. предыдущую тему). Павел просит Филимона приписать Онисиму заслуги самого Апостола: «Прими его, как меня» (Филим. 17). И он хочет, чтобы долг Онисима был занесен на его счет (ст. 18). Именно так оправдывает верующего Христос. Заплатив долг за наш грех, Он вменяет нам Свою праведность, и на этом основании нас принимает Бог (Рим. 4:5).

Павел создавал для Филимона образец такого христианского отношения, которое, он надеялся, его друг проявит к раскаявшемуся рабу. Ничто не показывает сходства со Христом так, как покрытие чужого долга для достижения примирения. Павел был готов переносить временные последствия греха Онисима, как Христос с готовностью перенес вечные последствия всех грехов всех искупленных от начала времен.

Хотя реакция Филимона и не записана в Священном Писании, скорее всего он понял смысл примера Павла и полностью простил долг Онисима. Так поступая, сам Филимон взял бы на себя долг своего обидчика, что в точности соответствует тому, что совершил Христос, умерев за наши грехи. Вот почему акт прощения есть совершенное подражание Христу.

ЦЕНА

Простил Филимон долг или нет, Павел был настолько посвящен достижению примирения, что он повторил свое обещание заплатить долг. Для того, чтобы сделать это официальным контрактом, он своей рукой подписался под обязательством: «Я, Павел, написал моею рукою: я заплачу» (Филим. 19). Обычно Апостол Павел диктовал свои Послания, а затем, чтобы гарантировать их подлинность, он часто дописывал короткое завершающее приветствие своей рукой (см. Кол. 4:18; 2 Фес. 3:17). В данном случае предание раннехристианской церкви говорит, что Онисим действовал как секретарь Павла. И затем Павел закончил Послание такой яркой фразой: «Считай это на мне». Этим он подчеркнул свое огромное желание к примирению этих двух братьев и официально подтвердил свое обещание Филимону обязывающей, договорной гарантией.

Сам Онисим не имел средств заплатить долг по той причине, что был простым рабом. Более того, похоже, что после своего обращения в Риме он посвятил себя на служение Апостолу Павлу (см. Филим. 11-13; Кол. 4:9), и это, вероятно, означало, что он не поступил ни на какую оплачиваемую работу. Павел, с другой стороны, вполне мог иметь достаточно финансовых ресурсов, чтобы заплатить долг, потому что Филиппийская церковь была так щедра к нему во время его нужды (ср. Фил. 4:14-18).

Однако, как факт, Павел напомнил Филимону, что тот сам должен был Павлу неоплатный долг: «Не говорю тебе о том, что ты и самим собою мне должен» (ст. 19). Если бы Филимон занес долг Онисима на счет Павла, долг был бы *автоматически* погашен, потому что Филимон должен был Павлу намного больший долг. Долг Онисима Филимону измерялся в цифрах; долг Филимона Павлу был вечной, духовной обязанностью. В конце концов, Павел засвидетельствовал Филимону о Христе. Это был несметный долг, который Филимон *никогда* бы не оплатил.

Такое отношение должно быть у *каждого* христианина. Самим своим существованием мы все обязаны неизмеримой благодати Божьей. Этот долг мы не можем даже надеяться оплатить. Ни при каких обстоятельствах мы не оправдываемся за отказ оказания милости другим. Если Христос заплатил за наши вечные оскорбления против Бога, то как мы можем не брать на себя бремя временного оскорбления, которое кто-либо нанес нам? Этот принцип является смыслом притчи Иисуса о немилосердном рабе (см. главу 5).

Нет сомнения, что прощение дорого, и этот эпизод иллюстрирует данный факт. Но самое дорогое прощение из всех было приобретено искупительной жертвой Иисуса Христа, и те, кто пользуются этим великим даром, имеют все причины прощать других любой ценой. Любое оскорбление, которое мы переносим, относительно незначительно, независимо от того, насколько великим оно кажется по человеческим меркам.

ПОБУДИТЕЛЬНЫЕ МОТИВЫ

Павел был уверен в готовности Филимона полностью простить долг Онисима. Возможно он это имел ввиду, когда в 21-м стихе писал: «[Я знаю], что ты сделаешь и более, нежели говорю». Тем не менее, Павел искусно предложил Филимону несколько дополнительных мотивов для прощения непослушного раба.

Сам Апостол Павел надеялся увидеть плод прощения у Филимона. И как дополнительная причина для проявления великодушия — сообщение Павла, что вскоре он может быть посетит его лично: «А вместе приготовь для меня и помещение; ибо надеюсь, что по молитвам вашим я буду дарован вам» (ст. 22). Возможно, даже вероятно, что когда Павел писал свое Послание, была установлена дата, когда он должен предстать перед судом императора, и по-видимому Павел вполне надеялся на освобождение. Он надеялся вернуться из Рима в церкви, которые организовал в Малой Азии. Это также имело бы влияние на сознание Филимона. Вряд ли бы он молился за возвращение Апостола Павла в Колоссы, не простив Онисима. Он не захотел бы, чтобы его дорогой друг, придя, был им разочарован. Такая ответственность перед своим духовным наставником побуждала его к правильным действиям по отношению к Онисиму.

Завершающие стихи Послания также дают мотивы для прощения. Павел пишет: «Приветствует тебя Епафрас, узник вместе со мною ради Христа Иисуса, Марк, Аристарх, Димас, Лука, сотрудники мои. Благодать Господа нашего Иисуса Христа со духом вашим» (ст. 23-25).

Во-первых, передавая приветы от пяти известных Филимону братьев в Господе, Павел напомнил ему, что все они будут свидетелями его действий по отношению к Филимону.

Во-вторых, в этот список незаметно включено имя Марк. Это Иоанн Марк, автор третьего Евангелия. Марк был двоюродным братом Варнаве, и еще юношей сопровождал Павла и Варнаву в их первом миссионерском путешествии. Но по пути он оставил группу и вернулся в Иерусалим (Деян. 13:13). Отпадение Марка стало причиной того, что Павел потерял в нем уверенность. Позже Варнава хотел взять Иоанна Марка в их второе миссионерское путешествие, но Павел отказался. Павел был настолько против, что Варнава и он расстались из-за этого разногласия (Деян. 15:37-39). Апостол Петр, очевидно, взял Марка под свою опеку и помог в его духовном становлении (1 Пет. 5:13). Позже Иоанн Марк хорошо зарекомендовал себя, даже перед Апостолом Павлом.

К настоящему моменту прошло много времени после того, как Павел простил Марка. В конечном счете Марк настолько стал частью служения Павла, что незадолго до своей смерти именно его Павел просил прислать к нему: «Марка возьми и приведи с собою, ибо он мне нужен для служения» (2 Тим. 4:11).

Прежняя напряженность в отношениях между Павлом и Марком была широко известна в церкви. Этот эпизод даже стал частью содержания книги Деяний. Лука, записавший его, был также известен Филимону; поэтому он включен в список тех, чьи приветы передает Павел в этом Послании. И хотя Павел не говорит этого, сам пример прощения им Марка предстал, как еще одно ободрение Филимону, что он должен правильно поступить по отношению к Онисиму.

ИТОГ

Простил ли Филимон Онисима? Хотя Писание и не говорит ясно о том, как закончился этот инцидент, есть несколько причин предполагать, что реакция Филимона была именно такой, на какую надеялся Павел. Одно ясно, что это Послание Павла оказалось в каноне Нового Завета. Это было частное письмо Филимону, и весьма маловероятно, что он позволил бы, чтобы оно разошлось по церквам, если бы он решил отвергнуть совет Павла.

Более того, если Филимон был волевым человеком, как описывает его Павел, немыслимо, что он отвергнул бы совет Павла. (Если бы он *не* был верным и благочестивым человеком, как описывает его Павел, то мы имели бы проблему с доверием Священному Писанию). К тому же, если бы Филимон отказался подарить Онисиму прощение, весьма маловероятно, что раннехристианская церковь включила бы Послание в канон без чьего-либо протеста. Поэтому само присутствие этого Послания в каноне — очень сильное подтверждение того, что Филимон поступил так, как просил того Павел.

Исторические данные говорят, что Павел был освобожден из тюрьмы, как и надеялся (ст. 22). Мы знаем, что в оставшиеся годы своей жизни он много путешествовал, и если бы он осуществил все свои планы, он вернулся бы в Колоссы, чтобы самому увидеть, как совершенно примирились друг с другом двое его сыновей в вере.

Спустя несколько десятилетий, вскоре в начале второго столетия Игнатий, один из ранних отцов Церкви, написал три послания Церкви в Ефесе. Первые два послания говорят о пасторе в Ефесе: «Онисим, человек невыразимой любви». Трудно сказать, был ли это тот же Онисим. Если да, то он был старым человеком, вероятно старше семидесяти лет. Если это был другой, более молодой Онисим, он мог быть назван по имени старого раба, который стал пригодным для Апостола Павла.

Только небо раскроет полную правду о финале этой истории. И там, я уверен, мы узнаем, насколько далеко распространяются плоды одного акта прощения. В этом случае семена были посеяны даже прежде, чем Филимон простил, — семена для богатой жатвы духовных плодов, потому что короткое Послание-призыв Павла к Филимону нашло свой путь в Новый Завет, где оно продолжает призывать всех нас прощать других, как Христос простил нас.

А для Павла, Филимона и Онисима примирение разбитых взаимоотношений стало одним из таких возвышенных моментов, когда все торжествовали победу — и Павел, потому что он поучаствовал в радости примирения двух своих дорогих друзей, и Онисим, потому что ему был прощен неуплатный долг, и Филимон, потому что он получил вечные благословения, ниспосылаемые тому, кто прощает.

ПРОЩАЯ ВЗАИМНО

Итак облекитесь, как избранные Божии,
святые и возлюбленные, в милосердие, благость,
смиренномудрие, кротость, долготерпение, снисходя
друг другу и прощая взаимно, если кто на кого
имеет жалобу: как Христос простил вас, так и вы.
Кол. 3:12-13

Для христианина немыслимо сознательно иметь дух непрощения. Будучи прощенными Самим Богом, мы не имеем права отказывать в прощении другим грешникам. К тому же Писание ясно повелевает нам прощать таким же образом, как мы были прощены: «Будьте друг ко другу добры, сострадательны, прощайте друг друга, как и Бог во Христе простил вас» (Ефес. 4:32).

Так как Бог *повелевает* нам прощать других, отказ исполнить это повеление является актом непослушания Ему. Другими словами, отказ прощать есть ужасный грех.

Прощение отражает Божий характер. Следовательно, непрощение безбожно. Это значит, что дух непрощения — такое же оскорбление Бога, как и блуд или пьянство, хотя некоторые относятся к нему более терпимо. Естественно, что дух непрощения встречается среди народа Божьего чаще, чем грехи, обычно рассматриваемые нами, как омерзительные. Но Писание ясно говорит, что Бог не принимает человека с духом непрощения.

Как дети Божьи, мы должны отражать Его характер. В момент спасения мы получили новую природу, которая имеет в себе духовное сходство с Богом (Ефес. 4:24). Поэтому прощение является неотъемлемой частью новой природы христианина. Непрощающий христианин — это несовместимые термины. Когда вы видите человека, называющего себя христианином и упрямо отказывающегося оставить недоброжелательное отношение, есть серьезная причина сомневаться в подлинности веры такого человека.

Но честно взглянув на этот вопрос, мы все должны признать, что прощение дается нелегко даже христианам. Часто мы не прощаем так быстро или так легко, как должны. Мы все слишком склонны лелеять обиды и отказывать в прощении.

Как мы увидели, прощение дается с трудом. Оно требует от нас отложить в сторону собственный эгоизм и с благодатью принять зло, совершенное другими против нас, а также не требовать того, что, как мы считаем, принадлежит нам по заслугам. Все это идет против наших естественных, греховных наклонностей. Даже будучи новым творением, мы сохраняем остаток греха в своей плоти. Греховные привычки и желания продолжают мучить нас. Вот почему Писание повелевает нам отложить старого человека и облечься в нового (Ефес. 4:22-24; Кол. 3:9-10). И прощение — это отличительная черта нового человека. Обратите внимание, что в обоих местах, где Апостол Павел употребляет такую терминологию, он выделяет прощение как обязательный элемент одеяния «нового человека» (Ефес. 4:32; Кол. 3:10).

Прощение настолько важно в жизни христианина, что оно всегда находится в центре учения Христа. Его проповеди, притчи, частные беседы и даже Его молитвы были наполнены уроками о прощении. Кстати, мысль о прощении в земных проповедях и высказываниях Иисуса звучала и подчеркивалась так часто, что нужно быть нарочно слепым, чтобы этого не заметить.

Например, как мы видели, прощение находится в центре молитвы «Отче наш»: «Прости нам долги наши, как и мы прощаем должникам нашим» (Матф. 6:12). И контекст, и параллельный стих Лук. 11:4 указывают, что «долги», названные здесь, подразумевают *духовные* долги; «должники» — это те, кто совершил проступок против нас.

Знаменательно, что из всей молитвы «Отче наш» именно *эту* фразу Христос счел необходимым объяснить детально. Сразу же после молитвы Он повернулся к ученикам и сказал: «Ибо если вы будете прощать людям согрешения их, то простит и вам Отец ваш Небесный; а если не будете прощать людям согрешения их, то и Отец ваш не простит вам согрешений ваших» (Матф. 6:14-15).

Этот текст всегда был трудным для богословов и проповедников. На первый взгляд кажется, что он делает возможной отмену Божьего прощения. Некоторые используют этот стих, утверждая, что если мы не прощаем обижающих нас, то Бог *отнимет* у нас Свое прощение, подразумевая этим, что христианин, который не прощает, может потерять свое спасение.

Но как мы видели в 3-й главе, здесь не говорится о *судебном* прощении оправдания. Это повседневное, *отцовское* прощение, которое мы должны искать, когда наш грех огорчил Небесного Отца. Одним из ключей в толковании этого текста является адресат молитвы: «Отче наш». Это мольба об отцовском, а не судебном прощении. То, что на самом деле говорит здесь Иисус, равносильно следующему: «Если вы откажетесь прощать, Небесный Отец жестоко вас накажет за *ваш* грех непрощения».

Хорошо известная притча о немилосердном рабе из Евангелия от Матфея идеально иллюстрирует суть этого. Она содержит одну из богатейших истин Священного Писания о прощении.

ВОПРОС ПЕТРА

Притча о немилосердном рабе была ответом Христа на заданный Петром вопрос. Услышав от Иисуса так много на эту тему, ученики не могли упустить подчеркнутую Им важность прощения. Но все они, несомненно, имели вопросы о Его ожиданиях в отношении того, как далеко они должны идти, прощая друг друга. И, как обычно, от имени всех говорил Петр.

Должно быть учение Христа о прощении показалось ученикам крайне радикальным. То, чему учил Он, явно противоречило тому, чему верили раввины того времени. Во 2-й главе мы уже упоминали, как раввины извратили Ветхозаветный принцип «око за око» и использовали его для оправдания личной мести.

Очевидно, что прощение не считалось высокой добродетелью среди влиятельных религиозных вождей во дни Иисуса. Кстати, раввины обычно представляли прощение необязательным. Раввины признавали, что Ветхий Завет разрешал и в некоторых случаях даже вдохновлял прощение. Однако они установили жесткое ограничение, когда человека за один и тот же проступок можно было простить не более трех раз.

Они считали, что имеют Библейское основание для такого взгляда. Поддержку для этого они черпали из книги Амоса, где Бог объявил приговор врагам Израиля в таких словах: «За три преступления Дамаска и за четыре не пощажу его» (Ам. 1:3). В этой же главе Бог вынес похожий приговор Газе, Тиру, Едому и Аммону, каждый раз со словами: «За три преступления... и за четыре» (ср. ст. 6, 9, 11, 13). Иными словами, каждому из этих народов было позволено три преступления, которые Бог прощал, и судил их за четвертое.

Богословы-раввины считали, что если Бог прощает людей только трижды, то те не должны прощать своим собратьям больше этого. Поэтому они установили лимит, сколько раз нужно дарить прощение.

Слушая, как Христос в Своем учении подчеркивал благодать и прощение, Апостолы понимали, что Он призывал их к более высокому стандарту. Так как Сам Христос никогда не говорил, сколько раз можно прощать, Петр хотел выяснить этот вопрос. В Матф. 18:21 сказано: «Тогда Петр приступил к Нему и сказал: Господи! сколько раз прощать брату моему, согрешающему против меня? до семи ли раз?»

Петр, несомненно, считал, что поступил весьма великодушно. Он удвоил раввинское предписание, затем округлил его до полного числа «семь», вероятно полагая, что Господь похвалит его за благородство. Ответ Иисуса, несомненно, ошеломил Петра и всех остальных учеников.

ОТВЕТ ИИСУСА

Иисус сказал ему: «Не говорю тебе: до семи раз, но до седмижды семидесяти раз» (Матф. 18:22).

Плотской ум мгновенно восстает против требования, кажущегося ему слишком высоким. Неужели нет предела прощению? Казалось бы, здравый смысл подсказывает, что постоянных обидчиков нельзя бесконечно прощать. В какой момент благодать становится глуповатым легковерием? Семь раз по семьдесят равно четыреста девяносто! Никто не сможет даже учесть такое количество оскорблений!

Но суть именно в этом! Ведение учета оскорблений не имеет ничего общего с истинным прощением. Если оскорбление по-настоящему прощено, оно не может удерживаться против обидчика. Раввинская система фактически требовала от обиженной стороны помнить и фиксировать якобы прощенные оскорбления и переставать прощать после третьего раза. Учение Иисуса о прощении не допускает такого учета оскорблений. Принцип «до седмижды семидесяти раз» устанавливает стандарт так высоко, что вести учет обид, нанесенных нам, становится бессмысленно. Но это подходящий стандарт, потому что любовь, которую призваны проявлять христиане, «не ведет счет злу» (1 Кор. 13:5, Нов. перевод с греческого подлинника).

Человек, который ведет учет обид, считая, что он может перестать прощать, когда счет достигнет 490, полностью извратил смысл слов Иисуса. Наш Господь не устанавливал числовой лимит прощению. Наоборот, Он просто взял число Петра и умножил на семьдесят! Таким образом Иисус сделал практически невозможным учитывать оскорбления, как это понимал Петр. Фактически, Он вообще отменил лимит для прощения.

Слова Иисуса могут содержать намек на Ветхозаветную ссылку. В начале книги Бытия в родословной Каина мы сталкиваемся с человеком по имени Ламех. (Это не тот Ламех, который был отцом Ноя). Писание очень мало говорит о Ламехе, но то, что записано, указывает, что он был очень злым человеком, любившим отмщение. Он кого-то убил, очевидно защищаясь. Зная, что Бог поклялся отомстить за Каина всемеро, Ламех самонадеянно считал, что он заслуживал мести в семьдесят раз больше.

Писание говорит, что он придумал выражение, которое на еврейском звучит как песня или поэма: «Послушайте голоса моего; жены Ламеховы! внимайте словам моим: я убил мужа в язву мне и отрока в рану мне. Если за Каина отмстится всемеро, то за Ламеха в семьдесят раз всемеро» (Быт. 4:23-24).

Хвастовство Ламеха является типичным для греховного человечества. Греховный разум любит месть и находит стандарт «до седмижды семидесяти раз» подходящим коэффициентом для измерения отмщения. Но Христос учил, что «до седмижды семидесяти раз» — это мера, которою мы должны прощать. Иными словами, мы всегда должны платить добром за зло в такой же обильной мере, в какой мы могли платить злом за зло, будучи склонными ко греху (ср. Рим. 12:17; 1 Фес. 5:15; 1 Пет. 3:9).

В другом случае Иисус сказал: «Наблюдайте за собою. Если же согрешит против тебя брат твой, выговори ему; и если покается, прости ему; и если семь раз в *день* согрешит против тебя и семь раз в день обратится, и скажет: каюсь, — прости ему» (Лук. 17:3-4, курсив добавлен).[8] Опять-таки, цель не в том, чтобы установить числовой лимит, например, семь раз в день, но чтобы подчеркнуть свободу и частоту, с которой мы должны прощать.

Кто-то может спросить: «Кто будет наносить одно и то же оскорбление семь раз в день, и затем каяться и просить прощения после каждого раза?» Суть в том, что такое поведение — это в точности то, как *мы* грешим против *Бога*. Мы грешим; затем выражаем сожаление о нашем грехе и ищем Божьего прощения; затем мы поворачиваемся и совершаем точно такой же грех опять.

Любой человек, побывавший в плену греховных привычек, хорошо это понимает.

Прощает ли Бог в таких обстоятельствах? Да, прощает. И так как Его прощение устанавливает критерий, по которому должны прощать мы, стандарт этот блаженно высок. То, что вначале может казаться невероятно несправедливым и недосягаемым требованием, на самом деле является чудесной новостью для каждого, кому когда-либо приходилось просить у Бога прощения за повторные проступки. Здесь Иисус учит, что прощение, которое мы дарим другим, должно быть таким же безграничным, как милость Божия, которой мы хотим для себя. Это разрушает все границы, которые кто-либо пытается поставить для человеческого прощения.

И все это подчеркивается притчей, которую Иисус сказал в ответ на вопрос Петра. Главные действующие лица в притче — это милосердный царь, слуга, задолжавший царю огромную сумму, и другой слуга, который был должен первому меньшую сумму.

ПРОЩЕНИЕ ЦАРЯ

Притча начинается с описания неслыханного со стороны царя акта прощения:

> «Посему Царство Небесное подобно царю, который за-
> хотел сосчитаться с рабами своими. Когда начал он счи-
> таться, приведен был к нему некто, который должен
> был ему десять тысяч талантов; а как он не имел, чем
> заплатить, то государь его приказал продать его, и жену
> его, и детей, и все, что он имел, и заплатить. Тогда раб
> тот пал, и, кланяясь ему, говорил: «государь! потерпи на
> мне, и все тебе заплачу». Государь, умилосердившись
> над рабом тем, отпустил его и долг простил ему».
>
> — Матф. 18:23-27

Этот должник, хотя и назван здесь рабом, скорее всего был
человеком высокого ранга. В древности цари имели на
службе правителей над областями, называемых сатрапами.
Одной из обязанностей сатрапов был сбор налогов. Этот
задолжавший раб мог быть одним из таких областных правителей, и возможно долг, о котором говорится в стихе 24,
был несданным царю налогом, собранным в области.

Такой огромный долг мог, несомненно, появиться из-за
растраты или другого нарушения обязанностей со стороны
слуги. Более того, если он украл или присвоил все эти деньги
из налога, он, наверняка, их попусту растратил, потому что
у него не было средств возместить то, что он был должен.

Десять тысяч талантов были невероятно большой суммой долга для одного человека. В древнем Риме один талант
равнялся шести тысячам динариев, а динарий считался при-
личной платой за один день работы (ср. Матф. 20:2). Кстати,
динарий был дневной платой воина. Поэтому 6000 динариев
или один талант — это значительная сумма денег, приблизи-
тельно зарплата за 17 лет, а 10000 талантов равнялись зарплате

10000 человек за семнадцать лет. Это была огромная сумма личного долга. В сегодняшнем выражении — миллионы, может быть даже миллиарды долларов. Для сравнения, исторические записи первого столетия показывают, что общий ежегодный доход, собираемый Римским правительством со всей Палестины, равнялся 900 талантам. Более того, храм Соломона был всемирно известен огромными запасами золота, хранящегося в нем. Все это золото, как сказано в Ветхом Завете, стоило чуть больше 8000 талантов (1 Пар. 29:4-7) — меньше, чем долг этого одного человека!

Греческое выражение, переводимое как «десять тысяч», необязательно подразумевает точную цифру. Это название самого большого числа в греческом языке. Из него в наш язык пришло слово «мириады», и оно часто употреблялось точно так же, как мы используем его сейчас — для обозначения несчетного количества. В Откр. 5:11 и в 1 Кор. 4:15 это слово переведено, как «тьма», то есть не поддающееся счету.

Таким образом, этот человек имел перед царем такой долг, который практически невозможно было возместить. И поскольку он не имел средств заплатить такую огромную сумму, царь велел продать его, всю его семью и все имущество, чтобы вернуть долг.

Очевидно, что выручка от продажи не покрыла бы даже самую малую частицу долга. Тем не менее, царь имел право требовать такого наказания за содеянное зло.

Положение этого слуги было безнадежным. Его единственная надежда была на доброту царя. Поэтому он начал молить о милости. «[Раб] пал, и, кланяясь [царю], говорил...» (ст. 26). Это было намного больше, чем обычные почести, оказываемые царю. Состояние слуги выражало крайнее, жалкое отчаяние человека. Он буквально поверг себя перед царем, моля его о милости. Он не защищался, потому что ему нечем было себя защитить. Он полностью признал свою вину и попросил милости.

«Государь! потерпи на мне, и все тебе заплачу», воскликнул он (ст. 26). Обещание, несомненно, было искренним, но бремя такого долга было больше, чем сто человек могли бы выплатить, и правитель это знал.

В этот момент от обычного монарха можно было ожидать немилосердного обращения с рабом. Явное злоупотребление своим положением, растрата огромного состояния, размер долга в сочетании с глупым обещанием слуги вернуть деньги, такой вздор вывел бы любого царя из себя. Слуга конечно же не заслуживал милосердия.

Но это не был обычный властелин. Неслыханным жестом помилования он свободно простил долг раба. Он не составлял плана возврата средств; он был готов сам покрыть потерю, только ради оказания милости беспомощному рабу. Это удивительное, неземное милосердие. И эта картина в точности изображает, что делает для каждого кающегося грешника Бог.

Слуга — совершенный прообраз погибшего грешника, обремененного громадным, неоплатным долгом, раздавленного под бременем вины за грех. Долговая тюрьма изображает ад, где осужденные грешники будут проводить вечность, возмещая неоплатный долг. А царь служит прообразом любящего и сострадательного Небесного Отца, Бога непостижимой милости и благодати, Который всегда готов и стремится прощать.

Прощение этого царя удивляет своей щедростью. Подумайте обо всем том, что заключало в себе его помилование. Для того, чтобы простить такую огромную сумму денег, он должен был признать ее законным займом, хотя на лицо факты, что здесь имели место растрата или присвоение. Даже в наилучшем случае долг стал итогом абсолютно неправомерных действий в сочетании с немыслимой расточительностью. Фактически, он мог быть виновен по всем этим пунктам. Тем не менее, царь милостиво простил не только долг, но также любые злодеяния, которые привели к возникновению такого огромного долга. Он не бранил раба, и не наказал его за нечестность. Он просто с состраданием его простил.

Кто-то, может быть, удивляется, как царь мог быть настолько сострадательным к такому порочному подданному. Но помните, это точная картина того, что делает для кающегося грешника Бог. Он не только прощает вину за грех, но и осыпает грешника непостижимыми, никак незаслуженными милостями.

НЕПРОЩЕНИЕ СЛУГИ

Вы подумаете, что человек, кому даровано такое прощение, должен понимать важность сострадания к другим. Но поведение прощенного раба поражает: «Раб же тот, выйдя, нашел одного из товарищей своих, который должен был ему сто динариев, и, схватив его, душил, говоря: отдай мне, что должен» (ст. 28).

Сто динариев составляли зарплату за стодневный период. Сама по себе эта сумма значительна, но в сравнении с суммой, которая была прощена первому рабу, это было ничто. Порядок слов в притче Иисуса указывает, что прощенный раб сразу же вышел после своей встречи с милосердным царем, и первое, что он сделал, нашел товарища, который должен был ему деньги, и начал требовать немедленного возвращения долга, подкрепляя свои требования самыми грубыми угрозами, какие только возможны, и, даже, физической расправой.

Задумайтесь на мгновение о ситуации, представленной в этой притче. Долг товарища этому человеку был законным долгом. С точки зрения закона он имел справедливые претензии на то, что принадлежало ему. Теоретически, он имел полное право требовать возвращения денег. Но не испытывает ли наш здравый смысл естественное и справедливое отвращение от его поведения?

Его поступок нравственно отвратительный, потому что его жизнь зависела от непостижимого акта милосердия, проявленного к нему. Следовательно, и он обязан был проявить милосердие по отношению к другим.

Абсолютно незаслуженное прощение, полученное от царя, должно было сделать его глубоко признательным, и в такой же степени милосердным. Поэтому, его немилосердные действия по отношению к другому рабу были оскорблением простившему его царю. Удивительная милость, которую он получил, должна была наполнить его ум и сердце. Вместо этого, он был поглощен страстью получить обратно намного меньшую сумму, чем сам задолжал. Его поступок обнаружил в нем отсутствие признательности. Он как будто забыл великое милосердие, только что явленное ему. Поведение раба кажется абсурдным, нечеловеческим. Но именно такую картину хотел показать ученикам Христос. Он преднамеренно изобразил раба так, чтобы это их шокировало. Наш Господь подчеркивал абсурдность поведения непрощающего христианина. Это странное, необъяснимое поведение. Никакой человек в здравом уме не должен так поступать. Но именно это происходит всякий раз, когда христианин отказывается дарить прощение.

Обратите внимание, что слуга, который должен был меньшую сумму, обратился точно с такой же мольбой, как и первый раб обращался к царю: «Потерпи на мне, и все отдам тебе» (ст. 29). Прощенный раб должен бы быть тронутым эхом своего отчаяния. В конце концов, совсем недавно он сам был в намного худшем положении, и эти слова были его же словами! Если кто-либо и мог понять состояние просящего, так это он сам, получивший незаслуженную милость.

Но он остался глух к мольбе своего товарища. Бессердечность его поступка поражает: «[Раб] пошел и посадил его в темницу, пока не отдаст долга» (ст. 30).

В те времена долговые тюрьмы были обычным явлением. Должник попадал в заключение и получал какую-нибудь унизительную работу, за которую ему платили жалкие гроши. Эта плата шла на выплату долга, и заключенный не получал освобождения, пока не выплачивался долг. Однако, это был сомнительный способ разбирательства с должниками, потому что пребывание в заключении ущемляло их возможность заработать, создавало дополнительные трудности их семьям, и во многих случаях делало возвращение долга практически невозможным.

Следовательно, в итоге в проигрыше оказывался заимодавец. Поэтому заключение в тюрьму обычно было последней мерой, используемой только для самых упорствующих должников.

По этой причине было крайне неразумно и слишком жестоко бросать должника, готового вернуть долг, в тюрьму. Даже если первый раб решил настаивать на возмещении долга, ему не следовало садить второго раба в тюрьму. Такое наказание было неразумным, чрезмерно строгим и нелогичным.

Оно идеально отображает абсурдность мстительного сердца у христианина.

ВОЗМУЩЕНИЕ ДРУГИХ СЛУГ

Обратите внимание, кто был больше всего возмущен жестоким обращением раба со своим должником, — его товарищи. «Товарищи его, видев происшедшее, очень огорчились и, придя, рассказали государю своему все бывшее» (ст. 31).

Эти рабы, очевидно, знали об огромном долге, прощенном первому рабу. И они были справедливо возмущены, когда увидели его реакцию по отношению долга второго раба. В сущности, непрощающий раб поставил себя выше царя. Его действия показывают, что он считал, что имеет право выбрать отмщение в ситуации, подобной той, в которой сам просил царя оказать ему милость. Это было неслыханное зло. Неудивительно, что рабы-товарищи были возмущены.

Участие других рабов показывает, как грех одного человека влияет на все тело. Один непрощающий человек в церкви может стать причиной оскорбления всей паствы, и поэтому правильно для христиан вступить в борьбу с явным злом. Кстати, более обширный контекст 18-й главы от Матфея включает указания Иисуса, как дисциплинирование должно действовать в церкви (более полное обсуждение процесса церковной дисциплины смотри в 7-й главе).

ГНЕВ ЦАРЯ

Понятно, что, услышав о том, что произошло, царь был возмущен:

> 99 Тогда государь его призывает его и говорит: «злой раб! весь долг тот я простил тебе, потому что ты упросил меня; не надлежало ли и тебе помиловать товарища твоего, как и я помиловал тебя?» И, разгневавшись, государь его отдал его истязателям, пока не отдаст ему всего долга.
>
> — ст. 32-34

Реакция царя была настолько суровой, что вынуждает многих людей считать, что непрощающий раб в этой притче не может быть истинным верующим. Они предполагают, что такое жестокое наказание должно подразумевать ад; а так как истинный верующий не подвластен угрозам ада, то этот человек должен быть неверующим.

Другие цитируют эту притчу как аргумент в пользу взгляда, что непослушные христиане могут потерять свое спасение.

Общепризнанно, это трудный текст. Стих 34 («отдал его истязателям, пока не отдаст ему всего долга») может подразумевать, что непростивший раб обременен тем же долгом, который уже был ему прощен. Но это приводит к некоторым очевидным трудностям в понимании образов этой притчи. Предполагает ли это, что Бог отнимет Свое судебное прощение, т.е. оправдание, у тех, кто неспособен прощать других? Безусловно, нет. Это, в конечном итоге, сделало бы оправдание зависимым от личных дел грешника, а также предполагало бы, что Сам Бог неуверен в Своих решениях — сначала дарует прощение, но позже его отнимает. Писание ясно говорит, что Он этого не сделает. Когда Бог прощает нас, Он удаляет наши грехи так далеко, как далеко восток от запада (Пс. 102:12). Он уничтожает наши грехи и обещает больше их не вспоминать (Ис. 43:25; Иер. 31:34;

Евр. 8:12). Он не прощает для того, чтобы потом аннулировать Свое прощение.

Может ли быть так, что непростивший раб символизирует номинальных христиан, которые фактически никогда не имели возрождения? Это довольно распространенный взгляд. Те, кто отстаивает такое толкование, говорят, что непрощающий раб служит прообразом человека, который слышит весть Евангелия и внешне ее принимает, но никогда реально не получает предлагаемое спасение. Это толкование имеет больше права на существование, но и оно все еще предполагает, что реакция раба, а не решение царя, является ключевым вопросом в оправдании. Оно делает прощение зависимым от последующего поведения грешника.

Важное правило при толковании притч в том, чтобы искать основной смысл и избегать искушения извлекать слишком много значения из второстепенных деталей. Суть этой притчи ясно изложена Христом в стихе 35: «Так и Отец Мой Небесный поступит с вами, если не простит каждый из вас от сердца своего брату своему согрешений его». Вся эта притча фактически повторяет слова Иисуса в Матф. 6:14-15: «Ибо если вы будете прощать людям согрешения их, то простит и вам Отец ваш Небесный, а если не будете прощать людям согрешения их, то и Отец ваш не простит вам согрешений ваших».

Помните также, что эта притча является уроком для Петра и других учеников. Иисус не направлял содержание притчи на непосвященных слушателей. Он ясно сделал ее предупреждением Своим ближайшим последователям (ст. 35). Урок, содержащийся в ней, дается уже возрожденным людям — верующим, а не просто притворщикам.

Следовательно, первый раб должен представлять истинно возрожденного, но непрощающего верующего. Суровость наказания царя здесь фактически иллюстрирует, как Бог наказывает непрощающих верующих. Иногда родителям необходимо поступить жестко по отношению к упорствующему непослушному ребенку; и Сам Бог при необходимости будет применять жесткие меры для исправления непослушного христианина.

Жесткость Его дисциплинирования — это мера Его любви к Своему народу и забота об их чистоте. Как мы увидели в 3-й главе, Божье дисциплинирование не всегда снисходительно и сочувственно; часто оно побуждается самым строгим Отцовским недовольством. И часто Его самое суровое дисциплинирование направлено на верующих, которые отказываются проявить милосердие к другим.

Обратите внимание, как царь обратился к непростившему рабу: «Злой раб». Может ли Бог назвать одного из Своих детей «злым»? Он, конечно же, не слеп к их беззакониям (ср. 2 Пар. 7:14). Раб этот своим поступком показал невыразимо безнравственное поведение. Грех есть зло, независимо от того, совершил его верующий или неверующий. Действительно, непрощение есть *большее* зло в верующем, потому что отказ верующего прощать является пренебрежением к самой благодати, даровавшей ему искупление. В подобных случаях для Бога будет не более неприличным называть верующего «злым», чем для Иисуса было обращаться к Петру «сатана» (Матф. 16:23).

Обратите также внимание, что исполняемое наказание, хотя и кажется чрезвычайно жестоким, изображает только самое жесткое дисциплинирование, а не вечное осуждение.

Царь «отдал его истязателям» — а не палачам — «пока не отдаст ему всего долга» (ст. 34).

Посмотрите на этот стих поближе. Что он был должен царю? Так как прежний долг уже был официально прощен, оставшимся долгом была обязанность этого человека проявить такую же милость другим. «Истязатели» символизируют жезл Божьего дисциплинирования. Урок этой притчи в следующем: христиане, отказывающиеся прощать других, будут подвержены самому жестокому наказанию, пока не научатся прощать, как они прощены.

«Весь долг» также подразумевает временные последствия греха. Оправдание снимает с нас вину за грех перед вечным судом Божьим, но оно совсем не гарантирует избавления от последствий греха в этой жизни. Кажется, что эта притча предполагает, что, как способ Своего Отцовского дисциплинирования, Бог мог фактически увеличить временные последствия греха. Хотя *вина* за грех и прощена, чтобы никогда уже не предстать на вечном суде, Бог может допустить даже более жестокие *последствия* греха, чтобы побудить согрешающего верующего к послушанию. Так как непрощение абсолютно чуждо образу христианина, Христос применяет данную угрозу к этому конкретному греху: «Так и Отец Мой Небесный поступит с вами, если не простит каждый из вас от сердца своего брату своему согрешений его» (ст. 35).

Христиане *должны* быть самыми прощающими людьми на земле, потому что им прощено как никому другому. Поэтому те, кто отказывается прощать, достойны самого жестокого наказания от руки любящего Отца.

Иак. 2:13 дает непреклонный принцип Божественной справедливости: «Суд без милости не оказавшему милости».

Для неспасенных перспективы этого принципа действительно ужасны. Те, кто не оказывал милости, не получат милости на вечном Божьем суде. Они будут терпеть вечные мучения без всякого милосердия.

Но для верующего этот принцип также применим. Христиане, которые неспособны проявлять милость, будут подвержены Божественному дисциплинированию без особой милости. В этом вся идея данной притчи. Я убежден, что христиане, которые страдают от стрессов, депрессии, разочарований, проблем взаимоотношений и всяких других тягот, испытывают это из-за отказа прощать. Прощение от сердца мгновенно освобождает человека от таких «истязателей» — и этим прославляет Бога.

Фактически, следствием принципа из Иак. 2:13 является одна из заповедей Блаженства: «Блаженны милостивые, ибо они помилованы будут» (Матф. 5:7). Божественная милость обещана тем, кто проявляет милость. Писание с предельной ясностью говорит на эту тему.

Обратите внимание, что Иисус говорит о прощении «от сердца своего» (Матф. 18:35). Настоящее прощение не притворно и не скупо, но дарится так же легко, как мы сами желаем быть прощенными. Оно подразумевает добровольный отказ держать вину над головой обидчика. Оно означает конец горечи, оставление гнева, и отказ вспоминать оскорбление, которое уже прощено. Это полное прощание с мыслью о возмездии или обвинениях. Это, насколько возможно, человеческий эквивалент того, что обещает Бог — грехов более не вспоминать (ср. Иер. 31:34).

Такое прощение не приходит легко, особенно когда оно касается грехов, которые разрушают жизни и взаимоотношения.

Когда мы говорим о чьем-то личном неуважении или недобром слове, простить сравнительно легко. Ну а что, если оскорбление более серьезно? Где люди находят силу прощать, когда они узнают о том, что супруг или супруга обманывает, или когда пьяный водитель становится причиной смерти близкого человека? Возможно ли по-человечески простить в таких случаях?

По-человечески это может казаться невозможным, и конечно же, падшая человеческая природа не в силах простить такое от сердца. Но для искупленных людей под влиянием силы Святого Духа возможно прощать даже самые серьезные оскорбления. В следующей главе мы более внимательно рассмотрим это и углубимся в изучение некоторых вопросов о том, как мы должны прощать друг друга.

КАК БОГ ПРОСТИЛ ВАС

Прощайте друг друга,
как и Бог во Христе простил вас.
Ефес. 4:32

Это случилось в городке Падука, штат Кентукки. В понедельник, 1 декабря 1997 года небольшая группа учеников собралась на молитву, как они это делали каждое утро, в углу коридора школы. Через несколько минут должен был начинаться урок, поэтому один из учеников молился в заключение.

Еще не растворилось в воздухе последнее «аминь», учащиеся еще не начали расходиться по классам, когда вдруг звук выстрелов разорвал покой мгновения. К группе подошел четырнадцатилетний подросток с автоматическим пистолетом и, направив его на молящихся учеников, начал спокойно расстреливать одного за другим.

Когда стрельба прекратилась, трое учащихся были мертвы, а пять других серьезно ранены. Несколько недель эта история не сходила с первых страниц газет. Но что было особенно удивительно — молившиеся студенты не сделали ничего, чтобы спровоцировать подростка на стрельбу. Более того, несколько из них раньше с ним дружили. Светские средства массовой информации терялись в догадках, пытаясь объяснить, как молодой человек мог совершить такой чудовищный акт явного зла.

Другой аспект этой истории также привлек внимание печати — удивительное прощение, сразу же дарованное оставшимися в живых жертвами и их близкими. Многие родственники жертв давали газетчикам интервью в последующие дни и недели. Вопреки полной бессмысленности преступления, никто не говорил с горечью или желанием отмщения. Церкви города, помогая жертвам и их семьям, оказывали также внимание стрелявшему и его семье. Одну из раненых девушек звали Мелисса Дженкинс. Спустя несколько дней после события, полностью осознавая, что повреждение ее спинного мозга настолько серьезно, что она на всю жизнь останется парализованной, через свою подругу она передала стрелявшему в нее: «Скажи ему, что я его прощаю».

Как можно, будучи так серьезно раненой, так легко и быстро прощать? Без Христа это почти невозможно. «А мы имеем ум Христов» (1 Кор. 2:16). Дух Святой вселяется и дает нам силу. Следовательно, христиане способны на сверхъестественный акт прощения.

Один мой родственник пошел в тюрьму, чтобы выразить свое прощение и предложить Божье прощение наркоману, который убил его сына в ограблении на рынке.

Одним из первых примеров такого прощения является мученик Стефан. Когда его побивали камнями, истязая все тело, ломая кости, проливая его кровь, и в итоге лишили жизни — среди всех этих мучений он нашел силы молиться за побивающих его. «И, преклонив колени, воскликнул громким голосом: Господи! не вмени им греха сего. И, сказав сие, почил» (Деян. 7:60). Вопреки временному насилию смерть

Стефана была такой спокойной, что Священное Писание изображает его просто отходящим на покой.

В таких ситуациях более естественно — молиться о мести. Кстати, смерть Ветхозаветного пророка Захарии представляет собой значительный контраст со смертью Стефана. Как и Стефан, Захария был побит камнями, но обратите внимание, как отличалась его предсмертная молитва:

> И сговорились против него, и побили его камнями, по приказанию царя [Иоаса], на дворе дома Господня. И не вспомнил царь Иоас благодеяния, какое сделал ему Иодай, отец его, и убил сына его. И он, умирая, говорил: да видит Господь и да взыщет!
>
> — 2 Пар. 24:21-22

Мы не можем винить Захарию за его молитву об отмщении. Он, конечно же, признавал, что отмщение принадлежит Господу, и поступил правильно, доверив это дело Ему. Такая его молитва не должна считаться грехом.

Кстати, есть законная причина, по которой все мученики имеют право молить об отмщении своим гонителям. В Откр. 6:10 для нас приоткрывается завеса грандиозного события. Здесь мы узнаем о непрекращающемся вопле мучеников всех времен: «Доколе, Владыка святый и истинный, не судишь и не мстишь живущим на земле за кровь нашу?»

Конечно же, в таком вопле о справедливости нет греха. Бог *воздаст* за Свой народ, и когда Его отмщение в конце концов совершится, никто не сможет пожаловаться, что оно несправедливо. Более того, мы просто будем изумляться долготерпению Божьему, так долго сдерживавшему отмщение.

Но сейчас, в ярком свете Нового Завета, пока полнота Божественного отмщения сдерживается, и Евангелие проповедуется всему миру, есть более высокий мотив, чем отмщение — это прощение и примирение с теми, кто преследует нас. Иисус сказал: «Любите врагов ваших, благотворите ненавидящим вас, благословляйте проклинающих вас и молитесь за обижающих вас» (Лук. 6:27-28). Сам Христос дал нам пример для подражания, когда Он, умирая от рук злых людей, молился об их прощении. Стефан ясно понял идею прощения.

А как насчет справедливости? Естественно и правильно иметь желание увидеть осуществление справедливости и совершение Божественного отмщения. Но для христианина есть другой приоритет. Справедливость наступит, но пока что наши мысли и дела по направлению к другим должны руководиться милостью. Как христиане мы должны быть ведомы прощением, а не местью.

ГОЛОС КРОВИ

В Послании к Евреям этому есть яркая иллюстрация. Автор этой книги Библии несколько раз упоминает об Авеле, втором сыне Адама, который был несправедливо убит своим старшим братом. Имя Авеля стоит первым в 11-й главе к Евреям в знаменитом «Списке веры». В Евр. 11:4 об Авеле сказано следующее: «Верою Авель принес Богу жертву лучшую, нежели Каин; ею получил свидетельство, что он праведен, как засвидетельствовал Бог о дарах его; ею он и по смерти говорит еще».

Фраза «ею он и по смерти говорит еще» хорошо знакома, но задумывались ли вы, о чем она говорит? Это ссылка на Быт. 4:10, где Бог сказал Каину: «Что ты сделал? голос крови брата твоего вопиет ко Мне от земли». Хотя Авель был мертв, он все еще говорил посредством своей невинной крови, вопиющей об отмщении.

Это, конечно, образные выражения. Кровь Авеля не говорила буквально. Но насильственная и несправедливая смерть — жестокая смерть от руки своего же брата — справедливо вопияла о мести. Справедливость должна быть восстановлена. Было совершено преступление, за которое надлежало жестокое наказание. Кровь Авеля, пролитая на землю, была свидетельством против Каина. Образно говоря, кровь Авеля взывала о воздаянии Каину.

Авель был первым мучеником, и с этого момента кровь каждого мученика присоединялась к воплю против гонителей Божьего народа. В этом смысле *все* они еще говорят, хотя и мертвы. Это именно те, кто описан в Откр. 6:10, перед престолом взывающие к Богу прославить Себя в совершении справедливости.

Но в Евр. 12:24 дается интересный контраст. Здесь автор упоминает о крови *Христа* как о «говорящей лучше, нежели Авелева». Смысл ясен: тогда как кровь Авеля (и других мучеников) вопиет о мести, кровь Христа молит о милости.

Кровь Иисуса, пролитая в искупление за грехи, взывает о *прощении* для грешников. Это удивительная истина. Кровь всех мучеников всех времен вопиет о справедливости, мести и воздаянии. Но кровь Христа говорит «лучше».

Опять-таки, нет ничего неправильного в желании справедливости. Справедливость угодна Богу. И, конечно же, правильно иметь желание видеть торжество справедливости и воздаяние злым делателям за их злодеяния. Но стремиться к прощению все-таки лучше. Стремление к милости, состраданию и прощению, даже по отношению к своим врагам, должно быть характеристикой христиан.

Как нам развить такое состояние души? Как христианин, будучи оскорбленным другим человеком, может научиться прощать «от сердца» (Матф. 18:35)? А как насчет повеления в Писании об обличении согрешающего против нас? Как нам знать, когда обличать, а когда покрывать обиду?

Более того, как мы можем прощать тех, кто не покаялся? Не отказывает ли в прощении нераскаявшимся Сам Бог? Если мы должны прощать, как нам прощают, не должны ли мы прежде требовать прощения от обидчика?

Это все существенные вопросы. Дает ли Библия на них ответы? Я считаю, что да. Давайте начнем с изучения того, что подразумевает Св. Писание, когда повелевает нам прощать так, как прощает Бог.

БОЖЬЕ ПРОЩЕНИЕ, НАШЕ ПРОЩЕНИЕ

Как можно сравнить прощение грешниками друг друга с прощением оскорбленного Бога? Определенное сходство должно быть, потому что Писание наставляет нас прощать так, как мы были прощены. Эта идея встречается в двух стихах, которые мы неоднократно цитировали: Ефес. 4:32 («прощайте друг друга, как и Бог во Христе простил вас») и Кол. 3:13 («как Христос простил вас»).

Некоторые верующие занимают позицию, будто эти стихи учат, что прощение всегда должно дариться на определенных условиях. Их основной аргумент звучит так: Бог прощает только тех, кто кается. Следовательно, если мы будем прощать, как мы прощены, мы должны отказывать в прощении тем, кто сам не прощает. Этого взгляда придерживаются и некоторые известные богословы. Например, Джей Адамс пишет:

> Должно приниматься без споров, что так как наше прощение следует Божьему образцу (Ефес. 4:32), оно должно быть чем-то обусловленным. Божье прощение покоится на ясных, безошибочных условиях. Апостолы не просто возвещали, что Бог простил людей... Павел и Апостолы отвращались от тех, кто отказывался удовлетворить условия, как это сделали Иоанн и Иисус, когда книжники и фарисеи не покаялись.[9]

В позиции Адамса есть некоторая доля истины. Бывают моменты, когда прощение должно иметь определенные условия, и в этой главе мы обсудим данный вопрос. Я испытываю большое уважение к Адамсу и рекомендовал его книгу о прощении, как полезный материал по данной теме. Однако, в этом вопросе я должен выразить свое несогласие с занимаемой им позицией.

Сделать условность сущностью христианского прощения — значит исказить саму суть того, что говорит Писание. Когда Писание наставляет нас прощать, как мы были прощены, оно не подразумевает, что нужно *отказывать* в прощении, пока обидчик не покается первым.

Послушайте внимательно, что говорят следующие стихи:

- *Матф. 6:12, 14-15:* «И прости нам долги наши, как и мы прощаем должникам нашим... Ибо если вы будете прощать людям согрешения их, то простит и вам Отец ваш Небесный; а если не будете прощать людям согрешения их, то и Отец ваш не простит вам согрешений ваших».

- *Иак. 2:13:* «Ибо суд без милости не оказавшему милости; милость превозносится над судом».

- *Матф. 18:35:* «Так и Отец Мой Небесный поступит с вами, если не простит каждый из вас от сердца своего брату своему согрешений его».

- *Лук. 6:36-38:* «Итак, будьте милосерды, как и Отец ваш милосерд. Не судите, и не будете судимы; не осуждайте, и не будете осуждены; прощайте, и прощены будете; давайте, и дастся вам: мерою доброю, утрясенною, нагнетенною и переполненною отсыплют вам в лоно ваше; ибо, какою мерою мерите, такою же отмерится и вам».

Акцент ставится на свободном, щедром, усердном, открытом, незамедлительном прощении — и от сердца. Отношение прощающего там, где находится акцент Писания, а не условия прощения.

Большинство тех, кто считает, что всякое прощение имеет условия, изображают прощение, как формальный договор, при котором прощенный должен покаяться, а обиженная сторона взамен обещает больше никогда не вспоминать грех. Если эта сделка не состоялась, говорят они, настоящего прощения не было. В некоторых случаях обидчик может покаяться и попросить прощения без подсказки, и прощение должно быть даровано немедленно. Но в большинстве случаев, в частности, когда обидчик не осознает своей вины в содеянном злодеянии, обиженная сторона должна обличить обидчика и официально добиваться покаяния, прежде чем он или она простит. Короче говоря, никакой акт прощения не может произойти, пока обидчик не попросит прощения.

К сожалению, я видел, как людей, придерживающихся этого мнения, поглощает страсть к обличению, и в итоге они становятся одинаково ненавистными и для друзей, и для врагов. Некоторые затаивают зло, отказываются оставить горечь, и даже разрывают дружбу из-за относительно мелких обид, оправдывая такое отношение тем, что они убеждены, что не должны прощать, пока обидчик не раскается.

Хотя часто прощение действительно включает двухстороннее урегулирование, это относится не ко *всякому* прощению. Бывают моменты, когда прощение должно быть односторонним и без каких-либо условий, но бывают и моменты, когда от прощения нужно воздержаться, пока обидчик не покается. Библейские принципы, регулирующие эти различные виды прощения, ясны.

ПРОЩЕНИЕ НА УСЛОВИЯХ И БЕЗ НИХ

В Писании ясно видно, что иногда прощение должно зависеть от определенных условий. Например, в некоторых случаях обидчика необходимо обличить и в конечном счете отлучить от церкви, если он отказывается покаяться (Лук. 17:3; Матф. 18:15-17). Поближе Библейский процесс церковной дисциплины мы рассмотрим в 7-й главе.

Но *всякое* ли оскорбление призывает к обличению, возможно ведущему к официальной церковной дисциплине? Нет ли места для простого предоставления одностороннего прощения за мелкие оскорбления? Не бывает ли моментов, когда обиженная сторона должна просто покрыть обиду, предпочитая терпеть несправедливость и прощать, не обличая обидчика формально и не ожидая, когда он попросит прощения?

Очевидно, что эти вопросы имеют важные практические последствия. Если бы у вас был друг, который всякий раз, когда вы совершали мелкий проступок, скрупулезно старался бы обличить вас, долго ли удержалась бы ваша дружба? Или если бы супруги в браке считали своим священным долгом обличать друг друга за каждую обиду, не сделали ли бы такие настроения супружеские взаимоотношения практически невыносимыми?

Было бы ошибкой предполагать, что стихи Лук. 17:3 («Если же согрешит против тебя брат твой, выговори ему») и Матф. 18:15 («Если же согрешит против тебя брат твой, пойди и обличи его») являются абсолютными рецептами для любого вида согрешения. Если бы мы были обязаны обличать друг друга за всякий пустяк, мы бы только этим и занимались.

Действительно, Священное Писание дает нам еще один пример, как относиться к большинству мелких проступков: покрывать обиды — прощать односторонне и безусловно, дарить прощение легко и без помпезности. Этого требует любовь. «Более же всего имейте усердную любовь друг ко другу, потому что любовь покрывает множество грехов» (1 Пет. 4:8). «Ненависть возбуждает раздоры, но любовь покрывает все грехи» (Прит. 10:12). «Прикрывающий проступок ищет любви» (Прит. 17:9). Любовь «не ведет счет злу... [но] все покрывает, всему верит, на все надеется, все переносит» (1 Кор. 13:5-7, Новый перевод с греч. подлинника). Современный перевод

Библии передает 1 Кор. 13:5 так: «[Любовь] не считает свои обиды».

Джей Адамс признает ответственность христианина покрывать мелкие обиды, цитируя некоторые из этих же текстов. «Но, — пишет он, — это не... прощение».[10]

Определив прощение как двухстороннюю сделку, в своей системе он не имеет места для одностороннего или безусловного прощения. Поэтому он проводит различие между прощением и покрытием согрешения другого человека. Если бы это было так, это означало бы, что все мелкие обиды, которые мы решаем простить (или «покрыть» в библейской терминологии), на самом деле не должны считаться прощенными.

Но сама Библия не делает такого различия. Покрытие проступка другого человека — вот в чем сущность прощения. Говоря о Божьем прощении, 31-й Псалом уравнивает концепции прощения и покрытия грехов: «Блажен, кому отпущены беззакония, и чьи грехи покрыты!» (ст. 1). Это еврейский параллелизм, использующий два разных выражения для обозначения одной и той же концепции. Покрытие чьего-либо греха и есть сущность прощения.

Эта же параллель проводится в Пс. 84:3: «[Ты] простил беззаконие народа Твоего, покрыл все грехи его».

Иак. 5:19-20 также уравнивает прощение и покрытие грехов: «Обративший грешника от ложного пути его спасет душу от смерти и покроет множество грехов».

Поэтому, когда стих 1 Пет. 4:8 говорит, что «любовь покрывает множество грехов», он говорит о прощении.

Более того, Писание также учит, что прощение может быть односторонним и необусловленным. Марк. 11:25-26 ясно говорит о таком прощении и даже делает его условием для получения Божьего прощения:

> И когда стоите на молитве, прощайте, если что имеете на кого, дабы и Отец ваш Небесный простил вам согрешения ваши;. если же не прощаете, то и Отец ваш Небесный не простит вам согрешений ваших.

Это описывает мгновенное прощение, дарованное обидчику без формальных встреч или соглашений. Этот текст предельно ясно говорит об одностороннем прощении, потому что оно происходит, «когда стоите на молитве».[11] «Прощайте» — ясное повеление в этом стихе, и оно должно происходить прямо на месте. Там нет упоминания об обличении, нет и повеления требовать прощения у обидчика. Следовательно, прощение в Марк. 11:25-26 отличается от прощения в Лук. 17:3. *Это* прощение должно дароваться необусловленно и односторонне.

НЕОБУСЛОВЛЕННОЕ ПРОЩЕНИЕ: ЧТО ОНО ОЗНАЧАЕТ?

Что влечет за собой одностороннее прощение? Если нет объяснения, нет искания прощения, нет формального предоставления прощения, нет взаимообмена словами между сторонами, тогда что именно достигается таким прощением?

Его основные цели начертаны в сердце прощающего. Такое прощение подразумевает сознательное решение покрыть оскорбление со стороны обиженного. Слово «прощайте» в Марк. 11:25 стоит в повелительном наклонении. Прощение, предлагаемое здесь, обязательно является вопросом воли. Иными словами, это решение, а не чувство или непроизвольная реакция.

Оно, как записано в Матф. 18:35, дарится *от сердца*; но даже это не ставит прощение главным образом в область чувств. «Сердце» в Священном Писании обычно означает интеллект (ср. Прит. 23:7; Лук. 9:47). Таким образом, это говорит о взвешенном и благоразумном решении. Это решение, принятое обиженной стороной, отложить в сторону проступок другого человека и не позволить оскорблению привести к разрыву взаимоотношений или горьким терзаниям.

Фактически, человек, который решает простить другого, принимает решение не помнить оскорбления, отказывается таить злобу, оставляет любое притязание на возмещение, и противостоит искушению лелеять месть или мстить практически. Обиженная сторона просто переносит обиду. Оскорбление откладывается в сторону, покрываясь любовью ради Христа. Для мелких и непреднамеренных оскорблений это способ прощения — односторонне, без конфронтации и возбуждения раздоров.

Об этом, я считаю, чаще всего говорит Писание, когда призывает нас прощать друг друга. Сильный акцент в Писании на прощение не предназначен усилить в нас конфронтацию, но совсем наоборот. Когда Писание призывает нас к духу прощения, акцент всегда ставится на долготерпении, доброжелательности, человеколюбии, доброте и милости — а не на конфронтации.

Отрицать, что прощение может быть односторонним, на мой взгляд, очень серьезная ошибка, при которой придается слишком большое значение сбличению. А это способно привести к большему конфликту. Люди, которые настаивают на обличении каждого проступка, часто просто возбуждают раздоры — в полную противоположность тому, к чему должно вести учение Иисуса о прощении. Настоящая любовь должна покрывать подавляющее большинство грехов, а не вытаскивать их постоянно для открытого разбирательства (1 Пет. 4:8).

ОБЛИЧАТЬ ИЛИ НЕ ОБЛИЧАТЬ?

Все это призывает к внимательному разграничению. Очевидно, что бывают моменты, когда обличение обязательно. Как нам определить такие ситуации? Есть ли ясные библейские принципы, научающие нас, когда обличать, а когда односторонне прощать? Я считаю, что есть. Несколько советов помогут вам в проведении разграничения:

Если только возможно, особенно когда оскорбление мелкое или непреднамеренное, лучше всего односторонне простить. В этом вся сущность духа милосердия. В Ефес. 4:1-3 дается призыв к христианскому отношению:

> Итак я, узник в Господе, умоляю вас поступать достойно звания, в которое вы призваны, со всяким смиренномудрием и кротостью и долготерпением, снисходя друг ко другу любовью, стараясь сохранять единство духа в союзе мира.

Это призыв к милосердному терпению («долготерпению») проступков других, что необходимо для сохранения мира.

Другими словами, верующие должны иметь определенный взаимный иммунитет к мелким проступкам. Любовь «не вспыльчива» (1 Кор. 13:5, Современный перевод). Если бы каждая провинность требовала формального обличения, вся жизнь церквей проходила бы в обличениях и разрешении конфликтов по мелким неприятностям. Поэтому, где только возможно, мы должны проявлять терпение ради сохранения мира и единства Духа.

Поэтому, это основное правило: если оскорбление не требует обличения, безусловное, одностороннее прощение должно покрывать согрешение. Обиженная сторона, перенося оскорбление, следует по стопам Христа (1 Пет. 2:21-25). Именно к такому отношению призывал Христос в Матф. 5:39-40: «Но кто ударит тебя в правую щеку твою, обрати к нему и другую; и кто захочет судиться с тобою и взять у тебя рубашку, отдай ему и верхнюю одежду».

Когда вы — единственная *обиженная сторона, даже если оскорбление было публичным и возмутительным, вы можете односторонне простить.* Писание изобилует примерами этого. Например, Иосиф стал жертвой прискорбного поступка своих братьев. Сначала они сговорились его убить, затем продали в рабство.

Но он не держал на них зла. Спустя много лет, когда голод привел нечестивых братьев в поисках пищи в Египет, Иосиф узнал их и от всего сердца простил, хотя с их стороны не было никаких признаков покаяния. Прежде чем братья осознали, кто стоял перед ними, он был тронут до слез состраданием к ним. В конце концов, открываясь им, он сказал: «Я — Иосиф, брат ваш, которого вы продали в Египет; но теперь не печальтесь и не жалейте о том, что вы продали меня сюда, потому что Бог послал меня перед вами для сохранения вашей жизни» (Быт. 45:4-5). Его прощение было безусловным, односторонним; оно не основывалось на каком-либо проявлении сокрушения с их стороны.

Кстати, насколько мы знаем из Писания, ближе всего эти братья подошли к формальному провозглашению своего покаяния только после смерти Иакова. После того, как их отца не стало и некому было удерживать руку Иосифа, они вообразили, что их оскорбленный брат может дать волю своей мести. Осознавая всю тяжесть своего греха, братья, вероятно, не могли поверить, что его милосердие к ним было из наилучших побуждений. Они боялись, что он все еще мог втайне питать желание мести. Поэтому они сказали Иосифу, что желанием *их отца* было, чтобы он даровал им прощение (Быт. 50:16-17). Формально они не признали свой проступок и не совершили покаяния, хотя достаточно ясно, что теперь они были унижены. Но все их моление было абсолютно не нужно. Иосиф уже давно их простил. Увидев неопровержимое доказательство действия десницы Божественного Провидения в его жизни через зло, которое было сделано ему, Иосиф давно полностью, легко и безусловно простил своих братьев. Его взгляд на это обоснован: «Вы умышляли против меня зло; но Бог обратил это в добро» (Быт. 50:20). Понимание того, что Бог имел благую цель для его страданий, сделало невозможным для Иосифа держать зло.

В Писании есть также другие примеры одностороннего прощения, даже когда оскорбление было публичным и резким. Например, как минимум в одном показательном случае Давид односторонне и безусловно простил самое унизительное публичное оскорбление.

Это случилось во время восстания Авессалома против Давида. Давид был вынужден бежать из Иерусалима, чтобы его непокорный сын не разрушил город в своем рвении свергнуть Давида с престола. Во время этого мучительного и неприятного исхода из Иерусалима ничтожный человек по имени Семей публично насмехался с убитого горем Давида, стараясь еще больше унизить его. 2 Цар. 16:5-8 сообщает, что произошло:

> [Семей] шел и злословил, и бросал камнями на Давида и на всех рабов царя Давида; все же люди и все храбрые были по правую и по левую сторону царя. Так говорил Семей, злословя его: уходи, уходи, убийца и беззаконник! Господь обратил на тебя всю кровь дома Саулова, вместо которого ты воцарился, и предал Господь царство в руки Авессалома, сына твоего; и вот, ты в беде, ибо ты — кровопийца.

Авесса, один из спутников Давида, хотел немедленно восстановить справедливость: «Зачем злословит этот мертвый пес господина моего царя? пойду я, и сниму с него голову» (ст. 9).

Но реакцией Давида было благочестивое долготерпение:

> Пусть он злословит; ибо Господь повелел ему злословить Давида. Кто же может сказать: «зачем ты так делаешь»?.. Вот, если мой сын, который вышел из чресл моих, ищет души моей, тем больше сын Вениамитянина; оставьте его, пусть злословит, ибо Господь повелел ему. Может быть, Господь призрит на уничижение мое, и воздаст мне Господь благостию за теперешнее его злословие.
>
> — 2 Цар. 16:10-12

Семей продолжал бежать вдоль по склону горы неподалеку от Давида, злословя и бросая в царя камнями и пылью, но Давид с благодатью и долготерпением переносил оскорбления — хотя по законам Давид, как помазанный царь, имел полное право требовать наказания насмешника.

Позже, после победы Давида над мятежниками, Семей совершил публичное раскаяние, моля Давида о милости. Давид, все еще вопреки протесту со стороны своих людей, вновь подтвердил свое прощение Семею (2 Цар. 19:18-23). Односторонне простив то оскорбление, теперь Давид простил Семея официально.

Еще одним примером одностороннего, безусловного прощения служат молитвы Стефана за побивавших его иудеев. Тот факт, что Стефан молился о Божьем милосердии к своим убийцам, показывает, что он уже их простил. Правда и то, что *Божье* прощение не должно было дароваться отдельно от их покаяния; но сам Стефан принял добровольное, сознательное решение отказаться от права возмездия. В своем сердце он простил их.

Это поднимает важный вопрос. Даже после того, как мы простили обидчиков за их преступление против нас, Бог может потребовать справедливости за их грехи против *Него*. Мы можем простить оскорбление против нас. Но мы не можем даровать прощение за грех против Бога. «Кто может прощать грехи, кроме одного Бога?» (Лук. 5:21). Наше прощение кого-то не несет в себе какого-либо священнического отпущения грехов, очищающего обидчиков перед Богом. Те, кого мы прощаем, все еще должны дать отчет Богу.

Например, прощение Стефаном своих убийц не гарантировало, что их грехи останутся безнаказанными, если они сами не будут искать *Божьего* прощения. В случае с Савлом из Тарса (который стоял возле одежд убийц Стефана, давая согласие на убийство мученика, Деян. 7:58; 8:1), его преступление было полностью смыто, когда он искренне покаялся. Мы нигде не находим сведений о том, что случилось с теми, кто бросал камни. Но если они так и не приняли Христа, как Господа и Спасителя, они испытают на себе гнев Божий за убийство. Стефан простил своим убийцам; но за грех против Бога все еще нужно было расплатиться.

Еще одним примером является Семей. Давид сдержал свое обещание не убивать Семея, но Семей остался невозрожденным, негодным человеком до конца своих дней. Зная это, Давид на смертном одре дал Соломону наставление, как поступить с Семеем: «Ты же не оставь его безнаказанным; ибо ты человек мудрый и знаешь, что тебе сделать с ним, чтобы низвести седину его в крови в преисподнюю» (3 Цар. 2:9).

Это повеление трудно объяснить, пока мы не поймем, что Давид, как Богом помазанный царь, имел ответственность за то, чтобы слава Божия не была запятнана в Израиле. Он сдержал свое обещание перед Семеем, и не отомстил ему за оскорбление. Насколько это касалось Давида, он простил личную обиду. Но поступок Семея также включал гнусное богохульство против Самого Иеговы. И так как Семей произвольно оставался в противлении Богу, Божественная справедливость имела право предъявить ему иск. Ради чистоты народа эту проблему нужно было решить. И теперь пришло время уплатить по счету — не ради Давида, но ради славы *Божьей*. Давид мог покрыть личное преступление против него; но он не мог полностью покрыть публичный акт открытой враждебности к Богу. Как писал пуританский богослов Мэтью

Генри, указания Давида Соломону «возбудили не личную месть, но благоразумное усердие по защите чести закона и завета, который заключил с их семьей Бог, и оскорбление которого не должно остаться безнаказанным».[12] Именно поэтому Давид ждал до своего смертного одра, прежде чем дать указания о наказании Семея. Таким образом никто не смог сказать, что Давид сделал это для защиты своей чести.

И Соломон разумно почтил прощение Давидом оскорбления Семея. Вместо того, чтобы просто казнить его за прошлое преступление, Соломон наложил на Семея ограничение, навсегда запретив ему покидать город Иерусалим. Пока Семей оставался в городе под надзором царя, он мог свободно передвигаться в полной безопасности. Но в тот день, когда он осмелится переступить ногой через долину Кедрон, он будет предан смерти. Семей согласился на такие любезные условия (3 Цар. 2:36-38), но будучи негодным человеком, нарушил свое слово. Он вышел из города в поисках бежавших рабов, и когда Соломон узнал, он вызвал его и сказал:

> Не клялся ли я тебе Господом и не объявлял ли тебе, говоря: «знай, что в тот день, в который ты выйдешь и пойдешь куда-нибудь, непременно умрешь»? и ты сказал мне: «хорошо». Зачем же ты не соблюл приказания, которое я дал тебе пред Господом с клятвою?.. Ты знаешь и знает сердце твое всё зло, какое ты сделал отцу моему Давиду; да обратит же Господь злобу твою на голову твою!
>
> — 3 Цар. 2:42-44

Иными словами, смерть Семея была ответной мерой Господа, а не Давида, за его грех. Давид его простил и сдержал свое обещание не мстить. Но видя упорный отказ Семея покаяться, Сам Бог потребовал справедливости.

Наше прощение обиды человеку не гарантирует, что обидчик получит судебное прощение от Бога. Бог, зная сердце, всегда судит праведно. Со своей стороны мы должны быть милосердными, терпеть обиду и молиться о полном покаянии обидчика. А Бог позаботится, чтобы справедливость была достигнута, если обидчик не станет искать Божественного прощения.

КОГДА БЕЗУСЛОВНОЕ ПРОЩЕНИЕ ИСКЛЮЧАЕТСЯ

Бывают моменты, когда необходимо обличить согрешившего. В таких случаях безусловное прощение исключено. Обычно это подразумевает более серьезные грехи — не мелкие или пустяковые жалобы, а опасные грехи или преступления, которые становятся угрозой для собрания святых. В таких ситуациях применяется принцип из Лук. 17:3:

«Если же согрешит против тебя брат твой, выговори ему; и если покается, прости ему». В подобных случаях, если брат или сестра во Христе отказываются покаяться, применяется процесс дисциплинирования, указанный в 18-й главе Матфея (см. 7-ю главу).

Вот некоторые указания, чтобы помочь определить необходимость такого обличения:

Если вы видите серьезное оскорбление, которое является грехом против кого-то другого, обличите согрешившего. Справедливость не позволяет христианину покрывать грех против кого-то другого. Я могу односторонне и безусловно простить личную обиду, когда являюсь жертвой, потому что в этом случае я переношу несправедливость. Но когда я вижу, что грех был совершен против кого-то другого, моя обязанность искать справедливости. (Единственным исключением этому может быть решение оскорбленного человека не обращать внимания на пренебрежение или оскорбление. Так было в случае, когда Давид запретил Авессе дать волю мести против Семея).

И хотя мы имеем право, и даже поощряемся покрывать проступки, совершенные против нас, Писание запрещает нам покрывать проступки, совершенные против других.

- *Исх. 23:6:* «Не суди превратно тяжбы бедного твоего».
- *Втор. 16:20:* «Правды, правды ищи».
- *Ис. 1:17:* «Научитесь делать добро, ищите правды, спасайте угнетенного, защищайте сироту, вступайтесь за вдову».
- *Ис. 59:15-16:* «И не стало истины, и удаляющийся от зла подвергается оскорблению. И Господь увидел это, и противно было очам Его, что нет суда. И видел, что нет человека, и дивился, что нет заступника».
- *Иер. 22:3:* «Так говорит Господь: производите суд и правду и спасайте обижаемого от руки притеснителя, не обижайте и не тесните пришельца, сироты и вдовы, и невинной крови не проливайте на месте сем».
- *Пл. Иер. 3:35-36:* «Когда неправедно судят человека пред лицем Всевышнего, когда притесняют человека в деле его: разве не видит Господь?»

Не наше право «прощать» кому-либо оскорбление против другого человека. Поэтому тот, кто становится свидетелем такого оскорбления, обязан обличить обидчика в его преступлении.

Обличение необходимо, когда игнорирование оскорбления может повредить обидчику. Иногда решение покрыть оскорбление может фактически повредить обидчику. В таких случаях необходимо обличить его с любовью.

Гал. 6:1-2 говорит: «Братия! если и впадет человек в какое согрешение, вы духовные, исправляйте таковаго в духе кротости, наблюдая каждый за собою, чтобы не быть искушенным. Носите бремена друг друга, и таким образом исполните закон Христов».

Слово, переведенное в этом тексте «впадет», буквально означает «пойман». Оно может иметь двоякий смысл: означать раскрытие какого-то тайного преступления человека или же означать, что человек находится в плену каких-то греховных привычек. В любом случае, обличение необходимо. Покрытие греха здесь исключается. Любовь к согрешающему брату требует, чтобы вы обличили его и попытались вернуть его в общение. Это непременная часть того, что включает в себя процесс: носить «бремена друг друга» (ст. 2).

Грехи, которые требуют обличения из-за их способности принести вред согрешающему человеку, — это серьезные доктринальные заблуждения, повторяющиеся случаи одного и того же проступка, греховные привычки и разрушительные тенденции, или любое другое беззаконие, которое таит в себе серьезную опасность духовному здоровью согрешившего.

Во всех таких случаях обличение должно побуждаться любовью и желанием блага обидчику. Такое обличение никогда не должно использоваться для удовлетворения личной мести, наказания обидчика, или достижения каких-либо других видов самоуправства. Вот почему Гал. 6:1 ясно говорит, что «духовные» должны разбирать дело согрешающего верующего.

Но именно в таких обстоятельствах обличение труднее всего. Мы легко поддаемся искушению обличать грехи, которые должны покрывать, и покрывать те, которые должны обличать. Но независимо от того, призывает ситуация к снисходительности или к обличению, основным мотивом всегда должна быть любовь к обидчику (как и к обиженному).

Обличение необходимо, когда грех скандальный или как-либо иначе потенциально разрушителен для тела Христова. Некоторые грехи имеют способность осквернять многих людей. Евр. 12:15 предупреждает о таких опасностях: «Наблюдайте, чтобы кто не лишился благодати Божией; чтобы какой горький корень, возникнув, не причинил вреда, и чтобы им не осквернились многие».

На каждом члене тела лежит ответственность не только поощрять «к любви и добрым делам» (Евр. 10:24), но также увещевать друг друга, чтобы никто «не ожесточился, обольстившись грехом» (Евр. 3:13).

Апостол Павел упрекнул коринфян за их неспособность обличить и преодолеть скандальный грех в среде верующих. Один из них вместо жены имел «жену отца своего» (1 Кор. 5:1) — вероятно, свою мачеху; этот грех нес такое пятно позора в обществе, что он приравнивался к кровосмешению. О таких грехах «не [было] слышно даже у язычников». Даже самые негодные язычники в Коринфе были возмущены грехом в этой церкви.

Павел обличил их: «Вы возгордились, вместо того, чтобы лучше плакать» (ст. 2). «Возгордились» исходит из греческого выражения, которое буквально означает «надулись». Возможно, как это случается и в наши дни, гордость была терпимой среди коринфян. Они могли хвастаться тем, что не были настолько «ограниченными», чтобы поднимать шум из-за неправильных поступков этого человека.

Поэтому Павел сурово их обличил: «Нечем вам хвалиться. Разве не знаете, что малая закваска квасит все тесто?» (ст. 6). Он повелел им отлучить согрешающего, который, по словам Павла, должен быть «изъят... из среды вас» (ст. 2).

> Я, отсутствуя телом, но присутствуя у вас духом, уже решил, как бы находясь у вас: сделавшего такое дело, в собрании вашем во имя Господа нашего Иисуса Христа обще с моим духом, силою Господа нашего Иисуса Христа, предать сатане во измождение плоти, чтобы дух был спасен в день Господа нашего Иисуса Христа.
>
> — 1 Кор. 5:3-5

Отрытый грех — *всегда* скандал для церкви и должен строго пресекаться. И не наше право «прощать» тех, кто стремится жить жизнью открытого неповиновения. Когда допускается такой грех, то страдает вся церковь. Он подобен закваске, пропитывающей все тесто. В таких ситуациях абсолютно неправильно прощать и покрывать зло. Такие грехи должны обличаться, и в 7-й главе мы тщательно исследуем весь процесс, как это должно делаться.

Всякий раз, когда оскорбление ведет к разрыву взаимоотношений, официальное прощение является необходимым шагом к примирению. Любое оскорбление, которое приводит к разрыву взаимоотношений, не может просто покрываться.

И оскорбление, и разрыв взаимоотношений нужно обличать и искать примирения.

Когда мы кого-либо обличаем в совершенном проступке, целью всегда должно быть примирение. Если ваше обличение направлено на то, чтобы наказать обидчика, или оно просто служит средством критики, вы обличаете с неправильной целью. Цель любого праведного обличения — восстановление разорванных взаимоотношений и восстановление обидчика.

Каждый раз, когда между христианами портятся отношения, ответственность за примирение лежит на *обеих* сторонах. Если вы обиженная сторона, к вам применим текст Лук. 17:3: «Если же согрешит против тебя брат твой, выговори ему». Вы должны идти к нему. Если вы обидчик, к вам применим текст Матф. 5:23-24: «Итак, если ты принесешь дар твой к жертвеннику и там вспомнишь, что брат твой имеет что-нибудь против тебя, оставь там дар твой пред жертвенником, и пойди прежде примирись с братом твоим, и тогда приди и принеси дар твой».

Разрыв во взаимоотношениях между христианами исключает возможность прощения, которое просто покрывает вину. Произошел ли обмен грубыми словами или преобладает ледяная тишина, если обе стороны знают, что существует размолвка, единственный путь для разрешения вопросов — официальное предоставление прощения. Иногда в проступке виновата одна сторона. А иногда требуется признание проступка и поиск прощения с обеих сторон.

В любом из случаев примирение необходимо. Если вы совершили проступок, не исправить положение — грех. Если вы оскорбленная сторона, на вас тоже лежит ответственность искать примирение — с целью приобретения вашего брата.

Если христианин отказываться искать примирения, для него нет никакого извинения, на какой бы стороне разорванных взаимоотношений он ни находился. Единственный случай, когда такой конфликт должен оставаться нерешенным, оправдан тогда, когда все этапы дисциплинирования в 18-й главе Матфея пройдены и виновная сторона все еще отказывается покаяться.

Но даже тогда вы должны не держать горечь в своем сердце, а любить этого обидчика, как вы любите своих врагов, желая им духовного благополучия и восстановления в церкви. «Но не считайте его за врага, а вразумляйте, как брата» (2 Фес. 3:15). Хотя и нет возможности для формального предоставления прощения, сердце не держит неприязни, и целью остается примирение.

Более того, если вы виновная сторона, вы имеете возможность *быстро* искать примирение. Писание неоднократно это подчеркивает. Например, текст Матф. 5:23-24 (процитированный выше) предполагает, что если ты в момент поклонения вспомнил, что обидел брата, оставь свой дар у алтаря, и «*прежде* примирись с братом твоим». В таких случаях примирение разорванных взаимоотношений превосходит поклонение!

Это делает примирение действительно очень высоким приоритетом, потому что оно даже превосходит поклонение Господу. Моя книга по предмету поклонения называется «Высший приоритет», потому что поклонение — действительно высший приоритет в жизни христианина. Но есть одно исключение: если вы знаете, что обидели брата или сестру, то *тогда* главный приоритет — примирение и восстановление разорванных взаимоотношений.

5-я глава Евангелия от Матфея продолжает:

> Мирись с соперником твоим скорее, пока ты еще на пути с ним, чтобы соперник не отдал тебя судье, а судья не отдал бы тебя слуге, и не ввергли бы тебя в темницу; истинно говорю тебе: ты не выйдешь оттуда, пока не отдашь до последнего кодранта.
>
> — ст. 25-26

В таких случаях, особенно если вы совершили несправедливый поступок, ваша обязанность без промедления искать примирения. Те, кто откладывает или усложняет процесс примирения, будут пожинать дополнительные последствия. Этот текст ссылается на Божественное наказание и подразумевает, что Сам Бог приведет в исполнение наказание, заслуживаемое теми, кто откладывает такое срочное дело.

ГОТОВНОСТЬ НЕЗАСЛУЖЕННО СТРАДАТЬ ВО ИЗБЕЖАНИЕ ПОЗОРА

Похоже, что в Матф. 5:22-26 предполагается, что виновной является сторона, переданная судье. Так как он совершил проступок, то его обязанность более чем кого-либо другого поспешно искать как исправить зло.

Но иногда оскорбленному даже уместно просто терпеть обиду, особенно если необходимо избежать позора представления спора перед светским судом.

В коринфской церкви, например, были верующие, которые, отказываясь устранить свои разногласия между собой, судились друг с другом в языческом суде (1 Кор. 6:1). Павел напомнил им, что лучше остаться обиженным или быть обманутым, чем приносить в языческий суд тяжбу против другого верующего. Это самый выдающийся пример христианского прощения, даже если там и нет примирения двух сторон.

Печально, но я встречал таких христиан, которые были готовы нарушить это ясное повеление. Они всегда убеждены, что *их* дело каким-то образом является исключением из правила, установленного Павлом. Стоит дать им возможность объяснить, почему они считают, что имеют право судиться с другим верующим, и они обязательно станут доказывать, что с ними обошлись чрезвычайно несправедливо, и что только суд может исправить это. Конечно же, Бог не поощряет такой вопиющей несправедливости, заявляют обычно они, говоря, что Он не может желать, чтобы *это* зло покрывалось, и так далее.

Павел признает, что другой человек может быть неправ. Но он ясно говорит, что лучше быть обманутым, чем судиться с другим верующим (1 Кор. 6:7). Нет оправдания судебному процессу, в котором один христианин приводит другого к неверующему судье.

Ну а что делать, если обидчик упрямо и сознательно отказывается признавать вину? В таком случае, в роли судьи должна выступать церковь и дисциплинировать обидчика (1 Кор. 6:2). Я убежден, что если бы церковная дисциплина применялась более последовательно, между христианами было бы меньше таких конфликтов, и в церкви торжествовала бы истинная любовь и гармония.

Постоянно растет количество церквей, отказывающихся подчиняться Библейским правилам о наказании согрешающих членов. Что должен делать тот, кто исчерпал все средства

173

обжалования в церкви, но все еще считает, что справедливости нет? В таких случаях применяется стих 1 Кор. 6:7 — терпеть лишения ради Христа. Если церковь, которую вы посещаете, произвольно нарушает ясные указания Христа в отношении борьбы с грехом внутри церкви, возможно, вам стоит найти церковь, которая более верно исполняет Писание.

Но некоторые моменты несправедливости так никогда и не решатся в этой земной жизни. Ясно, что в таких случаях обязанность христианина с благодатью, великодушием, и готовностью терпеть лишения ради Христа. В конечном счете, Сам Бог восстановит всю справедливость. А пока что мы должны отказаться питать злобу. Мы никогда не должны допустить, чтобы дух злобы запятнал наш характер. Мы должны стремиться уподобляться Иосифу, будучи готовыми видеть руку Божью, действующую ко благу даже в самых несправедливых обстоятельствах.

КОГДА ТРУДНО ПРОЩАТЬ

К падшему творению прощение, конечно же, не приходит естественно. Мы слишком склонны быть на поводу у своих чувств. Те, кто потворствует своим горьким чувствам, обнаружат, что прощение не прорастает легко на такой почве. Наоборот, появляется оскверняющее влияние. Это губительно не только для человека, наполненного горечью, но также и для многих окружающих (Евр. 12:15).

Прощение часто побеждается отрицательными эмоциями, длительными обидами и неукротимым гневом. Некоторые неправильно считают, что не должны прощать, когда «нет расположения».

174

Но, как мы уже вкратце отметили, прощение — это не чувство. Те, кто настаивает на необходимости руководствоваться чувствами, действительно найдут прощение очень трудным, потому что прощение часто подразумевает сознательное решение, противоречащее нашим чувствам. Горькие эмоции говорят нам носить оскорбление в себе. В противоположность этому, прощение есть решение воли и разума отложить в сторону оскорбление и желать для обидчика только наилучшего.

Но кто-то скажет: «Я не могу так сделать. Я *пытаюсь* отложить обиду в сторону, но везде, где я ни нахожусь, что-то напоминает мне, и я постоянно ловлю себя на мысли, что думаю об этом и расстраиваюсь».

Такие мысли — искушение согрешить. Лелеяние оскорбления не меньший грех, чем похоть или зависть, или любой другой сердечный грех. Чтобы отвернуться от таких мыслей необходимо волевое решение. То есть мы должны сознательно покрыть оскорбление и не поддаваться гневным и мстительным мыслям, хочется нам этого или нет.

Те, кто прощает, даже когда трудно, находят, что правильные эмоции последуют. «Любите врагов ваших, благотворите ненавидящим вас, благословляйте проклинающих вас и молитесь за обижающих вас» (Лук. 6:27-28) — это сознательные, взвешенные, благоразумные поступки, а не эмоциональные рефлексы. Повинуйтесь повелениям Христа в исполнении этого, и в итоге ваш гнев уступит место кротости, разочарование будет преодолено миром и тревога не устоит против покоя.

Прощение приводит к снятию многих бремен. Даровать кому-нибудь прощение, когда человек кается, значит снять бремя с его души, но простить, когда прощение одностороннее и безусловное, дает прощающему пережить еще большие милости, даваемые взамен щедрым Небесным Отцом, Который обещает излить нам «мерою доброю, утрясенною, нагнетенною и переполненною» (Лук. 6:38).

ЕСЛИ СОГРЕШИТ ТВОЙ БРАТ

*Если же согрешит против тебя брат твой,
выговори ему, и если покается, прости ему.*
Лук. 17:3

Иногда грех нужно просто обличать. И если виновная сторона отказывается раскаяться, то, в конечном итоге, может применяться отлучение от церкви. В частности это происходит тогда, когда грех нарушителя способен продолжать свое разрушительное действие, или когда проступок становится публичным поношением имени Христа.

Способ, который Писание определяет для борьбы с грехом в церкви, называется «церковная дисциплина». Это подходящее название, потому что как и у родительской дисциплины основная цель здесь — исправление. Церковная дисциплина успешна тогда, когда она приводит к покаянию и примирению. Когда она не приводит к успеху, применяется крайняя мера — отлучение.

Сама тема церковной дисциплины способна возбудить сильные эмоции среди христиан. Не так давно мы обсуждали ее в одной из наших радиопередач. Впоследствии меня поразили письма, полученные от людей, решительно убежденных, что любая форма церковной дисциплины в сущности недопустима.

Одна слушательница, услышавшая только часть передачи, написала:

>> Весь процесс церковной дисциплины звучит невероятно жестоко и угнетающе. Я не могу поверить, что какая-либо церковь когда-либо может угрожать своим членам исключением за то, что они делают в своей личной жизни. И я не могу представить, чтобы церковь делала публичные заявления о чьем-либо грехе! Это личное дело каждого человека, чем он занимается, и церковь не имеет к этому никакого отношения. А в церковь люди должны приходить, чтобы научиться как преодолевать грех. Как они смогут это делать, если они отлучены? Если мы будем отлучать своих же членов, то мы ничем не лучше оккультных групп. Я не могу представить, чтобы Христос отлучил кого-либо от Своей церкви. Не стремился ли Он к грешникам, избегая тех, кто были самоправедными? В конце концов, во враче нуждаются не здоровые, но больные. Я рада, что моя церковь не отлучает согрешающих членов. Иначе там никого бы из нас не осталось! Я всегда верила, что Евангелие говорит только о прощении!

Эти комментарии отражают несколько общих и широко распространенных недоразумений по данному вопросу.

Во-первых, церковная дисциплина не противоречит прощению. Кстати, указания Иисуса о процессе дисциплинирования точно обрисовывают, *как* должно действовать прощение, когда грех верующего имеет последствия для всей церкви.

Во-вторых, библейское дисциплинирование не подразумевает надзора за всеми мелочами в жизни людей. Как мы увидели в предыдущей главе, проступки, которые требуют обличения и дисциплинирования, не есть непреднамеренные согрешения, мелкие грехи, незначительные неприятности или вопросы обычного предпочтения, но серьезные нарушения ясных Библейских принципов. Это грехи, которые вредят другим верующим, разрушают единство паствы, или иным образом могут запятнать чистоту церкви. В таких случаях с грехом *нужно* бороться. Такие грехи не могут покрываться. Они подобны закваске, и если их оставить без внимания, порочное воздействие в итоге может поразить всю церковь (1 Кор. 5:6).

В-третьих, правильное дисциплинирование не нарушает гармонии с Духом Христовым. Сам Христос предписал этот способ борьбы с грехом в церкви. Если вы считаете, что Он никогда бы не поощрил отлучение согрешающего члена церкви, вы извращаете учение Христа.

В-четвертых, правильно примененная дисциплина вполне совместима с любовью. В предыдущих главах мы обсуждали факт того, что Бог в Своей любви дисциплинирует согрешающих верующих. 18-я глава Евангелия от Матфея признает законную роль церкви как орудия для заботливого увещевания и в отдельных случаях для Божественного наказания с целью исправления. Поэтому правильно примененная церковная дисциплина показывает Божью любовь к Его детям (ср. Евр. 12:7-11).

В-пятых, публичный аспект дисциплинирования есть крайняя мера, а не первый шаг. Суть оглашения проступка человека в церкви не в том, чтобы заставить членов церкви «избегать» согрешающего брата или сестру, но совсем на—оборот — поощрить их обличать этого человека с любовью для его восстановления.

Когда пренебрегается наказание, становящаяся результатом вседозволенность неизбежно ведет к хаосу. Это относится к церкви в такой же мере, как и к семье. Никто из взрослых не находит удовольствия общаться с детьми, которых никогда не наказывают. Подобным образом и церковь, неспособная обличить грех в своей среде, в конце концов становится невыносимой для зрелых верующих. Неспособность осуществлять церковную дисциплину ведет к тому, что церковь будет духовно ослабевать. Это также верный путь навлечь на себя Божье недовольство (Откр. 2:14, 20).

Учение Иисуса о церковной дисциплине в 18-й главе Евангелия от Матфея предельно ясно. Поэтому данный вопрос является хорошей проверкой того, насколько серьезно церковь относится к вопросу послушания Христу. Меня часто спрашивают о том, какие качества выделяют хорошую церковь. На одном из первых мест в моем списке — последовательное, соответствующее дисциплинирование. Одно несомненно, церковь, не дисциплинирующая согрешающих членов, будет иметь бесконечные серьезные проблемы.

МЕСТО

18-я глава Евангелия от Матфея начинается повествованием Христа о детской непосредственности верующего. В начале Он взял ребенка и поставил посреди учеников, как наглядный пример. Последовавшее повествование включает многочисленные ссылки на «малых сих» — под которыми Он подразумевает *верующих,* а не буквально детей (ср. ст. 6, 10, 14). Он сравнивал верующих с детьми из-за их простой веры, нежного послушания, необходимости в защите и в дисциплине.

Раздел, раскрывающий процесс дисциплины, охватывает только три стиха:

> 99 Если же согрешит против тебя брат твой, пойди и обличи его между тобою и им одним; если послушает тебя, то приобрел ты брата твоего; если же не послушает, возьми с собою еще одного или двух, дабы устами двух или трех свидетелей подтвердилось всякое слово. Если же не послушает их, скажи церкви; а если и церкви не послушает, то да будет он тебе, как язычник и мытарь. ст. 15-17

Отметьте, что дважды в 17 стихе Христос использует выражение «церковь». Греческое слово *экклесия* буквально означает «вызванные». Это слово иногда употребляется, когда речь идет о любом собрании людей. Примером может быть текст Деян. 7:38, говорящий о народе Израильском во время Исхода, как о «собрании *[экклесия]* в пустыне». Некоторые утверждают, что так как повествование в Матф. 18 предшествовало Пятидесятнице, Христос не говорил о Новозаветной церкви. Но Христос уже изложил Своим ученикам концепцию церкви, («Я создам Церковь Мою, и врата ада не одолеют ее», Матф. 16:18). Поэтому наставления в Матф. 18 были даны в предвидении Новозаветного организма. Непонятно, как можно исключить Новозаветную церковь из принципа, изложенного в этом тексте.

Кстати, весь смысл сказанного нашим Господом был в том, что собрание Богом искупленных людей есть подходящее место для решения спорных вопросов или вопросов дисциплинирования. Нет другого суда или более высокого авторитета на земле, который мог бы разбирать вопросы греха (1 Кор. 6:2-3).

Дисциплинирование в церкви должно иметь место, потому что в этом Божественный промысел. Истинных верующих характеризует подлинная любовь друг ко другу (1 Иоан. 3:14). В таком контексте дисциплинирование может применяться в любви, любящими собратьями-верующими, и для истинного блага и назидания всего Тела Христова.

ЗАДАЧИ

Правильно примененная дисциплина всегда основывается на любви. Ее первейшая задача — восстановление согрешившего брата или сестры: «Если послушает тебя, то приобрел ты брата твоего» (ст. 15). Она также очищает церковь, так как верующие будут бодрствовать, и, следовательно, не будут подвергаться обличению.

Цель церковной дисциплины не в том, чтобы отвергать людей, используя власть оскорбительным или диктаторским способом. Цель дисциплинирования — привести людей обратно к правильным взаимоотношениям с Богом и церковью. Правильное дисциплинирование никогда не применяется как возмездие за грехи человека. Цель всегда — восстановление, а не воздаяние.

Это видно из текста 18-й главы Евангелия от Матфея. Греческое слово *кердайно,* переведенное в ст. 15 как «приобрел», часто использовалось, когда речь шла о финансовом приобретении. Таким образом Христос изображает брата, как ценное сокровище, которое необходимо приобрести. Таким должно быть отношение каждого христианина, обличающего брата или сестру во грехе.

Это, фактически, отношение Самого Бога к дисциплинированию: каждую душу Он видит как сокровище, которое необходимо вернуть. В таком контексте и произнес Христос эти слова. Стихи, предшествующие наставлениям о дисциплинировании, сравнивают Бога с заботливым пастырем, беспокоящимся о каждой овце в стаде:

> Как вам кажется? Если бы у кого было сто овец, и одна из них заблудилась, то не оставит ли он девяносто девять в горах и не пойдет ли искать заблудившуюся? И если случится найти ее, то, истинно говорю вам, он радуется о ней более, нежели о девяноста девяти незаблудившихся. Так нет воли Отца вашего Небесного, чтобы погиб один из малых сих.
>
> — ст. 12-14

Каждый христианин должен иметь такое же чувство заботы. Иногда заманчиво пойти по пути меньшего сопротивления и избежать обличения, особенно когда грех уже удалил брата или сестру из церкви. Но именно в такой момент нам важнее всего вмешаться. В этом и виден истинный пастырь, если он преодолеет любые расстояния, чтобы найти пропавшую или раненую овцу и вернуть ее в стадо.

Обличение — не легкое дело, но оно и не может быть легким. Мы не должны быть назойливыми, постоянно вмешиваясь в дела других. Но когда мы узнаем, что кто-то согрешил, мы имеем обязанность перед Богом в любви обличить этого человека. Мы не можем противиться, говоря, что это не наше дело. Когда мы знаем об угрожающем душе грехе в жизни верующего брата или сестры, наше дело предупредить, обличить и приложить все усилия в стремлении к святости в собрании верующих и к победе в жизни согрешившего. Это благородная и нужная забота.

Тем не менее, мы должны остерегаться злоупотребления и всегда иметь ввиду истинную цель надлежащего дисциплинирования. Существует реальная опасность увлечения упреками друг против друга. Гордость может испортить процесс дисциплинирования также, как она оскверняет любую другую добродетель. Вот почему Иисус Христос предупреждал тех, кто обличает других, исследовать самих себя прежде, чем удалять сучок из глаза брата. Мы должны быть уверены, что из нашего глаза не торчит бревно (Матф. 7:3-5)!

Один человек, видевший плохие примеры того, как налагалась дисциплина, писал: «Если я когда-либо впаду в грех, я буду молиться, чтобы мне не впасть в руки этих придирчивых, осуждающих, самоправедных судей церкви. Я предпочту впасть в руки уличных и базарных сплетников, потому что в церкви люди быстрее разорвут друг друга на части своими болтливыми языками». Какое печальное свидетельство о репутации церкви!

С другой стороны, наказанный человек, который отказывается покаяться, будет считать себя незаслуженно оскорбленным, как и непослушные дети иногда отвергают наказание своих родителей. И нет ничего необычного, если нераскаявшийся человек обвиняет обличавших его в том, что они нелюбезны, несправедливы, жестоки и оскорбительны. Это тем более необходимая причина для тех, кто применяет дисциплину, обратить особое внимание на проявление любви с тщательным самоисследованием и благородным состраданием.

ЛИЧНОСТЬ

Обратите внимание, что дисциплинирование начинается на личном уровне. «Если же согрешит против тебя брат твой, пойди и обличи его между тобою и им одним» (ст. 15). Дисциплинирование не начинается с церковного совета. Если согрешивший покается, нет никакой необходимости привлекать всех. Успешная дисциплина и пресекает результаты греха, и ограничивает круг распространения. Дисциплинирование вовсе не разглашает грех человека без необходимости, а как можно больше ограничивает разглашение проступка. В большинстве случаев, если в процессе обличения покаяние происходит достаточно быстро, никому, кроме согрешившего и обличающего, нет нужды знать о грехе.

Личное обличение, предписанное в Матф. 18, также означает, что церковная дисциплина является ответственностью каждого члена церкви. Это не что-то такое, на что уполномочены только служителя церкви. Более того, если вы увидите брата во грехе, первым *неправильным* шагом будет доложить о его грехе руководству церкви или кому-либо еще. «Пойди и обличи его между тобою и им одним» (ст. 15).

Слишком много христиан считают дисциплинирование исключительной прерогативой старейшин или диаконского совета. Но это не так. Чистота церкви должна быть заботой каждого христианина. Ответственность за обличение согрешившего, грех которого оскверняет церковь, лежит на первом же человеке, узнавшем о грехе. Не полагайтесь на кого-то другого. Не расширяйте круг знающих больше необходимого. Но более всего, не говорите: «Ну, я буду молиться, чтобы брат мой увидел свет». Этого может быть недостаточно. Вы имеете свет — идите и просветите его этим светом!

ПОБУЖДЕНИЕ

За какие грехи следует дисциплинировать? Любой проступок, который, оставленный без внимания, принесет вред как самому согрешившему, так и Телу Христову (см. 6-ю главу).

В различных переводах Библии стих Матф. 18:15 представлен с двумя незначительно отличающимися значениями. Некоторые современные версии говорят: «Если же согрешит брат твой, иди, обличи его», или что-то подобное. Синодальный перевод гласит: «Если же согрешит *против тебя* брат твой...» (курсив добавлен). Древние манускрипты имеют небольшое расхождение по этому вопросу. Некоторые включают выражение «против тебя»; другие просто говорят: «Если согрешит брат твой», подразумевая, что мы должны обличать друг друга независимо от того, стали ли мы лично жертвой или нет.

Но текстуальные различия становятся относительно незначительными, когда мы понимаем, что все грехи против Тела Христова подлежат наказанию. Поэтому, несмотря на то, направлен ли грех брата *лично* «против тебя» или только *косвенно*, поскольку он ведет к поношению всего Тела, членом которого ты являешься, пойди и наедине укажи брату на его проступок. Представьте себе, что вы увидели брата в морально компрометирующей ситуации. Должны ли вы его обличить? Безусловно. Было бы неправильно и в итоге пагубно для всего Тела рассуждать, что, так как проступок не был направлен лично против вас, вы не обязаны обличать вашего брата во грехе. Именно за терпимость к такой ситуации в своей среде Апостол Павел осудил коринфян (1 Кор. 5).

Некоторые примеры грехов, совершенных против вас, включают: нанесенное во гневе физическое оскорбление, кражу, обман, клевету или другой безнравственный проступок. В таких случаях отплачивать тем же, воздавать злом за зло, таить злобу или рассказывать о грехе другим, не обличив брата наедине, будет неправильной реакцией. Любовь к нему требует, чтобы вашей первой реакцией было обличение наедине.

Непрямые проступки против вас включают любой грех, поносящий церковь. Это может быть подражание этому миру, праздность, пренебрежение духовными обязанностями или, даже, доктринальное заблуждение. Когда что-то увлекает брата или сестру от общения с нами, потеря наносит ущерб всему Телу. Поэтому любой грех, способный привести к такой потере, должен быть обличен. Любой повторяющийся пример непослушания Христу или какой-либо другой грех, ведущий к поношению имени Иисуса, косвенно является грехом и против нас, потому что как посланники Христа мы несем Его поношение.

Даже грехи против неверующих подлежат церковной дисциплине, потому что это бесчестит Христа в глазах этого мира и таким образом кладет пятно на всю церковь. Поэтому, любой грех, который вы замечаете, является основанием для назначения мер дисциплины, а не только те грехи, которые лично оскорбляют вас. Во всех таких случаях ваша ответственность остается такой же: вы должны наедине обличить согрешившего.

ПРОЦЕСС

Ну а что если согрешающий брат отказывается внять вашему увещеванию? Тогда обличение наедине является только первым шагом. Следующие три шага очень ясно определены в этой главе. Давайте рассмотрим весь процесс, начиная с обличения наедине.

Шаг первый:
Обличи его во грехе наедине
«Если же согрешит против тебя брат твой, пойди и обличи его между тобою и им одним» (ст. 15). Глагол, переведенный «пойди», стоит в повелительном наклонении, подразумевая, что это повеление, а не предложение или просто один из вариантов. Если вы увидите брата во грехе, вы *должны* идти.

Прежде всего пойдите сами. В этот момент нет нужды привлекать других. Не распространяйтесь о проступке с другими даже для получения молитвенной поддержки. Просто тихо пойдите к брату и скажите ему о его ошибке *наедине*.

Более трудно указывать на проступки близким друзьям. Те, кто вас знает хорошо, могут отреагировать, указав на какой-либо ваш собственный грех. Но по отношению к людям, которых мы не знаем хорошо, дисциплинирование также нелегкая задача. Мы склонны считать: «Кто я, чтобы вмешиваться в жизнь этого человека?» Следовательно, нас пугает мысль об обличении друзей, и мы склонны быть безразличными к людям, с которыми у нас нет близких отношений. В любом случае мы должны видеть, что данное повеление Христа есть серьезная обязанность и оно не должно меняться из-за какой-то выгоды.

А что если вы также виновны, как и ваш брат? Не говорил ли Христос, что бревно в своем глазу должно удержать вас от удаления сучка в глазе брата? Вовсе нет. «Вынь *прежде* бревно из твоего глаза и *тогда* увидишь, как вынуть сучок из глаза брата твоего» (Матф. 7:5, курсив добавлен). Но если вы по-настоящему любите брата, вы не можете игнорировать его грех. Решив сначала проблему своего греха, вы затем будете в *лучшем* положении, обличая другого брата в духе смирения. При обличении согрешающего брата непозволительно выставлять себя в хорошем свете, а его в плохом. Вы должны идти с нежным, кротким желанием восстановить его.

Греческий глагол в фразе «обличи его» (или «покажи ему его ошибку») передает идею света, разоблачающего что-то скрытое. Он призывает к ясному, точному обличению согрешения брата. «Обличи его» не обязательно подразумевает, что он до этого не осознавал свой грех. Этот процесс не ограничен грехами неведения. Наоборот, эта фраза означает, что вам необходимо показать, что вы знаете о его грехе, чтобы он понял, что его проступок известен, таким образом устанавливая его ответственность за грех. Если он считал, что его грех был в тайне, он должен осознать, что грех раскрыт. Если он считал, что мог грешить без последствий, теперь он должен дать ответ.

Если первый шаг в процессе дисциплинирования успешен, ответом станет покаяние согрешившего. Это будет окончанием процесса, в котором «приобрел ты брата твоего». И вы будете иметь такие близкие отношения с ним, которые ничто не сможет разрушить.

Если он покается, то в большинстве случаев нет необходимости для каких-либо других мер. Конечно же, вы должны будете побуждать его подтвердить истинность своего покаяния, делая все необходимое для исправления положения. Если подразумевается какое-либо возмещение, побудите его довести дело до конца. Если кто-то другой пострадал от его греха, он должен идти к этому человеку и искать примирения (Матф. 5:23-24).

Убедившись, что совершено истинное покаяние, дисциплинирование следует закончить. Неучаствовавшие не имеют нужды знать об этом. Нет необходимости и налагать взыскание. Вы только можете радоваться приобретению брата. В идеале это последний шаг для большинства случаев дисциплинирования.

Шаг второй:
Возьми с собою несколько свидетелей

Однако, к сожалению, иногда вопрос этим *не* исчерпывается. «Если же не послушает, возьми с собою еще одного или двух, дабы устами двух или трех свидетелей подтвердилось всякое слово» (ст. 16). Иногда согрешающий брат отказывается выслушивать обличение. Он может отрицать свою вину; он может продолжать жить во грехе; он может попытаться скрыть то, что сделал. При любой его реакции, если это не покаяние и если вы *уверены* в его виновности, вы должны взять с собой одного или двух других верующих и обличить его опять.

Присутствие одного или двух других верующих имеет несколько целей. Первая и наиболее драматическая — оказать на него давление. Приводя с собой других верующих, вы показываете, что в процессе начинает принимать участие вся церковь. Таким образом, согрешивший ставится на замечание, и если он будет продолжать согрешать, последствия будут еще жестче. Однако, опять-таки единственная цель второго шага — не что иное, как приобрести своего брата.

Принцип двух свидетелей был утвержден в законе Моисея (Втор. 19:15), чтобы, прежде чем будет вынесено решение, без каких-либо сомнений установить вину, особенно в судебных делах. Следовательно, наличие свидетелей на этом втором этапе дисциплинирования также предполагает, что, если обидчик не покается, в конце процесса ему будет вынесено осуждение.

Иногда спрашивают, должны ли «свидетели» быть очевидцами самого проступка. Приглашаются ли они только для того, чтобы установить вину согрешившего, и только тогда, когда он отказывается признать наличие греха?

Некоторые придерживаются такого взгляда, но это не подразумевается в данном контексте. Во-первых, если эти свидетели уже знали о проступке, они *также* имели ответственность сначала пойти и наедине обличить согрешившего, как повелевает стих 15.

Конечно же, правда и то, что, если виновный ставит под сомнение наличие греха, должен присутствовать второй свидетель или другое объективное доказательство для подтверждения его вины. Ветхозаветный принцип, цитируемый в стихе 16, все еще применяется: каждый факт должен быть подтвержден словом по крайней мере двух или трех свидетелей. Следовательно, если спор сводится только к словам обвиняемого против слов обвинителя, такое обвинение — недостаточное основание для продолжения процесса дисциплинирования, и дело должно быть прекращено.

Однако, если согрешивший не опровергает само обвинение, но все еще отказывается покаяться или оставить грех, то должны быть приглашены свидетели, чтобы установить факт, что согрешивший был обличен и не покаялся. Это не обязательно свидетели самого согрешения, но скорее лица, которые объективно засвидетельствуют обличение. И если необходимо, они смогут подтвердить, что было сказано наедине, в случае, если вопрос должен будет представлен церкви (ст. 17).

Они — свидетели того, что процесс дисциплинирования был соблюден правильно. И их присутствие на этом этапе является защитой как для обличаемого, так и для обличителя. Человек не должен обвиняться в нераскаянности перед всей церковью по заявлению одного свидетеля. Кстати, двое или трое других могли бы стать свидетелями в пользу обвиняемого, если окажется, что обвинитель жесток и несправедлив.

Но если обвинитель не был слишком жестким, и если процесс идет дальше второго шага, факт нераскаянности согрешившего нужно будет подтвердить двумя или тремя свидетелями.

Во многих случаях согрешивший, будучи обличен, ответит на этот второй шаг покаянием. И это должно стать окончанием процесса дисциплинирования. На этом этапе было бы неуместно расширять круг участия, кроме тех, кто уже был свидетелем. «Братия! если кто из вас уклонится от истины, и обратит кто его, пусть тот знает, что обративший грешника от ложного пути его спасет душу от смерти и покроет множество грехов» (Иак. 5:19-20). Покрытие греха и его дальнейшее неразглашение является правильной реакцией на покаяние грешника.

Шаг третий:
Скажи церкви

А как поступать, когда согрешивший все еще отказывается покаяться? Указания Иисуса ясны: «Если же не послушает их, скажи церкви» (ст. 17).

И здесь как раз многие церкви спотыкаются. Нелегко последовать данному суровому повелению. Ведь это поставит наказываемого в неудобное положение и бросит тень на репутацию церкви, что может отпугнуть от нее неверующих. Может быть, лучше бороться с грехом незаметно, не привлекая внимания других?

Но перед лицом всех этих аргументов стоит очень веская причина, почему церковь не может позволить себе игнорировать этот важный шаг дисциплинирования. Это повеление Христа, и оно касается всех, кто хочет чтить Его как Господа.

Имейте ввиду, что высшая цель всякой дисциплины — попытаться приобрести согрешившего. Поэтому на данном этапе цель остается такой же. И церковь должна быть поставлена в известность о грехе человека для того, чтобы заручиться помощью всех ее членов в обличении согрешившего.

На всех этапах дисциплинирование имеет одну цель. На первом этапе обличает во грехе один человек. Если не наступает положительная реакция, двое или трое идут и повторяют призыв. Если покаяние все еще не наступает, указать брату должна вся церковь.

Мы видим, что дисциплинирование — это ответственность всей церкви. Оно не возлагается на отдельного человека. Оно не является ответственностью только пастора. Это общая обязанность. И напомню, что это поможет защитить церковь от злоупотребления властью, о чем писал Апостол Иоанн:

> Я писал церкви; но любящий первенствовать у них Диотреф не принимает нас. Посему, если я приду, то напомню о делах, которые он делает, понося нас злыми словами, и не довольствуясь тем, и сам не принимает братьев, и запрещает желающим, *и изгоняет из церкви.*
> — 3 Иоан. 9-10, *курсив добавлен*

Как служитель этой церкви, Диотреф, очевидно, злоупотреблял своей властью и влиянием, отталкивая людей, а некоторых даже лично отлучая. Проведение такого суда никогда не должно быть делом одного человека. Церковная дисциплина — это совместная ответственность. И поэтому, прежде, чем кто-либо будет исключен, к процессу дисциплинирования должна быть привлечена вся церковь. Только после того, как члены церкви попытаются восстановить согрешающего брата, тот будет отлучен от церкви.

В конце концов, вся церковь оказывается затронутой грехом нарушителя. Если после всего этого нарушитель покается, ответственностью всех будет вновь подтвердить ему свою любовь и прощение. В 2 Кор. 2:5-8 Павел дал точно такие же указания:

> Если же кто огорчил, то не меня огорчил, но частью, — чтобы не сказать много, — и всех вас. Для такого довольно

сего наказания от многих, так что вам лучше уже простить его и утешить, дабы он не был поглощен чрезмерною печалью. И потому прошу вас оказать ему любовь.

В итоге, вся церковь приняла участие в обличении согрешившего брата. Очевидно, он в конце концов покаялся. Поэтому Павел фактически сказал: «Теперь, когда он покаялся, не держите его на расстоянии вытянутой руки и не отталкивайте его. Наоборот, примите его и простите его в любви». Они приобрели своего брата обратно. Дитрих Бонхёффер — немецкий богослов, пострадавший от рук нацистского режима во время Второй мировой войны. Всё его богословие мы, конечно, не принимаем, но, тем не менее, он предложил некоторые глубокие мысли о том, почему вся церковь должна знать о грехе нераскаявшегося брата. Бонхёффер писал:

> Грех требует самого человека. Он удаляет его из общины. Чем больше человек изолирован от церкви, тем разрушительней будет влияние силы греха над ним, и чем больше грех затягивает его, тем гибельней будет его изоляция от церкви. Грех хочет оставаться неизвестным. Он избегает разоблачения светом. Во тьме, неисповеданный он отравляет все человеческое существо. Это может произойти даже в самом благочестивом обществе. В момент покаяния свет Евангелия проникает во тьму и потаенные места сердца. Грех должен выявляться. Невысказанное нужно открыто выражать и признавать. Все, тайное и скрытое, должно быть обнаружено Пока грех не будет открыто признан, борьба будет трудной, но Бог сокрушает медные врата и железные прутья (Пс. 106:16).

И когда грех исповедан в присутствии брата-христианина, последняя цитадель самоправедности оставляется. Грешник сокрушается; он оставляет все свое зло. Он открывает свое сердце Богу, и в общении с Иисусом Христом и верующим братом находит прощение всех своих грехов. Исповеданный, признанный грех потерял всю свою силу. Как грех он был раскрыт и осужден. Он уже не может терзать церковь. Теперь церковь несет грех брата. Он уже не находится наедине со своим грехом, потому что оставил свой грех, исповедав его и предав его Богу. Грех удален от него. Теперь он стоит в церкви грешников, спасенных благодаря милости Божьей и кресту Иисуса Христа... Укрывание греха разделило его с церковью, сделало его видимое общение притворством; исповедь греха помогла ему восстановить истинное общение с братьями во Христе.[13]

Но допустим, что согрешивший не раскаялся. Как долго церковь должна ждать, прежде чем сделать четвертый шаг? До тех пор, пока не станет очевидным, что виновный просто ожесточает свое сердце. В Писании не даются определенные сроки. Но я склонен считать, что это должно быть довольно короткое время, самое большее несколько недель, но не месяцы или годы. Сам Бог требует ответа, и задержка только усиливает ожесточение сердца (ср. Евр. 4:7).

Шаг четвертый:
Принимайте его как неверующего

Последним шагом в процессе дисциплинирования является отлучение: «Если и церкви не послушает, то да будет он тебе, как язычник и мытарь» (Матф. 18:17). Это не призыв обращаться с человеком пренебрежительно. Это не повеление плохо к нему относиться. Отлучение означает, что его нужно просто принимать как неверующего. Продолжающееся ожесточение его сердца ставит под сомнение реальность веры этого человека. С этого момента он должен считаться скорее объектом для евангелизации, чем братом. В этом случае отмена его членства безусловна. Он больше не должен считаться членом Тела. Скорее, он должен приниматься как неверующий, и, следовательно, не должен участвовать в благословениях и привилегиях христианской общины. В частности, он не должен участвовать в Господней вечере. Именно это подразумевает *отлучение*.

Но в отношении к нему членов церкви это не право на враждебность или презрение. Кстати, отношение Христа к мытарям и язычникам характеризовалось прежде всего Его любовью к ним. Подобное сострадательное евангелизационное обличение должно характеризовать наше отношение к тем, кто был отлучен таким образом, но с одним важным отличием: до тех пор, пока он, «называясь братом» (1 Кор. 5:11), отказывается каяться, верующие не должны поддерживать с этим человеком взаимоотношений, как если бы все было нормально. Для того, чтобы посылать ясный сигнал и согрешившему верующему, и наблюдающему миру, даже общение с ним в повседневном дружеском окружении должно быть исключено.

В 1 Кор. 5:9-11 Павел писал:

> 99 Я писал вам в послании — не сообщаться с блудниками; впрочем не вообще с блудниками мира сего, или

лихоимцами, или хищниками, или идолослужителями, ибо
иначе надлежало бы вам выйти из мира сего. Но я писал
вам не сообщаться с тем, кто, называясь братом, остается
блудником, или лихоимцем, или идолослужителем, или
злоречивым, или пьяницею, или хищником; с таким даже
и не есть вместе.

В 2 Фес. 3:6 Павел подчеркнул это различие между обычными неверующими и теми, которые притворяются христианами, но живут, как неверующие: «Завещеваем же вам, братия, именем Господа нашего Иисуса Христа, удаляться от всякого брата, поступающего бесчинно, а не по преданию, которое приняли от нас». Подобно и в Рим. 16:17-18 он писал: «Умоляю вас, братия, остерегайтесь производящих разделения и соблазны [в церкви], вопреки учению, которому вы научились, и уклоняйтесь от них; ибо такие люди служат не Господу нашему Иисусу Христу, а своему чреву, и ласкательством и красноречием обольщают сердца простодушных». Иными словами, из-за возможности быть обманутыми кем-либо, кто *исповедует* веру во Христа, но продолжает жить жизнью непослушания, грань должна быть проведена как можно яснее. Мы должны иметь как можно меньше общения с такими людьми.

Суть, опять-таки, не в том, чтобы быть враждебно или недоброжелательно к ним настроенными, но чтобы ясно показать, что умышленный грех несовместим с христианским общением. Так как этот человек, «называясь братом», отождествил себя с Христом, для общины становится вопросом первостепенной важности дать понять, что открытое противление Христу несовместимо с верой в Него.

Однако, даже в этот момент основная цель по отношению к согрешившему — приобрести его обратно. 2 Фес. 3:15 говорит: «Но не считайте его за врага, а вразумляйте, как брата». В определенном смысле, вы все-таки не изолируетесь от него, хотя и отлучили его от церкви и вашей сферы общения, а продолжаете звать егс обратно.

Если в определенный момент согрешивший продемонстрирует подлинное покаяние, он должен быть с радостью принят обратно в общение. Но до этого момента он должен считаться неверующим.

Павел, например, указывал коринфской церкви исключить из их среды человека, виновного в кровосмешении. Он писал:

> Есть верный слух, что у вас появилось блудодеяние, и притом такое блудодеяние, какого не слышно даже у язычников, что некто вместо жены имеет жену отца своего. И вы возгордились, вместо того, чтобы лучше плакать, дабы изъят был из среды вас сделавший такое дело.
>
> — 1 Кор. 5:1-2

Подробности того, что было сделано для побуждения этого человека к покаянию, не записаны. Но его грех был уже всем известен, а он продолжал неисправимо грешить вопиющим грехом блуда. Его уже давно нужно было отлучить. Поэтому Павел использовал свое апостольское право и приказал его немедленно отлучить:

> А я, отсутствуя телом, но присутствуя у вас духом, уже решил, как бы находясь у вас: сделавшего такое дело, в собрании вашем во имя Господа нашего Иисуса Христа,

общее с моим духом, силою Господа нашего Иисуса Христа, предать сатане во измождение плоти, чтобы дух был спасен в день Господа нашего Иисуса Христа.

— ст. 3-5

Слова Павла звучат резко, но они дают понимание того, что такое отлучение. Согрешающий человек предается «сатане во измождение плоти». Другими словами, он предается им самим избранной и контролируемой сатаной системе греха и разложения, где он пожнет все его последствия. Отлученный человек может опуститься в самую бездну греха, прежде чем покается. Если этот человек истинный верующий, это должно стать дальнейшим побуждением к покаянию, и он будет спасен как бы из огня (ср. 1 Кор. 3:15). Главное — это покаяние и восстановление согрешившего.

Такое же важное значение имеет чистота всей общины. Умышленный грех подобен закваске. Оставшись ненаказанным, он в конце концов распространится по всему телу. «Разве не знаете, что малая закваска квасит все тесто? Итак очистите старую закваску, чтобы быть вам новым тестом, так как вы бесквасны» (1 Кор. 5:6-7). Нераскаявшийся верующий должен быть удален из общины.

Обратите внимание, что Павел характеризует последствия упорного противления согрешившего и последующее отлучение, как «измождение плоти» (ст. 5). Грех, особенно умышленный, часто приносит грешнику физический урон. Естественные последствия греха могут включать болезнь или даже смерть (1 Кор. 11:30). В процессе дисциплинирования церковь в сущности предает грешника последствиям его греха.

В этом есть карательный элемент. В ранее процитированном стихе 2 Кор. 2:6 Павел называет его «наказанием».

Однако там присутствует и исправительный элемент. В 1 Тим. 1:20 Павел говорит об Именее и Александре, «которых [он] предал сатане, чтобы они научились не богохульствовать». Перенесение последствий греха становится уроком. Павел надеялся, что это все-таки приведет их к покаянию.

ПРИСУТСТВИЕ

В 18-й главе Евангелия от Матфея Иисус продолжил изложение удивительной истины о церковной дисциплине. Она является одним из орудий, посредством которого Сам Бог осуществляет дисциплинирование Своего народа. Он принимает участие в процессе дисциплинирования:

> Истинно говорю вам: что вы свяжете на земле, то будет связано на небе; и что разрешите на земле, то будет разрешено на небе. Истинно также говорю вам, что если двое из вас согласятся на земле просить о всяком деле, то, чего бы ни попросили, будет им от Отца Моего Небесного.
> — ст. 18-19

Эти стихи часто вырываются из контекста и используются во всевозможных молитвенных просьбах. Но на самом деле они относятся конкретно к предмету церковной дисциплины.

Фразы «что свяжете» и «что разрешите» говорят о решении церкви в деле дисциплинирования. Термины *связывание* и *разрешение* употреблялись раввинами, и, несомненно, были знакомы ученикам. Они подразумевали плен греха и освобождение от его вины. Иисус говорил, что в правильно проведенном дисциплинировании с решением церкви согласно небо.

Времена глаголов в предыдущей цитате Матф. 18:18 — буквальный перевод. Идея не в том, что небо следует водительству церкви, но когда меры дисциплины применяются правильно, то все, что делается на земле, *уже* было осуществлено на небе. Это одна из просьб в молитве «Отче наш», не так ли? «Да будет воля Твоя и на земле, как на небе» (Матф. 6:10). Для исполнения воли Божией на земле, как на небе, церковь должна на практике надлежащим образом дисциплинировать согрешающих членов.

Это обещание предназначено как утешение и ободрение. Слишком много людей считает, что если церковь обличает грех, это нехорошо. Но истина в том, что, когда церковь применяет дисциплинарные меры, как велел Христос, такая церковь просто исполняет дело неба на земле.

Стих 19 также часто воспринимается неправильно. Греческое слово, переведенное как «согласятся», это то же слово, из которого мы имеем современный музыкальный термин «симфония». Буквально оно означает «издавать совместно звук». Независимо от того, включает ли решение связывание или разрешение, но когда церковь действует в гармонии — и особенно при наличии «двух или трех свидетелей», которые подтверждают факт, что согрешивший человек не кается — Отец Небесный также согласен.

Этот стих не подразумевает, что всякий раз, когда два человека в чем-то соглашаются, Бог должен уважить их молитвенную нужду. «Двое» в стихе 19 — это двое свидетелей, чьи свидетельства совпадают. Если они налагают на согрешившего брата дисциплинарные меры в соответствии с волей Божьей, они могут быть уверенны, что среди них и от их имени действует Сам Бог. Стих 20 гласит: «Ибо, где двое или трое собраны во имя Мое, там Я посреди них». Не только Отец действует вместе с нами (ст. 19), но и Сын (ст. 20).

Хотя стих 20 часто цитируется, как просьба ко Христу присутствовать на молитвенном служении, смысл стиха не в этом. Конечно, Бог вездесущ; поэтому Он присутствует независимо от того, молится один человек или пятьдесят. Но в этом контексте «двое или трое» подразумевает двух или трех свидетелей из стиха 16. И этот стих не просто говорит о *присутствии* Христа, но о Его *участии* в процессе дисциплинирования. Христос присоединяется к дисциплинированию, выполняемому церковью. Для человека, который отказывается покаяться, это жуткая реальность, но для тех, кто должен применить дисциплину, это большое утешение.

ПРИОРИТЕТ

Как мы увидели, основная цель церковной дисциплины — восстановить согрешившего брата или сестру. Эта цель никогда не должна упускаться из виду, даже после того, как этот человек был отлучен от церкви. И если через какое-то время он покается, он должен быть восстановлен и принят с нежной любовью и состраданием. Другое место в Писании, Послание к Галатам 6-я глава, выделяет три важных шага в восстановлении брата или сестры, упавших в грех.

Поднимите их

Гал. 6:1 говорит: «Братия! если и впадет человек в какое согрешение, вы, духовные, исправляйте такового в духе кротости, наблюдая каждый за собою, чтобы не быть искушенным». Слово, переведенное как «согрешение», буквально означает «поскользнуться», подразумевая ложный шаг, грубую ошибку или падение. Это же слово использовано в Матф. 6:15 («Если не будете прощать людям согрешения их, то и Отец ваш не простит вам согрешений ваших») и в Рим. 4:25 («[Он] предан за грехи наши и воскрес для оправдания нашего»).

Павел призывает, чтобы восстановление уличенного во грехе осуществляли «духовные». Так он определяет тех, кто зрелый и рассудительный: «Духовный судит о всем» (1 Кор. 2:15). Духовный есть исполненный Духом верующий (Ефес. 5:18), в котором обитает Слово Божие (Кол. 3:16).

Слово, переведенное «исправлять», буквально означает «ремонтировать, чинить, реставрировать». Оно выражает идею возвращения чему-либо поврежденному его прежнего состояния. Это же слово использовано в Матф. 4:21, где речь идет об Иакове и Иоанне, чинящих свои сети. Оно также появляется в 1 Кор. 1:10, где говорится о примирении.

Человек, который собирается восстанавливать падшего брата, должен это делать с чувством глубокого смирения, «наблюдая... за собою, чтобы не быть искушенным». Это также отражено в 1 Кор. 10:12: «Кто думает, что он стоит, берегись, чтобы не упасть».

Ни один христианин не является неуязвимым. Никто из нас не свободен от греха; поэтому мы не должны проявлять высокомерие по отношению к тем, кто нуждается в восстановлении. Любовь к ним требует, чтобы мы не пытались удалять опилки из их глаза, пока не проверим, что в нашем глазу нет бревна.

Поэтому поднять и ободрить нуждающегося брата может только зрелый, проницательный, кроткий верующий. Не думайте: «Ну, это дело лучше всего переложить на кого-то другого». Данный текст показывает, какими христианами мы *все* должны быть.

Поддержите их

Это еще не всё. Восстанавливающий брат также должен быть готов взять бремя упавшего брата. Стих 2 продолжает: «Носите бремена друг друга, и таким образом исполните закон Христов».

Какие бремена мы должны носить? Обратите внимание, что в этом контексте тема у Павла — жизнь христианина. «Поступайте по духу» (Гал. 5:16), и «если мы живем духом...» (Гал. 5:25). В 6-й главе Послания к Галатам изображаются два путешественника. Один несет слишком тяжелый груз, из-за которого падает (ст. 1). Другой догоняет его, помогает встать на ноги и берет на себя часть бремени.

Слово «бремена» подразумевает духовную слабость, которая может стать причиной падения. Мы можем помочь нести такие бремена, ободряя, увещевая и признаваясь друг перед другом. Иногда такое простое средство как дружелюбие может иметь замечательный укрепляющий эффект для слабого христианина.

Однажды ко мне пришел молодой человек, подавленный своим моральным падением. До того, как он стал христианином, он жил абсолютно безнравственной жизнью, и теперь воспоминания о своих грехах были для него постоянным искушением. Несколько раз он опять впадал в грех. Он утверждал, что испробовал все, что знал, чтобы преодолеть искушение, но не мог избежать грязных мыслей, и они иногда открывали путь к греховным поступкам. Желая помочь, я сказал ему: «Я хочу, чтобы ты начал вести учет этих грехов. Меня не интересуют их детали, я просто хочу, чтобы ты отмечал сам факт проступка. Я также хочу, чтобы ты записывал, чем ты занимался в тот момент, и что могло воодушевить грязную мысль. И затем продумай хорошо и запиши, что тебе *следовало* сделать, чтобы избежать искушения, потому что Священное Писание в 1 Кор. 10:13 учит нас, что из такой ситуации всегда есть выход». Я надеялся побудить его проверять свое поведение, чтобы он мог ясно увидеть, что вводит его в искушение.

Но когда спустя две недели мы встретились опять и я спросил его о таком списке, он улыбнулся и сказал, что списка нет. «Мне нечего было записывать, потому что я не впадал в эти грехи. Я настолько боялся, что должен буду сказать о них вам, что старательно избегал ситуаций, которые могли привести меня к этим искушениям». Оказалось, он знал, как избегать этих грехов. Он просто нуждался в человеке, который помог бы ему осознать свою ответственность. И эта ответственность помогла ему облегчить свое бремя.

Есть много путей нести бремя другого человека. Я часто говорю людям, борющимся с узами греха, поднять трубку телефона и позвонить мне, когда они чувствуют уязвимость быть искушенными. Совместная молитва о победе над каким-либо грехом снимает часть бремени. Иногда просто наличие друга, который знает о борении, может укрепить человека и облегчить бремя.

Однако в каждом случае помощь в несении бремени влечет за собой участие в жизни этого человека. Это подразумевает намного больше, чем просто фраза: «Идите с миром, грейтесь и питайтесь» (Иак. 2:16). Мы должны взаимно носить бремена.

Укрепите их

Переходя к Гал. 6:6 мы читаем: «Наставляемый словом делись всяким добром с наставляющим». На первый взгляд может показаться, что этот стих имеет мало общего с процессом восстановления. Но вот что говорит здесь Павел: «Наставляемый» подразумевает восстанавливаемого человека, а «наставляющий» — это человек, восстанавливающий брата. Наставляемый и наставляющий должны иметь служение взаимного назидания друг друга.

Поэтому процесс восстановления состоит из того, чтобы *поднять* своих упавших брата или сестру, *поддержать* их и затем *укрепить* их.

Я убежден, что процесс библейского дисциплинирования, если он правильно соблюдается, даст новое дыхание. Многие, несомненно, возразят, что церковная дисциплина не достаточно «сочувственна». Много лет тому назад, когда я начинал проповедовать на тему церковной дисциплины в нашей церкви, целый хор голосов предупреждал меня, что если мы установим у себя эти принципы, мы откроем дверь для массового ухода людей из нашей церкви. Но на самом деле результаты оказались абсолютно противоположными. Ясно показав, что чистота общины для нас важный вопрос, мы не только увидели необыкновенный духовный рост и зрелость наших членов, но также пережили и продолжаем испытывать значительный количественный рост. Людей, посвященных Христу, привлекает церковь, повинующаяся Его Слову.

Правильно соблюдаемая церковная дисциплина — это непрерывный наглядный урок о том, как действует Божья любовь и прощение. Как сказано в Евр. 12:11, хотя и кажется, что Божье наказание имеет в виду только отрицательный замысел, его неизменная долгосрочная цель — вечная праведность. То же самое касается и церковной дисциплины. Иногда она может казаться суровой и карательной, но ее реальная цель — достижение прощения и взаимное ободрение видимого Тела Христова.

8

БЛАЖЕНСТВО ПРОЩЕНИЯ

*Ибо и я, если в чем простил кого, простил
для вас от лица Христова, чтобы не сделал
нам ущерба сатана, ибо нам не безызвестны
его умыслы.*
2 Кор. 2:10-11

Непрощение как яд отравляет сердце и разум человека горечью, искажая восприятие жизни. Гнев и ожесточение овладевают непрощающим человеком, разжигая отрицательные эмоции. Такая горечь может даже распространиться от одного человека к другому, в итоге оскверняя многих (Евр. 12:15).

Единственное противоядие этому — прощение. Прощение — это здоровый, благотворный, целомудренный, освобождающий поступок, дающий новое начало. Прощение приносит мир, радость. Оно приводит в движение самые высокие порывы души.

В каком-то смысле, прощение — это христианство в своей самой высокой форме.

Во 2-й главе Второго Послания к Коринфянам содержится история о прощении, которая подходящим образом дополняет наше исследование церковной дисциплины и дает хорошее заключение о достоинствах прощения. Здесь Апостол Павел призывает коринфян простить человека, который подвергся их дисциплинированию, но покаялся в своем грехе. Павел умоляет их принять раскаявшегося брата в общение и перестать наказывать его за проступок. В процессе этого Апостол выделяет некоторые из величайших благословений прощения.

Детали инцидента, ставшего основой для комментариев Павла, известны мало. Мы не знаем, кто был человек, для которого добивался прощения Павел. Мы точно не знаем, что он совершил. Как предполагает контекст, оскорбление этим человеком Апостола Павла по всей видимости носило какой-то личный характер. Если это так, то Павел не просто наставлял коринфян о прощении; он на собственном примере объяснил сущность христианского прощения.

Некоторые толкователи высказывают предположение, что человек, о котором идет речь во 2-й главе Второго Послания к Коринфянам, это тот же человек, которого Павел велел наказать за кровосмешение в 1 Кор. 5. Но из того, что мы знаем об исторических предпосылках и времени написания этих Посланий, едва ли это возможно. В промежутке между событиями 1-го и 2-го Посланий к Коринфянам произошло много событий. Очевидно, в коринфской церкви кем-то был поднят мятеж. Даже апостольство Павла подверглось сомнению. Вот почему значительная часть 2-го Послания к Коринфянам посвящена защите апостольства Павла (напр. 3:1-3; 6:4-10; 10:7-18; 11:5-33; 12:11-13).

Неудивительно, что эта церковь стала источником такого мятежа. Несмотря на благоприятное начало, проблемы в Коринфе были обычным делом. Апостол Павел сам основал церковь в Коринфе (Деян. 18), и затем провел там восемнадцать месяцев, утверждая святых в здравом учении. Но почти сразу после его ухода из Коринфа в церкви стали возникать трудности.

Тот факт, что в Коринфе существовала церковь, примечателен сам по себе. Во всей Римской империи этот город был известен своей вопиющей развращенностью и порочностью. Коринф был наполнен публичными домами. В его языческих храмах акты блуда воспринимались как возвышенная литургия, а сладострастие считалось сильным духовным переживанием. Молодая коринфская церковь, находившаяся в таком окружении, постоянно подвергалась серьезным проблемам. Развращения мирского язычества начали просачиваться в церковь. Павла достигла весть, что злоупотребления и скандалы разрушают общину в Коринфе. Некоторые верующие превратили хлебопреломление в повод для угождения плоти, богослужения стали показными соревнованиями, у кого больше необычных духовных даров. Между тем, в церкви верующими допускался такой вопиющий грех, что даже неверующие в той развращенной культуре были поражены. Первое Послание Павла к Коринфянам касалось этих и других серьезных проблем в церкви.

Спустя какое-то время после написания Павлом 1-го Послания к Коринфянам в коринфской церкви против него вспыхнул мятеж. Некоторые лжеучителя (люди, очевидно принимающие вид апостолов) вошли в церковь и нашли аудиторию, готовую слушать их ложь и ересь (2 Кор. 11:13-15).

Лжеучителя, естественно, стремились дискредитировать авторитет Павла в церкви. Они подвергли массированным нападкам его характер, жизнь и учение. Эти люди делали все, что могли, чтобы унизить его, опровергнуть его целомудрие, и подорвать уверенность коринфской церкви в его апостольском авторитете.

Несмотря на горячую любовь, которую Павел питал к коринфской церкви, и несмотря на то, что он был человеческим орудием, посредством которого они впервые услышали Евангелие, и были ему обязаны самой своей жизнью, многие в коринфском собрании были обмануты ложью лжеучителей. Они начали открыто подвергать сомнению апостольский авторитет Павла, пренебрежительно отзывались о его внешнем виде и способности говорить (2 Кор. 10:10). Они ставили под сомнение его побуждения и честность (1:12), а также обвинили его в нерешительности (1:17) и открыто высказывали сомнения в его искренности (2:17).

Чтобы разобраться с причинами мятежа, Павел написал коринфянам послание, упоминаемое в 2 Кор. 7:8. Комментарии Павла об этом послании и обстоятельства, окружающие его, подсказывают, что послание, на которое он ссылается, это не Первое Послание к Коринфянам, а другое, более позднее послание, несохранившееся как часть Новозаветного канона. (До написания Первого Послания к Коринфянам Павел также написал послание, упоминаемое в 1 Кор. 5:9. Отсутствие этих посланий в каноне означает, что они никогда не предназначались стать частью Священного Писания. Если бы они были Богодухновенными, они бы сохранились; см. 1 Пет. 1:25).

В промежутке после написания Первого Послания к Коринфянам, Павел, по-видимому, нанес короткий визит в Коринф, потому что дважды во Втором Послании к Коринфянам он говорит о своих планах посетить их в «третий раз» (12:14; 13:1). Это посещение между написанием Первого и Второго Послания к Коринфянам вероятно было коротким визитом для выяснения деталей, по пути в другое место. Очевидно, что этот визит не остановил мятеж. Более того, вполне возможно, что, находясь в Коринфе, Павел был открыто оскорблен. Вероятно, он ушел из Коринфа подавленный, с разбитым сердцем, и огорченный тем, что увидел и пережил (ср. 2 Кор. 12:20-21). Он также сделал коринфянам суровое предупреждение, прежде чем ушел (13:2).

Во время своего посещения или (более вероятно) в послании, которое было написано впоследствии, Павел указал коринфянам на необходимость наказать человека, упомянутого в 2 Кор. 2. Этот человек, очевидно, был членом коринфской церкви. Возможно, он также стал зачинщиком мятежа. Не исключено, что его грехом было личное и публичное нападение на Апостола Павла. Все это вполне соответствовало бы контексту замечаний Павла.

Но какими бы ни были обстоятельства, некоторое время спустя после своего посещения Павел послал в Коринф Тита, чтобы получить самые последние сведения о состоянии дел в этой церкви. Тит пошел с конкретной задачей принести Павлу отчет о том, как коринфяне восприняли послание, написанное Павлом. Одним из вопросов Павла был, как они разобрались с этим человеком.

Такой была обстановка, окружающая Второе Послание к Коринфянам: Тит вернулся и представил Павлу утешительный отчет о покаянии коринфян (7:6-16), а также сообщил ему об их желании восстановить с ним отношения. Они покаялись (7:9). Они даже сожалели о том, как они отнеслись к Павлу (7:7). Но лучше всего то, что они были возмущены мятежом, разразившимся в их среде, и теперь стремились побороть зло (7:11).

К человеку, обидевшему каким-то образом Апостола Павла, коринфяне применили дисциплинарные меры. И он покаялся.

Но жажду мести не всегда можно умерить покаянием, и, по-видимому, некоторые в Коринфе все еще хотели наказать согрешившего. Их не удовлетворяло его покаяние. Они требовали наказания за все беды и беспорядок, которые этот человек наделал в церкви.

В частности, одна группа хотела отомстить ему за все оскорбления, нанесенные Апостолу Павлу. Павел упоминает эти группы в 1 Кор. 1:12 и 3:4, где он обличает некоторые отделенческие тенденции, имевшие место среди коринфян. Возможно, что некоторые из этих людей, были настолько привязаны к Апостолу Павлу, что все еще стремились отомстить виновному, хотя и раскаявшемуся уже брату. Но не Павел. Он был более чем готов прощать. Он велел им простить и немедленно восстановить согрешившего:

> Если же кто огорчил, то не меня огорчил, но частью, — чтобы не сказать много, — и всех вас. Для такого довольно сего наказания от многих, так что вам лучше уже простить его и утешить, дабы он не был поглощен чрезмерною печалью. И потому прошу вас оказать ему любовь. Ибо я для того и писал, чтобы узнать на опыте, во всем ли вы послушны. А кого вы в чем прощаете, того и я; ибо и я, если в чем простил кого, простил для вас от лица

Христова, чтобы не сделал нам ущерба сатана, ибо нам не безызвестны его умыслы.

— 2 Кор. 2:5-11

Сердце Павла было по-пасторски нежным. Хотя своим предыдущим Посланием он огорчил коринфян, но не это было его целью (ст. 1-4). Побуждаемый только любовью (ст. 4), он в слезах писал им, не имея никакого желания наказывать, а желая только покаяния и восстановления разрушенных взаимоотношений. Он никогда не использовал своего апостольского авторитета, чтобы командовать, но всегда споспешествовал их радости (1:24). Печаль, которую он хотел вызвать своим Посланием, была благочестивой, предназначенной только добиться их покаяния для того, чтобы освободить их от греха и снова дать место радости.

Это хороший отчет о том, как действует прощение. Оно полностью изменяет печальные последствия проступка и исправляет взаимоотношения, разрушенные грехом.

Для того, чтобы показать главное, Павел использует этого покаявшегося брата, как наглядный урок для коринфян. Он учит их прощать и принимать человека, больше не налагая на него наказания. Указания Апостола раскрывают семь благословений прощения.

ПРОЩЕНИЕ УДАЛЯЕТ ГОРДОСТЬ

Вполне возможно, что Павел сам указал коринфянам подвергнуть этого человека дисциплине, пока он не покается — как он это сделал в случае с человеком, виновным в кровосмешении, в 1 Коринфянам 5.

Но теперь, когда этот человек покаялся, пришло время его простить. И Павел, вероятно бывший мишенью оскорблений этого человека, взял на себя инициативу в предоставлении ему прощения.

Это ободряющий и благочестивый пример. Часто обиженная сторона считает правильным отказать в прощении. Но Павел не требовал личных извинений. Кто-нибудь другой мог потребовать, чтобы дело обидчика оставалось открытым, пока Павел не придет в Коринф и лично не определит подлинность раскаяния человека. Но Павел этого не требовал. Он был готов прощать.

Это свидетельствует об отсутствии гордости в сердце Павла. Я убежден, что гордость — основная причина, почему многие люди отказываются прощать. Уязвлено их «я», и они этого не потерпят. Реакция гордости на оскорбление может иметь широкий диапазон: от жалости к себе до желания отплатить еще худшим оскорблением. Любая подобная реакция неправильна, потому что она побуждается гордостью.

К Павлу это не относилось. В его сердце вообще не было места тщеславию, самозащите, эгоизму, гордости и возмездию. Он не искал к себе жалости. Он не поддерживал тех, кто хотел вернуться к его оскорблению и потребовать от обидчика заплатить сполна. Павел не наслаждался сочувствием, выражаемым теми, кто был в негодовании от оскорбления, нанесенного ему.

Это естественные наклонности, возбуждаемые греховной гордостью. Когда нас обижают и кто-то другой выражает негодование по поводу того, что нас обидели, наша тенденция — воспринимать это с эгоистичным наслаждением. Кто-то скажет: «Бедненький! Сколько ты перенес! Как ты пострадал! Ты заслуживаешь похвалу, перенеся такую мучительную боль!» И мы приходим в восторг от таких слов.

Павел не хотел слышать ничего подобного. Он отказался преувеличивать оскорбление. «Если же кто огорчил, то не меня огорчил...» (2 Кор. 2:5).

Иными словами, Апостол отказался от всяких претензий к этому брату. Он полностью отказался от личного аспекта оскорбления.

Это остановило бы эмоции любого человека, считавшего, что обидчик должен был принять дополнительное наказание за оскорбление Павла. Это выбивало меч из их рук. Павел просто свел свою личную обиду к минимуму. Он отказался лично реагировать на оскорбление. Он не наслаждался жалостью к самому себе. Он не приглашал сочувствующих присоединиться к его унынию. Он не давал места злобе. Он отказался от личной мести. Личное огорчение и публичное поношение, ставшие итогом оскорбления, не играли роли. Что касалось Павла, оскорбление против него было пустяком.

И поэтому Павел, лично прощая этого брата, смягчил обвинение против него. Церковь могла разбираться с обидчиком, даже не помышляя о том, чтобы заставить его платить за огорчение, которое он причинил Апостолу. Коринфским верующим не нужно было проводить какое-либо персональное расследование от имени Павла. Они не должны были налагать дополнительное наказание на обидчика ради Павла. Необходимости в личном сведении счетов между ним и обидчиком не было. Павел знал, как жить в унижении, и как в изобилии (Фил. 4:12). Он благодушествовал «в немощах, в обидах, в нуждах, в гонениях, в притеснениях за Христа» (2 Кор. 12:10).

Павел принял оскорбление этого человека не более, чем Христос воспринял оскорбления тех, кто пригвождал Его ко кресту. Подобный пример показал Стефан, когда его побивали камнями (Деян. 7:60).

Это добродетель в своем самом благородном виде. Павел просто стал выше обиды и обидчика и вывел себя из положения жертвы.

Современная психология толкает людей в обратном направлении, часто научая их видеть себя в роли жертвы и увеличивать обвинения против других. Недавно мне в руки попалась книга, написанная одним психологом, в которой одна из глав так и называлась: «Вы не обязаны прощать». Это плохой совет. Жалость к самому себе — акт греховной гордости. Уязвленное «я», которое не может подняться над оскорблением, является полной противоположностью уподобления Христу.

Павел был благочестивым человеком. Он был слишком скромен, чтобы искать мести, когда была задета его гордость. Личные унижения и огорчения его не беспокоили.

В 5-м стихе он делает правомочное заявление: «Если же кто огорчил, то не меня огорчил, но частью, — чтобы не сказать много, — и всех вас». Павел был полон решимости преуменьшить серьезность оскорбления этого человека — и не только оскорбление против него лично. Павел также хотел, чтобы коринфяне приуменьшили свой собственный ущерб ради восстановления человека. Слово «частью» предполагает, что печаль, которую этот человек причинил коринфянам, была ограничена в размере. И фраза «чтобы не сказать много» означает «не преувеличивать положение дел». Иными словами, «он причинил печаль в определенной степени, и давайте не будем ее преувеличивать». Нужно было двигаться вперед, похоронив оскорбление раскаявшегося человека, и не делать его постоянным конфликтом в церкви.

Поэтому Павел полностью сбросил всякую личную печаль, и оттоваривал коринфян от преувеличения печали, которую причинило *им* оскорбление. Теперь, когда этот человек покаялся, они не должны были разбираться с оскорблением больше, чем было абсолютно необходимо. Им, в частности, было запрещено преувеличивать важность оскорбления Павла. Но они также были предупреждены не преувеличивать оскорбление всей церкви и не раздувать несоразмерно обиду, которую они перенесли. Человек покаялся. И коринфяне не должны были жаждать мести от имени Павла. Любое огорчение, которое он им причинил, должно быть прощено.

Наша греховная гордость заставляет нас реагировать совершенно противоположным образом. Гордость всегда хочет справедливости по принципу «око за око». Мы желаем растянуть наказание на как можно дольше и выжать каждую каплю страданий в ответ.

Прощение так не поступает. Оно быстро забывает оскорбление, даже ценой собственной гордости. Именно такое отношение иллюстрирует в этом тексте Павел. Павла очень трудно было оскорбить, просто потому, что он не реагировал на оскорбления. Это чудесная добродетель. Это настоящее благочестие и подлинная любовь в действии: «[Любовь] не помнит зла» (1 Кор. 13:5, Современный перевод).

В своем сердце Павел не имел ничего, кроме прощения и любви к обидчику. Он уже простил его от сердца. Процесс дисциплинирования был необходим для того, чтобы наступило покаяние. Но в своем сердце Павел не питал горечи.

И теперь, когда этот процесс принес желанный плод, Павел стремился простить и восстановить обидчика.

Настоящее прощение оставляет уязвленное «я» в стороне. Одной из самых прекрасных библейских иллюстраций этого является Иосиф. Родные братья Иосифа продали его в египетское рабство. В Египте Иосиф был ложно обвинен женою Потифара и на много лет брошен в тюрьму. Для многих людей это время стало бы годами терзающего негодования и составления планов мести. Но не для Иосифа. Когда он наконец опять встретил своих братьев, он оказался в положении их избавителя от голода. Он сказал своим братьям: «Не печальтесь и не жалейте о том, что вы продали меня сюда, потому что Бог послал меня перед вами для сохранения вашей жизни» (Быт. 45:5).

Во всем Иосиф видел Божественный промысел, поместивший его туда, где он находился, чтобы он смог накормить своих братьев, когда в их крае будет свирепствовать голод. «Ибо теперь два года голода на земле: [остается] еще пять лет, в которые ни орать, ни жать не будут. Бог послал меня перед вами, чтобы оставить вас на земле и сохранить вашу жизнь великим избавлением» (ст. 6-7). Где в этом его «я»? Где сочувствие «бедный я»? Где взлелеянное горе? Где жалость к себе? Где жажда мести?

Нет ничего такого. Прощение стирает все злое. Прощение освобождает нас от горьких цепей гордости и жалости к себе.

ПРОЩЕНИЕ ПРОЯВЛЯЕТ МИЛОСТЬ

Павел также увещевал коринфян проявить милосердие к покаявшемуся нарушителю: «Для такого довольно сего наказания от многих» (2 Кор. 2:6). Наказания, которое перенес этот человек, было достаточно. Он исповедал свой грех и покаялся. Павел хотел, чтобы коринфяне прекратили преследование. Пришло время явить милость.

Греческое слово *эпитимия,* переведенное в ст. 6 как «наказание», говорит о законном наказании или формальном порицании. Оно не подразумевает личную месть или наказание, выполняемое отдельным лицом. Скорее оно говорит об официальной санкции, коллективном выговоре, вынесенном решением «многих» (ст. 6). Ясно, что здесь говорится об официальном, формальном акте наказания. Поступок представлен церкви, и решением «многих» была принята мера наказания, которая, если был соблюден процесс из Матф. 18, могла закончиться формальным отлучением.

Как мы видели в 7-й главе, церковная дисциплина не есть форма мести. Это право, данное Библией церкви в ответ на открытый грех. Но действия церкви против согрешающих членов не должны быть карающими. Скорее, их цель — вернуть согрешившего обратно.

Но до тех пор, пока это человек оставался нераскаянным, для коринфян было правильным уклоняться от него. Павел писал во Втором Послании к Фессалоникийцам 3:6: «Завещеваем же вам, братия, именем Господа нашего Иисуса Христа, удаляться от всякого брата, поступающего бесчинно, а не по преданию, которое приняли от нас». Позже этой же церкви он писал: «Если же кто не послушает слова нашего в сем послании, того имейте на замечании и не сообщайтесь с ним, чтобы устыдить его. Но не считайте его за врага, а вразумляйте, как брата» (2 Фес. 3:14-15). Церкви в Риме Павел сказал: «Остерегайтесь производящих разделения и соблазны, вопреки учению, которому вы научились, и уклоняйтесь от них» (Рим. 16:17). Похоже звучат и повеления Иисуса: «Если же не послушает их, скажи церкви; а если и церкви не послушает, то да будет он тебе, как язычник и мытарь» (Матф. 18:17). И коринфской церкви Павел велит «не сообщаться с тем, кто, называясь братом, остается блудником, или лихоимцем, или идолослужителем, или злоречивым, или пьяницею, или хищником; с таким даже и не есть вместе» (1 Кор. 5:11).

Коринфяне просто занимались тем, что раввины называли «связыванием» (ср. Матф. 16:19; 18:18). Пока согрешивший не каялся, он был привязан к своему греху, и дисциплинирование было справедливым. Как в 1 Кор. 5:5 Павел приказывал в случае с братом, виновным в кровосмешении, «предать сатане во измождение плоти, чтобы дух был спасен в день Господа нашего Иисуса Христа». В этом случае — «Извергните развращенного из среды вас» (ст. 13). Дисциплинирование должно было применяться публично, «в собрании вашем»(ст. 4).

Но этот человек, будучи наказан, покаялся, и теперь пришло время явить ему милость. Связывание было осуществлено всей общиной и разрешение должно быть таким же публичным.

Христиане должны быть более готовыми разрешать, чем связывать, потому что прощение, а не осуждение, характеризует сердце нашего Господа (Лук. 9:56; Иоан. 3:17). Более того, мы, живущие только по милости Божией, должны стремиться проявлять милость к другим. Когда согрешивший кается, мы должны восстанавливать его в духе кротости, понимая, что тоже могли оказаться на его месте (Гал. 6:1). Мы не должны быть слишком суровыми, не должны запугивать кающегося брата или подвергать его пожизненному наказанию. А также мы не должны заставлять его делать что-либо для искупления своих грехов. Мы принимаем его покаяние. Этим вопрос должен быть закрыт. В этом весь смысл стихов Ефес. 4:32 и Кол. 3:13, которые говорят нам, что мы должны прощать таким же образом, как Христос простил нас — щедро, с желанием и великодушием. Как обращается с кающимся грешником Бог? Он полностью, мгновенно его прощает. Он держит прощение и любовь в Своем сердце, и ждет, когда кающийся грешник придет и попросит это прощение. И тогда Он дарует Свою милость с неземной радостью и великодушием.

ПРОЩЕНИЕ ВОЗВРАЩАЕТ РАДОСТЬ

Павел, показывая коринфянам пример прощения, спешил вернуть человеку радость: «Вам лучше уже простить его и утешить, дабы он не был поглощен чрезмерною печалью» (2 Кор. 2:7).

Грех разрушает радость. Давид говорил об этом в своем великом исповедании греха в Псалме 50: «Возврати мне радость спасения Твоего» (ст. 14). А прощение возвращает радость. Двумя стихами ниже Давид писал: «Избавь меня от кровей, Боже, Боже спасения моего, и язык мой восхвалит правду Твою» (ст. 16).

Поэтому Павел побуждает коринфян простить своего брата и избавить его от печали. Печаль дисциплинирования привела его к покаянию; теперь настало время радости. Верующие в коринфской церкви должны были иметь больше желания вернуть человеку радость, чем причинять ему печаль.

В этом сердце Бога. Он всегда отзывчив к кающимся грешникам. Он не находит удовольствия в наказании нечестивого, но радуется, когда нечестивые каются (Иез. 18:23, 32; 33:11). «Он не по изволению сердца Своего наказывает и огорчает сынов человеческих» (Пл. Иер. 3:33), а как отец блудного сына, который побежал ему навстречу и принял его, «когда он был еще далеко» (Лук. 15:20).

В этом сердце Христа тоже. Пророк Исаия сказал о Нем: «Трости надломленной не переломит, и льна курящегося не угасит» (42:3; ср. Матф. 12:20). Тростью была флейта пастуха, изготовленная из мягкого, полого бамбукоподобного растения. Со временем маленькая флейта становилась подержанной и мягкой — «надломленной». Она теряла свой тонкий звук и на ней становилось трудно играть. И обычно пастух выбрасывал надломленную трость и делал новую.

Исаия сказал, что Мессия будет таким нежным пастырем, что Он не выбросит даже маленькую флейту, которая уже не издает безупречный звук. Вместо этого, Он восстановит мелодию и вернет песню.

«Курящийся лен» говорит о фитильной лампе, которая была старой и сильно обгоревшей или по какой-либо другой причине дымилась во время горения, давая тусклый свет и едкий дым. Обычно такой дымящийся фитиль тушили и заменяли новым. Но желание Иисуса — использовать даже тлеющий фитиль, не выбрасывая его. Наоборот, Он очищает и подрезает фитиль, чтобы ярче горел. Бог желает оживить и возвысить смиренное сердце. В другом месте пророк Исаия писал:

> **Ибо так говорит Высокий и Превознесенный, вечно Живущий, — Святый имя Его: Я живу на высоте небес**

и во святилище, и также с сокрушенными и смиренными духом, чтобы оживлять дух смиренных и оживлять сердца сокрушенных. Ибо не вечно буду Я вести тяжбу и не до конца гневаться; иначе изнеможет предо Мною дух и всякое дыхание, Мною сотворенное. За грех корыстолюбия его Я гневался, и поражал его, скрывал лице, и негодовал; но он, отвратившись, пошел по пути своего сердца. Я видел пути его, и исцелю его, и буду водить его и утешать его и сетующих его. Я исполню слово: мир, мир дальнему и ближнему, говорит Господь, и исцелю его.
— Ис. 57:15-19

Бог желает, чтобы Его народ имел полноту радости. Апостол Иоанн выразил это так: «И сие пишем вам, чтобы радость ваша была совершенна» (1 Иоан. 1:4). Радость — плод Духа (Гал. 5:22). И когда христианин, подвергшись наказанию, кается, Бог прославляется, возвращая радость этому человеку.

Поэтому Павел пишет коринфянам: «Так что вам лучше уже простить его и утешить» (2 Кор. 2:7). Они не должны были отказывать ему в прощении; наоборот, им следовало его утешить, стремясь вернуть ему радость. В Евр. 12:12-13 описывается процесс: «Укрепите опустившиеся руки и ослабевшие колени и ходите прямо ногами вашими, дабы хромлющее не совратилось, а лучше исправилось».

Церковь не может установить границы благодати. Божественной милости к кающимся людям нет предела. Для прощения нет границ. Церковь должна наказывать грех в своей среде, но мы не должны отвергать покаявшегося человека, несмотря на то, каким серьезным мог быть его грех.

Кто-то возразит: «Но мы хотим убедиться, что он больше никогда не повторит этот грех». Мы не можем иметь такой уверенности. Если он согрешит семьдесят раз по семь, мы должны столько же раз его прощать.

Отказ прощать есть грех. И этот грех вдвойне имеет разрушительное влияние на христианскую радость, потому что он не только похищает радость у согрешившего, но также уменьшает радость того, кто отказывается его прощать. Как мы уже неоднократно отмечали, неспособность прощать подвергает непрощающего человека Божьему наказанию. Она препятствует общению с Богом и приводит к разделению в общине. Это в высшей степени разрушительный грех.

Прощение полностью изменяет все эти влияния. Оно возвращает радость обеим сторонам. Оно исцеляет раны, нанесенные грехом. Оно удаляет печаль как у согрешившего, так и у простившего.

И это должно происходить в тот момент, когда согрешивший кается. Как только приходит покаяние, он должен быть возвращен и утешен, «дабы он не был поглощен чрезмерною печалью» (2 Кор. 2:7).

Отметьте анонимность выражения Павла: «Он». Причины называть имя этого человека не было, потому что он покаялся. Больше не было нужды сообщать о его грехе всей церкви, нужно было только поощрить их принять его обратно. И как только согрешивший признал свой грех и покаялся, Бог был готов наполнить его радостью.

Бог не находит удовольствия в бесконечном или чрезмерном отчаянии человека. Он желает нам радости, а не печали. Он не требует, чтобы грешник проводил всю свою жизнь в страданиях и отчаянии. Угрюмая одержимость своей виной — не показатель благочестия. Это, на самом деле, что-то типа самоправедности. И если кто-то поглощен трауром о грехе, отказываясь войти в радость Господа, — это искусственная духовность. Это равнозначно отказу от Божьего прощения, потому что прощение всегда приносит радость.

ПРОЩЕНИЕ УТВЕРЖДАЕТ ЛЮБОВЬ

Павел продолжает давать указания по восстановлению согрешившего брата: «И потому прошу вас оказать ему любовь» (ст. 8). Прощение обязательно подразумевает подтверждение любви к согрешившему. Кстати, отказать в прощении значит отказать в любви. Любовь есть новая заповедь, данная церкви Христом (Иоан. 13:34). В Иак. 2:8 любовь определена как «закон царский». Следовательно, непрощение действительно ужасный грех.

Греческое слово, переведенное «оказать» в 2 Кор. 2:8, очень важно; это юридический термин, говорящий о легальном утверждении документа или контракта. Это же слово использовано в Гал. 3:15, где речь идет о формальной ратификации завещания. Здесь во 2-й главе Второго Послания к Коринфянам оно несомненно говорит о формальном, публичном извещении. Как мы отмечали, стих 6 подразумевает, что этот человек был наказан публично и официально. Здесь Павел предлагает, что дело должно завершиться официальным и публичным подтверждением любви к покаявшемуся брату. Наказание объявлялось официально перед церковью; примирение также должно оглашаться.

Павел писал Тимофею, что согрешающего пресвитера нужно обличать «перед всеми, чтобы и прочие страх имели»

(1 Тим. 5:20). Если цель публичной борьбы с грехом в том, чтобы все поняли, насколько серьезен грех, то и восстановление также должно проводиться публично, чтобы все поняли, как важно прощение. Благодать — несравнимо более высокий принцип, чем закон. Разрешение лучше, чем связывание. Если все небо радуется, когда кается грешник (Лук. 15:7), то конечно же святые на земле должны участвовать в этой радости. И поэтому дело должно заканчиваться публично.

Однако публичное заверение в любви должно быть только вступлением к проявлению любви. Любовь святых к возвращенному брату должна также изливаться на личном уровне. Греческое слово *агапе,* обозначающее любовь — это любовь решения, любовь воли, любовь служения в смирении.

Это то качество, которое должно отличать церковь: «По тому узнают все, что вы Мои ученики, если будете иметь любовь между собою» (Иоан. 13:35). Как мир может знать, что христиане любят друг друга? Что в нашей любви друг ко другу поражает и привлекает окружающий мир? Наша взаимопомощь? Нет. Неверующие тоже помогают друг другу. Не наши вечери любви, не выезды на природу лучше всего проявляют нашу любовь друг ко другу, а наше *прощение*. Любовь лучше всего проявляется в прощении. И по-настоящему наша любовь проверяется в нашей готовности прощать обиды.

Почти ничто не может разделить церковь, в которой даруется прощение, потому что там нерешенные проблемы никогда не остаются без внимания, чтобы оказывать разрушительное воздействие. Обиды там прощаются, и проступки покрываются. Вот почему для церкви так важно на практике применять дисциплину. Процесс дисциплины стремится принести прощение и примирение, могущие сохранить единство и любовь в церкви невредимыми.

И когда прощение будет достигнуто, подтверждение любви покаявшемуся брату должно быть еще более торжественным, чем дисциплинирование. Подобно отцу, который одел блудного сына в лучшие одежды, заколол откормленного теленка, и призвал своих соседей на совместное торжество (Лук. 15), и мы не должны скупиться на прощение. Истинное прощение с наслаждением подтверждает покаяние грешника щедрым выражением любви.

ПРОЩЕНИЕ ПОКАЗЫВАЕТ ПОСЛУШАНИЕ

Мы увидели, что прощение взаимосвязано со смирением, милостью, радостью и любовью. Все эти добродетели — плоды Духа (Гал. 5:22-23). Прощение побуждает и воспитывает их. Но даже если бы прощение никак не было связано с этими решающими качествами христианского характера, если бы оно ничего не делало для совершенствования плодов Духа, все равно было бы правильно прощать.

Почему? Потому что Бог велел нам прощать.

Прощение — это послушание. Это то, что подразумевает Павел в 2 Кор. 2:9: «Ибо я для того и писал, чтобы узнать на опыте, во всем ли вы послушны». Принятые ими меры по дисциплинированию обидчика были первым шагом в послушании. Теперь они должны были продолжать проявлять послушание, восстанавливая своего покаявшегося брата.

Относительно легко быть послушным в некоторых вопросах. Например, Писание повелевает нам воспевать в сердцах хвалу Господу (Кол. 3:16). Это не трудно. Библия говорит, что мы должны молиться (Лук. 18:1). Это довольно легко, хотя верность задаче иногда дается трудно. Но из всех повелений, данных Христом, борьба с грехом в церкви кажется самым трудным вопросом. Вот почему многие церкви вообще избегают вопроса дисциплины. Каждый шаг в борьбе с грехом дается трудно. Обличение грешника наедине трудно. Вынесение греха нераскаявшегося брата перед церковью еще труднее. А обличение нераскаявшегося человека, повернувшегося спиной к церкви, является одной из самых трудных задач. Чем дальше в процессе обличения мы продвигаемся, тем труднее повиноваться указаниям.

Но процесс восстановления также может быть очень трудным. Собрать все по кусочкам после того, как согрешивший брат покаялся, вернуть его в общение, поддержать и заверить его в любви — все это нелегко. Такое прощение не приходит естественно. Но тем не менее оно является обязательным аспектом послушания Господу.

В настоящее время церковь потерпела неудачу почти во всех областях, имеющих отношение к обличению греха. Многие церкви вообще не применяют дисциплинирование. Они не обличают грех, не преследуют грешника, и в итоге теряют многие возможности проявить послушание в вопросе прощения. Их неповиновение в вопросе наказания грешника сводит на нет все возможности простить тех, кто кается.

Истинно также обратное. Те, кто правильно обличает и наказывает грех, неизбежно будут иметь больше возможности и расположения прощать и оказывать любовь покаявшемуся грешнику. Дисциплина и прощение часто идут рука об руку. И они в равной мере необходимы для сохранения чистоты и здоровья церкви.

Искоренение греха через процесс дисциплинирования не обязательно гарантирует чистоту в церкви. Грех нарушителя может быть прощен, но отношение и реакция остальной паствы также должны быть правильными (ср. Гал. 6:1). Павел упоминает об этом в 2 Кор. 7:12, где говорит верующим: «Итак, если я писал к вам, то не ради оскорбителя и не ради оскорбленного».

Иными словами, во всем этом эпизоде в Коринфе Павел не искал наказания этому человеку для того, чтобы защитить себя (как обиженную сторону). Больше всего Павел был озабочен реакцией коринфской церкви. Он желал увидеть в них полное проявление послушания.

И теперь, несмотря на многие недостатки, коринфская церковь начала показывать признаки послушания, которые так хотел видеть Павел. Отчет, который принес с Коринфа Тит, утешил его и ободрил, потому что они до сих пор поступали именно так, как надеялся Павел (7:13). Пока что все самые высокие надежды Павла оправдывались, и сердце Тита также весьма расположилось к коринфянам (7:14-15). Они проявили послушание в вопросе дисциплинирования согрешившего.

Но теперь им также необходимо было проявить послушание в вопросе его возвращения. Церковь, которая однажды так легкомысленно пренебрегла дисциплиной (1 Кор. 5), теперь должна была подтвердить свое послушание в восстановлении покаявшегося брата.

Их дисциплинарная мера принесла желаемый результат. Теперь перед ними стояло следующее испытание: им нужно было продемонстрировать прощение этому человеку и таким образом во всем подтвердить свое послушание.

ПРОЩЕНИЕ ОЖИВЛЯЕТ ОБЩЕНИЕ

Далее Павел пишет: «А кого вы в чем прощаете, того и я; ибо и я, если в чем простил кого, простил для вас от лица Христова» (2 Кор. 2:10).

Здесь мы снова видим смирение Павла. Он хочет переубедить тех, кто ради него хотел отказать в общении согрешившему. Поэтому Павел стремится подтвердить свое прощение согрешившему.

И он опять до минимума уменьшает оскорбление: «Я, если в чем простил кого, простил для вас» — как если бы с точки зрения Павла оскорбление вообще едва ли было заметно. Но ради коринфян он хочет предельно ясно и официально подтвердить свое прощение. Никто не мог сказать: «Мы не можем принять этого человека обратно и нарушить свою верность Павлу. Ведь он обидел Павла».

В сущности Павел говорит им: «Нет, все закончено. Если вы простили, я тоже прощаю. Я хочу восстановления общения ради вас».

Он беспокоился о том, чтобы в церкви было восстановлено единство, и единственным путем к этому было прощение. Коринфяне не должны были тянуть дело ради Павла. Он хотел, чтобы взаимоотношения в церкви обновились и оживились. Павел желал, чтобы вся церковь приняла покаявшегося брата. Он желал единства в церкви. Все разделения, вызванные проступком брата, должны быть исправлены. Любое разногласие должно быть устранено. Горечь и месть должны быть отложены в сторону. Обновление и оживление в общине стали важнее всего остального. И возможность этому давало прощение.

ПРОЩЕНИЕ РАЗРУШАЕТ ПЛАНЫ ДИАВОЛА

И в заключение Павел призывает коринфян прощать: «Чтобы не сделал нам ущерба сатана, ибо нам не безызвестны его умыслы» (2 Кор. 2:11).

Прощение разрушает замыслы диавола. Если прощение удаляет гордость, проявляет милосердие, возвращает радость, утверждает любовь, подтверждает послушание и оживляет общение, представьте себе, как диавол должен его ненавидеть! Поэтому прощение является существенной частью уничтожения замыслов диавола.

Отказаться прощать значит впасть в ловушку диавола. Непрощение имеет все последствия, обратные прощению: оно препятствует проявлению смирения, милосердия, радости, любви, послушания, и общения, а следовательно, разрушает как отдельную личность, так и гармонию в церкви.

1 Пет. 5:8 говорит, что диавол «ходит, как рыкающий лев, ища, кого поглотить». И один из его способов поглощения людей заключается в использовании духа непрощения. Непрощение дает ему большие преимущества.

Однако Павел говорит, что «нам не безызвестны его умыслы». Содействовать замыслам диавола, отказываясь прощать, полнейшее безрассудство. Где царит непрощение, там правит диавол. В церковь, отказывающуюся дарить прощение, для него открыта дверь.

Но там, где изобилует прошение, замыслы диавола разрушаются.

Поэтому прощение — это почва для выращивания большого числа духовных плодов и божественных благословений.

Внимание и забота о почве прощения — один из вернейших путей к духовному здоровью и зрелости.

С другой стороны, как мы увидели в этой книге, отказ прощать истощает духовные силы. Он навлекает Божественное наказание и возжигает множество грехов.

Почему тогда христиане сознательно отказываются прощать? Само наше существование зависит от неоценимой милости, излившейся на нас во Христе. И в наших отношениях друг с другом мы должны поощрять подобную милость, и быть примером в прощении для этого мира, который, отчаянно нуждаясь в Божьем прощении, внимательно смотрит на нас.

Подумайте об этом так: прощение — это и благословение, и путь к будущим благословениям. Те, кто отказывается прощать, лишают себя многочисленных благословений прощения. Но те, кто прощает, дают дорогу многочисленным божественным благословениям не только для тех, кого они прощают, но и для себя. Именно к этому мы призваны.

> Наконец будьте все единомысленны, сострадательны, братолюбивы, милосерды, дружелюбны, смиренномудры; не воздавайте злом за зло или ругательством за ругательство; напротив, благословляйте, зная, что вы к тому призваны, чтобы наследовать благословение.
>
> — 1 Пет. 3:8-9

ОТВЕТЫ НА ТРУДНЫЕ ВОПРОСЫ О ПРОЩЕНИИ

Ибо Ты, Господи, благ и милосерд
и многомилостив ко всем, призывающим Тебя.
Пс. 85:5

Я знаю одного молодого человека по имени Марк, который вот уже несколько лет не может простить своего брата-христианина. Спор тянется из-за того, что трудно определить, кто виноват в случившемся. Марк изложил суть дела старейшинам церкви для принятия решения. Те попытались его расследовать, но пришли к выводу, что из-за недостатка фактов и отсутствия свидетелей определить вину какой-либо из сторон невозможно. В конце концов они порекомендовали Марку и другому брату простить друг друга и забыть о споре.

Но Марк наотрез отказался от этого предложения. Он прочитал популярную христианскую книгу о прощении, где говорилось, что никогда нельзя прощать, пока не покается и не попросит прощения виновный. Теперь Марк считает, что до тех пор, пока виновный будет отказываться признать свою вину, он имеет право его не прощать. Марк полон решимости добиться справедливости, и уже несколько лет пытается найти кого-либо, кто бы взялся за его дело. Но почти все давали ему один и тот же совет: «Это вопрос незначительный, оставь его и иди вперед, потому что он начинает властвовать над твоей жизнью и не дает тебе возможности иметь духовный рост и плод в твоей жизни».

Марк отказывается внять таким советам. Он убежден, что Бог, ненавидящий несправедливость, *никогда* не захочет, чтобы он нес потери и просто безусловно прощал обидчика. Хотя многие верующие показывали ему текст 1 Пет. 2:20-23, Марку каким-то образом удается находить оправдание перед самим собой. Он идет от одного душепопечителя к другому, безуспешно пытаясь найти того, кто бы с ним согласился и помог добиться справедливости в споре с верующим братом, который, по его словам, согрешил против него. Он считает, что следует библейскому повелению из Кол. 3:13 «как Христос простил вас, так и вы», потому что Бог не прощает без покаяния обидчика.

Таким образом он превратил повеление прощать в оправдание своего отказа простить брата. (Тщательное исследование вопроса, всегда ли прощение имеет условия, см. в главе 6).

Я не знаю, Марк или другой брат был виновен в первичном споре. Вполне вероятно, что они оба были частично неправы. Но даже если другой брат был виноват полностью, я считаю, что Марк абсолютно неправ в том, что лелеет свою горечь и отказывается простить обидчика на том основании, что обидчик не покаялся. Но именно в такой ситуации мы должны подставить другую щеку (Матф. 5:39). Те, кто ведет счет личным обидам, постоянно требуя их возмещения, оскорбляют Дух Христов.

Как я уже говорил в самом начале этой книги, я убежден, что многие, если не большинство, из проблем, по которым христиане обращаются к душепопечителям, касаются прощения. И эта тема имеет немало трудных вопросов. В данной главе я хочу рассмотреть некоторые из них. Эти трудные вопросы чаще всего встречались на моем пути за тридцать лет служения.

В ЧЕМ РАЗЛИЧИЕ МЕЖДУ ИСТИННЫМ ПОКАЯНИЕМ И ПРОСТЫМ ИЗВИНЕНИЕМ?

Истинное покаяние всегда подразумевает исповедание злодеяния и готовность исправить положение. Извинение зачастую имеет форму отговорки.

Слово «извинение» происходит от греческого *апология,* что буквально означает «речь в защиту». Извинение часто не что иное как самозащита: «Я извиняюсь, если вас это оскорбило, но...» Подлинное же покаяние искренне признает проступок и просит прощения: «Простите меня. С моей стороны было безрассудно так говорить».

Берегитесь употребления фраз простого извинения вместо подлинного покаяния.

ПЕРЕД КЕМ МЫ ДОЛЖНЫ ИСПОВЕДОВАТЬ СВОИ ГРЕХИ?

Вина *всегда* должна исповедаться перед Богом. Исповедь также приносится тому, кого наш грех ранил. Аудитория исповеди должна быть такой же, как аудитория первичного оскорбления. Открытые проступки требуют открытой исповеди; личные грехи должны исповедоваться только перед Богом.

А ЕСЛИ Я СОГРЕШИЛ ПРОТИВ ДРУГОГО ЧЕЛОВЕКА В МЫСЛЯХ?

Только фактическое оскорбление требует исповеди. Будет неуместно для мужчины, с вожделением посмотревшего на женщину, исповедовать эту мысль перед ней. В таких случаях он должен исповедовать грех только Богу.

Однако это не исключает исповеди в тех случаях, когда жертва не знает об оскорблении. Если вы заочно кого-то оклеветали, этот человек может и не знать об оскорблении. Тем не менее, оскорбление реально. Оно должно быть разрешено не только по отношению к тем, кто лично услышал клевету, но также исповедано человеку, который был оклеветан, даже если этот человек еще не знает об оскорблении.

ДОЛЖЕН ЛИ Я ИСПОВЕДАТЬСЯ ПЕРЕД СВОЕЙ ЖЕНОЙ В НЕВЕРНОСТИ, ДАЖЕ ЕСЛИ ЭТО ПРИЧИНИТ ЕЙ БОЛЬШЕ СТРАДАНИЙ, ЧЕМ СОКРЫТИЕ ГРЕХА?

В некоторых случаях исповедание греха, несомненно, может причинить столько же страданий, сколько и сам проступок. Тем не менее, я считаю, что во всех случаях неверная в брачном союзе сторона, совершившая прелюбодеяние, должна исповедать свой грех супругу или супруге.

Почему? Прежде всего потому, что в акте прелюбодеяния участвуют двое. Второй участник уже знает о преступлении. Это усиливает вашу неверность, когда вы разделяете тайну с вашим соучастником в грехе, но держите вашу супругу (или супруга) в неведении. Отсутствие полной открытости, необходимость что-то скрывать и хранить секреты будет оставаться барьером для настоящего единства в браке. Что-либо столь серьезное, как разрыв в брачном союзе, не может быть исправлено, если истина будет скрываться от вашей второй половины. Неспособность исповедать грех просто добавляет ко лжи укрывательство. Это может в итоге разрушить семью, независимо от того, повторялось прелюбодеяние или нет.

Несмотря на то, насколько трудным это может быть и для вас, и для вашей супруги (супруга), вы должны честно признать такой грех. Если оскорбленная сторона узнает о грехе из других источников, нанесенное оскорбление еще больше увеличится. Вы должны сами исповедать грех.

КАК ОТНОСИТЬСЯ К ПОВТОРНЫМ ПРОСТУПКАМ?

Иисус ясно ответил на этот вопрос в Лук. 17:3-4: «Если же согрешит против тебя брат твой, выговори ему; и если покается, прости ему; и если семь раз в день согрешит против тебя и семь раз в день обратится, и скажет: каюсь, — прости ему». Опять наше прощение должно быть щедрым и вдохновенным, предлагаться свободно и непринужденно даже злостным нарушителям. В конце концов, перед Богом мы все злостные нарушители.

А ЧТО, ЕСЛИ ЕСТЬ ОСНОВАНИЯ СЧИТАТЬ, ЧТО «ПОКАЯНИЕ» ОБИДЧИКА — ПРОСТО ПРИТВОРСТВО?

В обычных обстоятельствах любовь обязывает нас верить тем, кто совершает покаяние (1 Кор. 13:7). Писание однако предполагает, что бывают моменты, когда справедливо требовать плодов покаяния, прежде чем предполагать, что исповедание покаяния человека подлинно (Матф. 3:8; Лук. 3:8).

Один автор рисует предположительный сценарий, где обидчик умышленно бьет невинного человека кулаком в нос.

После первого оскорбления обидчик просит прощения и получает его. Мгновение спустя он снова бьет того же самого человека в нос второй раз. Цикл повторяется в третий раз, и в четвертый, и так далее. Каждый раз хулиган совершает покаяние, а жертва каждый раз дарует прощение. Этот автор считает, что слова Иисуса нужно истолковывать так: «И если [он] семь раз в день согрешит против тебя и семь раз в день обратится, и *скажет:* каюсь, — прости ему». Всё, что обидчику нужно сказать, это: «каюсь», и жертва обязана прощать.

Но это слишком нелепое толкование слов Христа. Наш Господь не считал, что ученики должны отбрасывать здравый смысл, когда вопрос касается оценки подлинности покаяния. Ничто в контексте Лук. 17:3-4 не предполагает, что Иисус имел ввиду умышленное оскорбление или притворное покаяние.

Кстати, важно остерегаться притворного покаяния в случаях, подобных только что описанному. Такие умышленно злостные оскорбления, особенно, сопровождаемые фальшивым покаянием, являются доказательством чрезвычайно злого характера и циничной ненависти к истине. Иоанн Креститель был прав, отказавшись крестить фарисеев, пока они не покажут подлинность своего покаяния (Матф. 3:8).

Поэтому бывают моменты, когда принимать простое исповедание покаяния крайне безрассудно, особенно по следам нескольких умышленных неоднократных оскорблений.

Тем не менее, даже после многократных оскорблений, ставший жертвою человек должен быть готов прощать — должен *стремиться* прощать, если нет какой-либо серьезной причины сомневаться в искренности покаяния обидчика. Даже самый жестокий и наиболее злостный обидчик никогда не должен навсегда списываться со счета; скорее, целью оскорбленного человека должно оставаться полное прощение и примирение.

КОГДА УМЕСТНО ВОЗМЕЩЕНИЕ?

Конечно же, возмещение уместно всякий раз, когда зло причинило реальную потерю. Дарование прощения за вину оскорбления не отменяет автоматически необходимости загладить вину, особенно если потеря оскорбленной стороны поддается количественному определению. Или же ущерб был нанесен умышленно (как при краже), или случайно (по неосторожности), он должен быть возмещен.

В Ветхозаветном законе в большинстве случаев возмещение было как можно ближе к реальному ущербу (Лев. 24:18-21). Если неосторожность человека привела к смерти вола ближнего, он должен был возместить ближнему стоимость вола (Исх. 21:33-34). Умышленное воровство каралось дополнительным возмещением. Укравший деньги должен был заплатить дополнительные двадцать процентов (Лев. 6:4-5; Числ. 5:6-7). Кража животных (особенно если украденные животные были убиты) требовала четырех- и пятикратного возмещения (Исх. 22:1).

Закхей предложил четырехкратное возмещение тем, кого он обманул, то есть намного больше, чем того требовал закон (Лук. 19:8). Такое желание возместить ущерб должно сопровождать всякое истинное признание проступка.

Возмещение никогда не должно считаться похвальным актом искупления вины. Цель возмещения — просто восстановить цену утраченного. По закону Моисея, когда требовалось возмещение, превышающее реальную стоимость ущерба, при возмещении преследовалась цель и наказать, и удержать от повторения злодеяния.

Тот, кто прощает, конечно же имеет свободу от него отказаться и предпочесть терпеть лишение, не требуя возмещения. Но это решение оскорбленного человека. Обидчик, если он действительно покаялся, должен быть готовым, насколько возможно, возместить убытки (ср. Матф. 18:26, 29).

КАКИМ МОЖЕТ БЫТЬ ВОЗМЕЩЕНИЕ, ЕСЛИ ГРЕХОМ БЫЛА ЛОЖЬ, КЛЕВЕТА, НЕПОЧИТАНИЕ РОДИТЕЛЕЙ ИЛИ ДРУГОЙ ГРЕХ, ПРИ КОТОРОМ НЕТ КОЛИЧЕСТВЕННОГО УЩЕРБА?

В некоторых случаях материальное возмещение невозможно, и тем не менее вина должна быть заглажена. Ложь должна исповедоваться и истина сообщаться как минимум настолько широко, насколько распространилась ложь. Исправление клеветы должно сопровождаться искренними усилиями восстановить честь и репутацию оскорбленного человека.

Во всех таких случаях возмещение начинается с простого признания проступка и готовности сделать все необходимое для восстановления справедливости.

ДОЛЖЕН ЛИ ПРОЩАЮЩИЙ ЗАБЫТЬ ОБИДУ?

«Простить и забыть» — это выражение получило статус клише. Когда мы даруем прощение, включает ли это обещание полностью забыть оскорбление?

И да, и нет. Очевидно, что очистить память от оскорбления невозможно. И чем больнее оскорбление, тем труднее может быть отвлечься от наплыва воспоминаний.

Я слышал людей, говоривших, что, когда Бог прощает, Он забывает наши грехи.

Они обычно цитируют Евр. 8:12 и 10:17: «Грехов их и беззаконий их не воспомяну более», или Ис. 43:25: «Я, Я Сам изглаживаю преступления твои ради Себя Самого и грехов твоих не помяну».

Но эти стихи не говорят, что Бог забудет наши грехи. Они говорят, что *Он не помянет их*. В чем же разница? Что-то забыть значит потерять его из памяти. Очевидно, что всеведущий Бог не теряет из памяти наших беззаконий. Скорее, Он отказывается приводить их на память. Он обещает не напоминать о них.

И именно это подразумевает прощение — не напоминать о проступке. Джей Адамс характеризует это как тройное обещание: «Ты даешь обещание не напоминать о его грехе ему, другим и себе. Грех предается забвению».[14]

А ЧТО, ЕСЛИ Я НЕ МОГУ ПРОСТИТЬ СЕБЯ?

Я понимаю, что есть те, кто учит необходимости такого вида прощения. Но в Писании я этого нигде не нахожу. Я встречал многих людей, *утверждавших,* что они не могут себя простить, но после тщательного исследования это обычно оказывается разновидностью греховной гордости, усиленной современной философией самоуважения. Человек, который жалуется на неспособность простить самого себя, часто просто ищет лестных или утешительных слов от других, как способ успокоения боли, которую вина причинила его гордости.

Джей Адамс предлагает хорошее толкование этого вопроса. Он пишет:

> Проблема не в самопрощении. Показные страдания таких людей возникают из того факта, что они больше всего хотят простить самих себя. Они хотят оставить все позади, они хотят предать забвению все сразу и навсегда...
>
> Проблема в том, что люди, которые так говорят, признают необходимость сделать что-то еще. Прощение — это только начало; оно снимает вину. Они также признают, что они — все еще те же люди, поступившие неправильно — что они не изменились, хотя и прощены. Не будучи способными выразить это ясно, эти люди требуют перемен, которые будут гарантировать, что они никогда больше так не поступят. Когда как душепопечитель я помогаю им решать проблемы, приведшие ко злу, таким образом, чтобы они жили по-библейски, и спрашиваю, трудно ли им все еще себя простить, они неизменно отвечают: «Нет».[15]

А ЧТО ЕСЛИ ОСКОРБЛЕНИЕ БЫЛО ТЯЖЕЛЫМ, И Я ВСЕ ЕЩЕ СТРАДАЮ? НЕ СТОИТ ЛИ МНЕ ПОДОЖДАТЬ, ПОКА Я НЕ СМОГУ ГОВОРИТЬ ОБ ЭТОМ ЧЕСТНО? НЕ БУДЕТ ЛИ ЛИЦЕМЕРИЕМ ПОСТУПАТЬ НАОБОРОТ?

Некоторые грехи, в частности супружеская неверность, могут причинить настолько сильную боль, что оскорбленная сторона считает, что в *данном* случае можно не прощать. Она пытается оправдаться, что учение Христа о прощении может подходить для разрешения мелких оскорблений, но *серьезное* оскорбление, конечно же, оправдывает период остывания или время «эмоционального лечения».

Однако обычно те, кто занимает такой подход, просто наполняют себя этим, и таким образом отрицательные эмоции только нагнетаются, и разрыв, нанесенный первичным оскорблением, увеличивается еще больше чувством обиды, ожесточающим сердце.

Многое в учении Христа о прощении предназначено научить нас, чтобы наши страсти *не* управляли нами в таких вопросах. Позволяя эмоциям овладеть и управлять нами так, что мы сознательно нарушаем нашу обязанность, мы показываем самую сущность сладострастия. А сладострастие — это грех, независимо от того, ведет ли оно к грехам похоти, таким как прелюбодеяние, или же просто позволяет эмоциям стать преградой к прощению.

Прежде всего, прощение есть акт воли. И не будет лицемерием желать прощения, когда эмоции бушуют, требуя мести. Будьте послушны Господу независимо от того, что вы чувствуете. Если вы откажетесь питать неприязнь или снова и снова размышлять об оскорблении, греховные эмоции умрут с голоду. Более того, Сам Господь исправит ваше сердце. Если вы полностью предадите себя Ему, правильные эмоции рано или поздно придут.

И в итоге здравое, взвешенное, волевое решение простить будет единственным, что может освободить сердце от плена таких эмоций.

КАК МЫ ДОЛЖНЫ ПОНИМАТЬ ИСКУПЛЕНИЕ?

Посему Он должен был во всем уподобиться братиям, чтобы быть милостивым и верным первосвященником пред Богом, для умилостивления за грехи народа.
Евр. 2:17

Без понимания доктрины искупления, невозможно правильно решать вопрос Божьего прощения.

Доктрина искупления находится в центре проповеди о прощении. Благая Весть, которую мы провозглашаем, в конечном счете определяется нашим пониманием искупления. И если человек не провозглашает истинное значение смерти Христа, он не проповедует Его истинно (ср. 1 Кор. 1:23; 2:2; Гал. 3:1). Касаясь темы Евангелия, мы сразу же сталкиваемся с темой искупления.

В первой главе мы вкратце ознакомились с этой темой. Но учитывая ее важность, здесь мы опять возвращаемся к ней, чтобы ознакомиться ближе. Как уже отмечалось, исторически были сформулированы различные теории искупления. И неоспоримая реальность в том, что взгляд человека на искупление имеет последствия для понимания им истины, открытой Богом. Недостаточное понимание искупления может быть губительным. Анналы церковной истории полны примеров, когда люди, отступив в этом вопросе, полностью терпели крушение в вере.

Доктрина искупления часто становилась полем битвы между христианами и еретиками. Многие из главных различий между истинной церковью и основными лжеучениями возникают непосредственно из-за неправильного понимания культами вопроса искупления. Итак, это чрезвычайно важные вопросы, и по этой причине их лучше *не* оставлять для споров между знатоками. Рядовые христиане должны иметь элементарное понимание доктрины искупления, чтобы быть на страже против этих смертельных заблуждений.

Самые худшие виды ереси часто прикрываются невинно звучащей формулировкой. Многие из этих ложных взглядов на искупление содержат зерна истины, которые звучат хорошо, и даже по-библейски. И в последние годы фактически все они появлялись облаченными в овечью шкуру. Эти старые, ранее дискредитировавшие себя заблуждения теперь опять настойчиво требуют принятия среди христиан. Хуже всего то, что растущая доктринальная терпимость в протестантских кругах сделала большинство верующих плохо подготовленными к тому, чтобы определить, и тем более отвергнуть заблуждения по таким вопросам, как этот.

Моя задача в данном приложении обрисовать основные взгляды на искупление и объяснить, *почему* ложные взгляды так опасны. Если вы будете бдительны, то сможете узнать эти заблуждения и опровергнуть их прежде, чем они укрепятся и принесут вред. Более важно то, что понимание этих вопросов усилит вашу веру в Евангелие и поможет стать более эффективным свидетелем истины.

СМЕРТЬ ХРИСТА КАК ВЫКУП, ЗАПЛАЧЕННЫЙ ДИАВОЛУ

Одним из первых ложных взглядов на искупление было мнение, что смерть Христа — это выкуп, заплаченный диаволу. В Марк. 10:45 говорится: «Сын Человеческий... пришел... чтобы послужить и дать душу Свою как выкуп за многих» (Нов. перевод с греческого подлинника). А 1 Тим. 2:6 учит, что Христос предал «Себя для искупления всех». Этот взгляд, который мы сейчас обсуждаем, утверждает, что «выкуп», о котором говорится в этих стихах, был заплачен диаволу за приобретение свободы грешникам, потому что он якобы предъявлял права на их души. Многие из ранних отцов Церкви, по-видимому, склонялись к этому пониманию искупления (часто называемому «теорией выкупа» в искуплении). Однако, этот взгляд более предполагался, чем оспаривался. В первые столетия такие термины как «искупление» или «выкуп» часто употреблялись без точного определения.

Раннехристианская Церковь была поглощена противоречиями о личности Христа. Гностическая ересь отрицала человеческую природу Христа, а арианская нападала на Божественную. В первые четыре столетия апологеты Церкви были заняты защитой против этих ересей, и доктрина искупления просто не исследовалась в те времена. Следовательно, комментарии отцов Церкви по большей части должны приниматься не как основательно изученные доктринальные кредо, а скорее как простые выражения несформировавшейся и неполной доктрины искупления.

А. А. Ходж указал, что все элементы *здравого* учения об искуплении ясно раскрывались в работах Отцов Церкви, хотя никогда тщательно не систематизировались. Ходж писал, что хотя в трудах Отцов Церкви и присутствовали более общепринятые взгляды на искупление, тем не менее они «часто в значительной степени оставались на заднем плане, беспорядочно смешиваясь с другими элементами истины или суеверия».[16] Следовательно, будет ошибкой выискивать слишком много смысла в избранных цитатах отцов Церкви относительно уплаты выкупа диаволу.

В последние годы теория выкупа была возрождена в грубой форме различными харизматическими учителями, такими как Кеннет Коупленд и Кеннет Хейгин, оказавшимися под влиянием харизматического евангелиста начала XX столетия Е. В. Кейнона.[17] Эти люди учат, что Христос приобрел выкуп для грешников, буквально страдая в аду (а не искупляя грехи своей смертью на кресте). Они предполагают, что когда Христос умер, Он сошел в ад и пострадал там, чтобы внести плату за грех диаволу.

Но ничто в Писании не предполагает, что диавол сколько-нибудь имеет законное право на грешников. Для избавления грешников не нужно умилостивлять или удовлетворять диавола. Библейское слово «выкуп» само по себе означает «цена искупления». В Библии нет подтверждения, что диавол имеет какую-либо власть требовать цену за спасение грешников. Более того, мыслить так значит становиться доступным явному лжеучению. Сам диавол осужден Богом (Матф. 25:41); поэтому он никак не может требовать какой-либо платы за души грешников.

К тому же, Писание ясно говорит, что искупление Христа было жертвой *Богу:* «Христос возлюбил нас и предал Себя за нас в приношение и жертву Богу, в благоухание приятное» (Ефес. 5:2). Пророчествуя о смерти Христа, Исаия писал: «Господу угодно было поразить Его, и Он предал Его мучению... душа Его принесет жертву умилостивления» (53:10). Жертва умилостивления была жертвой, принесенной Богу, и как говорит этот стих, цель смерти Христа состояла в том, чтобы удовлетворить требованиям *Божьей справедливости,* а не откупиться от диавола.

СМЕРТЬ ХРИСТА КАК ПРИМЕР ПРАВЕДНОСТИ

Еще один ложный взгляд на искупление — это мнение, что смерть Христа служит в основном, как нравственный пример. Это мнение (иногда называемое «теорией нравственного влияния» в искуплении) в различных воплощениях прошло через всю историю церкви. В начале двенадцатого столетия оно предлагалось Питером Абелардом, как реакция на взгляды Ансельма (см. ниже). Абелард отрицал, что Божья справедливость вообще требует плату за грех и утверждал, что ценность искупительной жертвы Христа в основном заключалась в примере, который Он оставил для грешников.

Почти идентичная теория излагалась во время Реформации еретической группой, известной как социниане. Предтечи современного либерализма — социниане утверждали, что Божья любовь является главным атрибутом Бога, фактически нейтрализуя Его гнев. То есть, они верили, что Бог склонен прощать грешников, не требуя никакой платы.

Социниане утверждали, что или же грехи могут быть прощены, или искуплены, но не то и другое вместе. Если грехи прощены, платить нет необходимости. Все, что оплачено, на самом деле не является прощенным. Из Писания мы знаем, что Бог прощает великодушно и охотно (Неем. 9:17; Ис. 55:7; Мих. 7:18). Поэтому, по словам социниан, смерть Христа никак не могла быть *платой* за грехи, а скорее служила примером послушания и любви к верующим, указывая на путь жизни.

Многие, очевидно, находили этот тонкий аргумент убедительным, но, как оказалось, в ущерб церкви. Трагическое наследство этого взгляда на искупление проявилось во влиянии либерального богословия на многие ведущие протестантские деноминации.

Более того, сам аргумент явно небиблейский. Помните, что суть социнианского аргумента состоит в следующем: Божественное прощение так велико, что оно делает плату за грех абсолютно ненужной; грехи свободно прощаются без какой-либо платы для удовлетворения Божьей справедливости. В частности, большинство тех, кто придерживается такого взгляда на искупление, считают, что обязательная жертва крови для получения прощения — это языческая идея.

Но что говорит Священное Писание? «Без пролития крови не бывает прощения» (Евр. 9:22). Писание учит, что Божественное прощение основано и утверждено на искуплении посредством крови. Отнюдь не представляя плату за грехи ненужной, Божественная любовь выразилась в готовности самого Иеговы заплатить за грехи кровью Своего Сына.

Более того, когда человек принимает мнение, что смерть Христа есть не что иное, как пример, он окружает себя явным спасением делами. В таком случае личное спасение и исправление становится ответственностью грешника. Если искупительное дело Христа — только пример, то оно не достигает ничего для нас. Избавление от греха становится субъективным делом грешника в подражании Его примеру. И неизбежный результат опять — какая-нибудь разновидность спасения по делам.

СМЕРТЬ ХРИСТА КАК ПРОЯВЛЕНИЕ БОЖЬЕЙ СПРАВЕДЛИВОСТИ

Еще об одном ложном взгляде на искупление — «правительственной теории», мы вкратце упоминали в 1-й главе. Это компромиссная позиция между традиционным взглядом (см. ниже) и теорией нравственного влияния социниан и современных либералов. Правительственная теория занимает позицию, что смерть Христа была *выражением* Божьего гнева против греха, а не фактической платой за грешников. Согласно этому взгляду крест изображает и Божий гнев (явленный в жестокости страданий Христа), и Божью любовь (явленную в готовности Христа перенести эти страдания). Однако, на основании этого взгляда страдания не были заместительной платой за чьи-либо грехи. Смерть Христа была просто публичной демонстрацией того, как выглядит Божий гнев против греха, а не реальной платой за долги грешников. Поэтому вместо того, чтобы удовлетворить Божественную справедливость, смерть Христа служит толчком к покаянию грешников, открывая и благость, и строгость Божью. Подобно социнианам, сторонники правительственной теории считают, что Бог прощает грех без платы, просто отменяя наказание за грех тем, кто кается.

Правительственная теория подходит к искуплению с юридической точки зрения. Грех бросил вызов Божьему закону и Его нравственному правлению. Смерть Христа открывает грешникам строгость Божьего закона против греха. Таким образом, сохраняется величие и стандарт закона, поэтому Бог остается справедливым в прощении, даже если Он просто отменяет наказание за грех.

Согласно этого взгляда, Христос на самом деле не платил цену за чей-либо грех. Как и социнианский взгляд, эта теория считает, что искупление не совершило ничего объективного для грешника; оно просто было символическим жестом. Следовательно, избавление — это субъективный вопрос, полностью зависящий от реакции грешника. Правительственная теория обязательно ведет к экстремальной форме арминианства (учения, возвышающего ответственность человека в ущерб Божьей вседержавной власти) или даже пелагианства (отрицания того, что состояние падшего человека делает его неспособным спасти самого себя).

Первым сторонником правительственной теории был Хью Гротиус, голландский богослов начала XVII-го столетия. Теория Гротиуса была принята несколькими богословами в Новой Англии в XVII и XVIII столетиях, включая Чарльза Финнея. В настоящее время правительственная теория опять переживает возрождение через влияние таких групп, как «Молодежь с Миссией» (Youth With A Mission) и некоторых популярных христианских писателей и проповедников.

Правительственная теория смертельно опасна. Она изменяет Евангелие так, что вместо проповеди о том, что Бог сделал для грешников, акцент ставится на то, что должен сделать грешник. Достигнув своего логического конца, эта теория часто приводит к отрицанию фундаментальной доктрины оправдания верою. Подобно социнианской теории искупления, правительственная теория делает грешника полностью ответственным за свое избавление и исправление.

Джордж Отис, современный сторонник правительственной теории, так описывает нравственную дилемму, которую он стремится решить:

> Бог любит человека. Он так его любит, что желает иметь с ним эти близкие отношения. Но Он также признает, что грех — это ужасное, но могущественное зло, и Он не хочет, чтобы грех стал распространяться по всей Вселенной и вышел из под контроля. И чтобы помочь человеку понять, насколько ужасен грех на самом деле и как Он его судит, Бог прикрепил ко греху карательную санкцию и этой санкцией стала смерть.
>
> Поэтому, что будет делать Бог? Станет ли Он, фактически, предавать грех забвению и говорить: «Хорошо, Я знаю, что Я говорил, что «душа согрешающая, та умрет» — но в этом случае душа согрешающая будет жить, потому что Мне она очень нравится, и Я не хочу ее смерти»?
>
> Но что будет, когда согрешит следующий человек? Он тоже очень нравится Богу. И то же самое со следующим, и очень скоро никто не будет умирать за свои грехи. Но другая альтернатива, конечно, в том, что все умрут. И это не слишком привлекательная альтернатива. Поэтому

это проблема Божьего управления. Как может Бог, будучи праведным нравственным Властелином Вселенной, ответственность Которого — утверждать во Вселенной закон и праведность и защищать общество, выйти из этой дилеммы? Это проблема Божьего управления».[18]

Если верить Отису, Бог решил эту «дилемму», устроив драматический показ Божественной справедливости в смерти Христа. Отис цитирует Рим. 3:25: «Бог *предложил* [Христа] в жертву умилостивления в Крови Его через веру, для *показания правды Его* в прощении грехов, соделанных прежде» (курсив добавлен).

Оставляя без внимания решающую концепцию умилостивления (которая обязательно говорит об удовлетворении Божьего гнева), Отис хватается за слово «показания» и утверждает, что смерть Христа не была реальной платой за грех, а служила *только для показания* Божественной справедливости. Он говорит:

> Христос не платил долг и не нес буквально наказание закона за Свой народ. Он приготовил путь для отпущения наших грехов. Или говоря простым языком, обходясь без всякой метафоры, Он сделал прощение греха последовательным, соответствующим и достойным согласно предписанных условий Евангелия. Истина в том, что Христос не платил по долгам человека.[19]

Подражая историческому взгляду и социниан, и сторонников правительственной теории, Отис также утверждает, что прощение грехов не требует платы:

> Бог на личном основании может сказать мгновение спустя после совершения греха: «Да! Я прощаю тебя». Он не таит никакого зла или горечи. Он не нуждается в плате, прежде чем сможет простить. У Его любви нет условий. И как праведный, нравственный Властелин нашей Вселенной, Он должен быть осторожным в Своей роли, не нашего Отца, но в роли праведного Властелина Вселенной, чтобы Ему не быть небрежным в даровании прощения так, чтобы оно побуждало других грешить. Этого Он не может делать.[20]

Поэтому в соответствии с правительственной теорией искупление было необходимо только для сохранения Божьей репутации, а не как реальная заместительная смерть вместо грешников.

Чарльз Финней принимал этот взгляд на искупление, потому что он начинал с предположения, что ни грех, ни праведность не могут быть вменены никакому человеку за счет другого. Финней настаивал, что идея вменения, переложения вины с грешника на Христа, была по своей сути несправедливой.[21] Поэтому он отрицал передачу праведности Христа грешнику (вопреки Рим. 4:5; Фил. 3:9). Это привело его к отрицанию нескольких насущных евангельских доктрин, таких как оправдание верою и доктрина первородного греха.

В вопросе оправдания верою Финней отрицал, что Бог оправдывает нечестивого (ср. Рим. 4:5). Вместо этого он учил, что для того чтобы оправдаться, грешники фактически должны *стать* абсолютно праведными. Он писал:

> Не может быть оправдания в законном или судебном смысле, кроме как на основании всеобщего, совершенного

> и непрерывного послушания закону. Это, конечно, отвергается теми, кто придерживается взгляда, что евангельское оправдание или оправдание кающихся грешников, относится к природе судебного или юридического оправдания. Они придерживаются законного принципа, что все, что человек делает другому, он делает сам, и следовательно закон принимает послушание Христа как наше, на основании того, что Он повиновался вместо нас. На это я отвечу... Его послушание могло оправдать только Его. Оно никогда не может быть вменено нам... Для Него просто невозможно было проявить послушание за нас.[22]

На каком основании, по убеждению Финнея, оправдываются христиане? Только послушание закону могло их оправдать. Весь спор Финнея заключался в том, что грешник не может оправдаться вменением чьей-либо праведности. Следовательно, Финнею оставалось одно: он должен был принять богословие самооправдания. С какой стороны на него ни посмотришь, это доктрина спасения по делам. Другими словами, это иное благовествование, а не истинное христианство.

Богословское наследие Финнея в миниатюре показывает, куда неизбежно ведет правительственная теория искупления. Финней ясно видел последствия своего учения об искуплении. Он утверждал, что не только оправдание, но также возрождение должно быть делом самого грешника, а не Бога. Он писал:

> [Грешники] прежде всего должны изменить свое сердце, или свой выбор цели, прежде чем они смогут предложить какие-либо акты воли для защиты чего-либо другого,

кроме эгоистичной цели. А это ясное повсюду предполагаемое учение Библии. Оно одинаково представляет невозрожденных людей как полностью испорченных [по утверждению Финнея, чисто добровольное условие, а не унаследованная испорченность] и призывает их покаяться и сотворить в себе новое сердце.[23]

Все эти ложные взгляды возникли из преданности Финнея правительственной модели искупления. Они являются неизбежным результатом применения этого взгляда. Правительственный взгляд часто оказывается рядом с учением «пробужденцев». Я упоминал в 1-й главе, что страница в Интернете, пропагандирующая это богословие, называется «Ресурсы богословия пробуждения».

Учение «пробужденцев», соединенное с правительственной теорией искупления, неизбежно имеет сильный человекоцентричный акцент. Они утверждают, что пробуждение — это результат человеческих решений и человеческих действий, а не суверенное дело Божие. Кстати, весь акцент этого богословия не в том, что Бог делает для нас, но что мы должны делать для того, чтобы стать лучше.

Это неизбежный результат богословия, которое изображает искупление всем, чем угодно, но только не объективным делом, которое Бог делает для тех, кого Он искупляет. Отвергнув искупление как плату, внесенную Христом за грех людей, вы неизбежно должны будете определить условия спасения тем, что должен делать *грешник*.

Это также по-другому определяет значимость креста. Вместо того, чтобы видеть искупительное дело Христа, как объективное, законченное дело, эта теория определяет искупление, как субъективный потенциал. Джордж Отис, проповеди которого цитируются выше, дает классический пример этого. Он говорит: «Сила креста не лежит в каком-то неопределенном, абстрактном, бесформенном всеобъемлющем урегулировании. Сила креста, сила крови Христа, лежит в ее способности буквально, буквально, буквально подчинять человеческое сердце».[24]

Характеризуя заместительное искупление как «неопределенное, абстрактное, бесформенное всеобъемлющее урегулирование», Отис очерняет идею объективного, законченного дела. Он остается только с субъективными элементами спасения. Это неизбежный результат правительственной теории искупления. И как мы видим в наследии Чарльза Финнея и других многочисленных пропагандистов этого взгляда, результаты в конечном счете губительны для истинного Евангелия.

ИСТИНА: СМЕРТЬ ХРИСТА КАК КАРАТЕЛЬНОЕ ЗАМЕЩЕНИЕ

Вот истинное учение об искуплении, как оно изложено в Писании: смерть Христа была заместительной смертью за грешников. Бог вменил вину их беззаконий Христу и затем наказал Его за них. Праведность Христа также вменяется тем, кто верует. Это изложено в 1-й главе, но позвольте напомнить некоторые тексты из Библии, подчеркивающие эти истины:

- *Ис. 53:5-6:* «Но Он изъязвлен был за грехи наши и мучим за беззакония наши; наказание мира нашего было на Нем, и ранами Его мы исцелились. Все мы блуждали, как овцы, совратились каждый на свою дорогу: и Господь возложил на Него грехи всех нас».

- *2 Кор. 5:21:* «Не Знавшего греха Он соделал грехом вместо нас, чтобы мы стали праведностью Божией в Нем» (Нов. перевод с греческого подлинника).
- *Гал. 3:13:* «Христос искупил нас от клятвы закона, сделавшись за нас клятвою [ибо написано: проклят всяк, висящий на древе]».
- *1 Пет. 2:24:* «Он грехи наши Сам вознес телом Своим на древо, дабы мы, избавившись от грехов, жили для правды: ранами Его вы исцелились».
- *1 Пет. 3:18:* «Христос... однажды пострадал за грехи наши, праведник за неправедных».
- *1 Иоан. 2:2:* «Он есть умилостивление за грехи наши».

Искупление было полной платой за грехи для удовлетворения гнева и праведности Божией, чтобы Он мог простить грехи, не идя на компромисс со Своим святым стандартом.

Как отмечалось выше, А. А. Ходж утверждает, что все элементы этого взгляда с начала стали неотъемлемой частью христианской доктрины. Ходж пишет: «Не считая нескольких исключений, вся церковь от начала до конца верила в доктрину искупления в смысле буквального умилостивления Бога посредством заглаживания греха».[25] Ходж также отметил, что, чем яснее была концепция церкви по вопросу искупления, тем больше истинной силы и энергии испытывала церковь. Недостаточное понимание доктрины искупления всегда сопровождалось соответственным спадом в духовном здоровье любой поместной церкви.

Однако, как мы отмечали, в первые столетия здоровые взгляды на искупление часто соседствовали со странными идеями и переплетались с суеверием, порожденным теорией выкупа.

Более полное понимание искупления стало ясно вырисовываться в труде Ансельма Кентерберрийского (1033-1109). Ансельм был первым известным богословом, сосредоточившим свои силы, пытаясь понять искупление как доктрину. Основание, которое он заложил для определения искупления, в конце концов стало основанием, на котором строилась протестантская Реформация.

В дальнейшем история церкви показывает, что когда подчеркивались и понимались заместительные аспекты искупления, церковь благоденствовала. Когда эти доктрины подвергались сомнению или становились неясными, в церкви наблюдался серьезный спад.

ЧТО ТАКОЕ НЕПРОСТИТЕЛЬНЫЙ ГРЕХ?

Всякий грех и хула простятся человекам, а хула на Духа не простится человекам; если кто скажет слово на Сына Человеческого, простится ему; если же кто скажет на Духа Святого, не простится ему ни в сем веке, ни в будущем.
Матф. 12:31-32

Мы неоднократно видели, что Бог по Своей природе — Бог прощающий. Тема прощения пронизывает Священное Писание от начала до конца. Даже когда Моисей сошел с горы Синай со скрижалями Закона, Бог подчеркнул Свою готовность прощать: «И прошел Господь пред лицем его и возгласил: Господь, Господь, Бог человеколюбивый и милосердый, долготерпеливый и многомилостивый и истинный, сохраняющий [правду и являющий] милость в тысячи родов, прощающий вину и преступление и грех» (Исх. 34:6-7). Можно сказать, что и Закон, и Евангелие предназначены научить нас о прощении: Закон — подчеркивая нашу нужду в прощении, а Евангелие — фактически предлагая прощение грешникам, увидевшим эту нужду.

Следовательно, прощение является неотъемлемой частью в определении нравственного характера Бога. Бог готов прощать. Всякий человек, обращающийся к Нему с искренним покаянием — даже самый худший грешник — найдет милость обильную, щедрую, преизбыточную.

Но у большинства неверующих есть греховная тенденция сомневаться в готовности Бога простить *их* грехи. Я часто встречаюсь с людьми, которые считают, что некоторые совершенные ими грехи непростительны. Правда ли это? Есть ли такие грехи, которые Бог не простит? Исключает ли человека из области прощения жестокость греха или его количество?

Я уверен, вы согласитесь, что самый худший вообразимый грех — это предать на смерть Иисуса Христа. Я не могу себе представить грех более ужасный, чем этот. Но именно так люди поступили с Сыном Божьим. И тем не менее, когда наш Господь висел на кресте и умирал, Он молился за распинавших Его: «Отче! прости им, ибо не знают, что делают» (Лук. 23:34). Если убийство Сына Божия могло быть прощено, конечно же *тяжесть* греха не лишает права человека на прощение.

А как быть с *количеством* греха? Когда кто-либо — или же это семидесятилетний развратник, проживший жизнь, полную безнравственности, или семилетний ребенок, самый тяжелый грех которого — непослушание, обращается к Богу в покаянии и исповеди, Бог его простит.

И последнее, есть ли какой *вид* греха, который Бог не простит? Обзор Писания показывает, что Бог прощает идолопоклонство, убийство, обжорство, любодеяние, прелюбодеяние, обман, лжесвидетельство, мужеложство, богохульство, пьянство, грабительство и любой другой вообразимый грех, включая самоправедность. Он прощает даже тех, кто отвергает Христа. Если бы Он это не прощал, то никто не смог бы получить спасение.

Каждый человек, в той или иной степени, до своего спасения отвергал Христа. И тем не менее, нашлась такая группа людей, которые отвергли Христа и обнаружили, что действительно есть один грех, который Бог не прощает. Фарисеи преследовали Иисуса на протяжении всего Его служения, отвергая и Его дела и слова. В итоге их отказ привел к следующим грозным словам Иисуса: «Всякий грех и хула простятся человекам, а хула на Духа не простится человекам; если кто скажет слово на Сына Человеческого, простится ему; если же кто скажет на Духа Святого, не простится ему ни в сем веке, ни в будущем» (Матф. 12:31-32). Что такое хула на Духа, и что привело фарисеев к тому, что они согрешили таким образом? Давайте рассмотрим контекст этой главы и раскроем природу непростительного греха.

КАК ИСЦЕЛЕНИЕ ПРИВЕЛО К ОТВЕРЖЕНИЮ

Во время служения Иисуса в Галилее однажды «привели к Нему бесноватого слепого и немого; и [Он] исцелил его, так что слепой и немой стал и говорить и видеть» (ст. 22). Служение Христа было наполнено многими подобными событиями. И обычные люди, и религиозные вожди увидели множество мгновенных, полных, необратимых

265

и подтвержденных исцелений, совершенных Господом (ст. 9-15; ср. 4:23-25; 8:2-4; 9:1-8). Источник Его сверхъестественной власти больше не был открыт для изучения толпами народа, или религиозными вождями.

Тем не менее большинство людей так и продолжали неопределенно относиться к личности Иисуса и к источнику Его силы. Книжники и фарисеи, однако, были намного дальше неопределенности. Их скептицизм и недовольство Иисусом отошли на второй план; теперь они видели в Нём угрозу для своей власти, и стали относиться к Нему враждебно.

По-видимому, Христос совершил данное чудо, чтобы побудить фарисеев открыто заявить о своей враждебности к Нему. Этот человек, бывший одержимым, слепым и неспособным говорить (вероятно из-за глухоты), неожиданно и удивительно начал говорить и видеть. Иисус сделал это так, что «дивился весь народ и говорил: не это ли Христос, сын Давидов?» (ст. 23).

Вероятно, это отдельное чудо оказалось настолько ошеломительным, что «дивился *весь* народ» (курсив добавлен). Греческий глагол указывает, что люди были поражены, полны изумления и восторга. Такая реакция показывает, что Иисус преднамеренно усилил сверхъестественный характер этого чуда.

Реакция людей свидетельствовала, что они признали это чудо как возможный признак Мессии: «Не это ли Христос, сын Давидов?» В Писании фраза «сын Давидов» была одним из титулов Мессии (2 Цар. 7:12-16; Пс. 88:4;Ис. 9:6-7). Тот факт, что люди серьезно рассматривали возможность того, что Иисус — Мессия, заставил фарисеев усиленно доказывать ложность этого мнения.

ИТОГ ОТВЕРЖЕНИЯ

В своем стремлении противостать реакции народа фарисеи невольно попали в ловушку, которую поставил для них Иисус: «Фарисеи же, услышав сие, сказали: Он изгоняет бесов не иначе, как силою веельзевула, князя бесовского» (ст. 24).

Фарисеи фактически утверждали, что Иисус был не Мессией, а скорее — слугой «веельзевула, князя бесовского». Таким образом они поставили себя в довольно затруднительное положение. Сверхъестественность силы Иисуса была очевидной, и источником такой силы мог быть только Бог или сатана. Так как фарисеи отказались признать, что Иисус Христос снизошел от Бога, они были вынуждены утверждать, что Он является посланником сатаны.

И когда фарисеи пытались привлечь толпу на свою сторону, Иисус точно знал, что они делали. Поэтому Он стал обличать всю нелогичность их обвинения.

Абсурдность обвинения

Сначала Иисус подверг критике абсурдность их обвинения: «Всякое царство, разделившееся само в себе, опустеет; и всякий город или дом, разделившийся сам в себе, не устоит. И если сатана сатану изгоняет, то он разделился сам с собою: как же устоит царство его?» (ст. 25-26). Логично, что любое царство, город или дом, разделившийся в себе, погибнет. Поэтому то же самое истинно и в духовном мире. Сатана слишком хитрый, чтобы приказывать своим слугам сражаться друг против друга и разрушать его планы действий в жизни людей.

Однако истинно и то, что по своей природе зло разрушительно, и часто злые силы сами себя разрушают (Марк. 5:13). Бесовские силы могут иногда сражаться друг с другом. Но никогда сатанинские силы не будут вести открытую войну друг против друга.

Обвинять Иисуса в изгнании бесов силою сатаны было абсурдно.

Предвзятость обвинения

Дальше Иисус стал раскрывать злую, нечистую страсть сердец фарисеев: «И если Я силою веельзевула изгоняю бесов, то сыновья ваши чьею силою изгоняют? Посему они будут вам судьями» (ст. 27). Слово «сыновья» часто использовалось как эпитет для учеников или последователей (см. 4Цар. 2:3). Фарисеи показали свою предвзятость, одобряя заклинания, совершаемые их последователями. Такую деятельность они никогда бы не назвали нечестивой и сатанинской. И тем не менее, когда Иисус изгонял бесов и всевозможные болезни, они приписали Его дела диаволу.

Основная причина, почему люди отвергают Христа, не в недостатке доказательств, а в личном пристрастии. Те, кто погряз в злых делах, любой ценой избегают разоблачения праведностью Христа. Фарисеи представляют всех чад тьмы, которые не могут и не станут терпеть Его свет (Иоан. 3:19). Вместо этого, они ищут путей оправдания своих злодеяний и истребляют тех, кто осмеливается их разоблачать.

Так как фарисеи поддерживали заклинания своих последователей, Иисус имел право предполагать, что эти последователи понимают логичность обвинения Христа фарисеями. Кто был источником их заклинаний? Если сатана, то они осуждали сами себя и религиозных вождей, их поддерживающих. Если Бог, то это несостоятельность обвинений фарисеев против Иисуса.

Упорство обвинения

Третья и главная причина обвинения со стороны фарисеев заключалась в их противлении Богу, которое Иисус обличил таким образом: «Если же Я Духом Божиим изгоняю бесов, то конечно достигло до вас Царствие Божие. Или, как может кто войти в дом сильного и расхитить вещи его, если прежде не свяжет сильного? и тогда расхитит дом его. Кто не со Мною, тот против Меня; и кто не собирает со Мною, тот расточает» (ст. 28-30).

Оставалась единственная возможность, то есть, что Иисус творил Свои чудеса силою Божьею, а следовательно, Он должен был быть Мессией. Любой еврей, знакомый с Писанием, знал, что все чудеса, творимые Иисусом, были предсказаны, как сопровождающие Мессию (Ис. 29:18; 35:5-6). Так как Мессия должен был быть вечным Царем Израиля, логическое предположение состояло в том, что Царствие Божие (представленное как сфера влияния Христа в любом месте или веке) также наступило.

Слова Иисуса подтверждались совершаемыми Им чудесами. Он использовал образ вора, вламывающегося в дом сильного человека. Вор не мог начать выносить какую-либо добычу, если прежде не связывал хозяина. Подобным образом, Иисус не мог бы изгнать бесов сатаны, если бы Он не связал его раньше. И только Бог мог войти в жилище сатаны, успешно его связать и все унести. Только Бог мог иметь такую власть и силу.

Затем Иисус определил отношение к Нему фарисеев: если они не были с Ним, они были против Него. Есть только два возможных отношения; нейтральной позиции быть не может. Обвинение фарисеев показало их противление и положение, как врагов Божиих.

НЕПРОСТИТЕЛЬНЫЙ ГРЕХ

Как далеко могут зайти люди во грехе, чтобы потерять возможность получить спасение? Иисус сказал фарисеям: «Посему говорю вам: всякий грех и хула простятся человекам, а хула на Духа не простится человекам; если кто скажет слово на Сына Человеческого, простится ему; если же кто скажет на Духа Святого, не простится ему ни в сем веке, ни в будущем» (ст. 31-32).

Богохульство — это разновидность греха, но здесь Иисус рассматривает грех и богохульство отдельно, выделяя богохульство, как самый крайний вид греха. Иисус использует слово «грех», чтобы описать все нечестивые мысли и поступки, а слово «богохульство», чтобы показать всякое сознательное осуждение и отвержение Бога. Те, кто богохульствует, виновны в открытом поношении или посмеянии Господа (ср. Марк. 2:7). Ветхозаветным наказанием за богохульство была смерть через побивание камнями (Лев. 24:16).

И тем не менее Иисус говорит, что Бог простит даже богохульство, когда человек кается и исповедует этот грех. Апостол Павел пережил такое прощение: «[Я] прежде был хулитель и гонитель и обидчик, но помилован потому, что так поступал по неведению, в неверии; благодать же Господа нашего (Иисуса Христа) открылась во мне обильно с верою и любовью во Христе Иисусе» (1 Тим. 1:13-14). Петр хулил Христа (Марк. 14:71), но Господь простил и восстановил его. Любой верующий не исключение в этом, так как всякая мысль или слово, порочащие имя Господне, являются богохульством.

Даже хула на Христа будет прощена: «Если кто скажет слово на Сына Человеческого, простится ему» (Матф. 12:32). Фраза «Сын Человеческий» говорит о человеческой природе Господа, а следовательно и о Его жизни на земле во плоти. Если люди неправильно судят об Иисусе и грешат против Него, не имея полной картины доказательств Его Божественности, прощение все еще возможно, если, получив полное познание, они поверят. Обращение Павла верное тому подтверждение; до своего спасения он «поступал по неведению, в неверии» (1 Тим. 1:13).

Однако есть одна форма богохульства, когда Бог не простит, и это «хула на Духа [Святого]» (Матф. 12:31-32). Это умышленное отвержение Христа при полном свете свидетельства Святого Духа. Эти люди отвергли побуждаемое Духом обличение, что все притязания Христа были истинны, и отвергли Его по политическим причинам (Иоан. 11:47-48). Когда люди получают доказательство, подтверждающее источник всех слов и дел Господа, и все еще отвергают Иисуса как Мессию, то этим они ставят себя вне границ прощения и утверждаются в своем неверии. Для нас, знающих и любящих Господа, непостижимо, чтобы кто-либо, получив такое полное откровение, мог Его отвергнуть и осудить.

Те, кто отказывается поверить в Христа, не будут иметь возможности быть прощенными «ни в сем веке, ни в будущем» (Матф. 12:32). «Сей век» подразумевает всю человеческую историю, а «век будущий» говорит о вечности. Прощение становится навсегда недоступным для тех, кто хулит Духа Святого.

Люди, о которых говорится в этом тексте, слышали, как Иисус учил и проповедовал Божью истину, и тем не менее отказались поверить. Они видели Божественную силу Духа Святого, действующую в Нем и через Него, и исцеляющую всякую болезнь, изгоняющую всякую бесовскую силу, и прощающую всякий грех; и тем не менее, они обвинили Его в обмане, вероломстве и связи с бесами, приписывая Его силу сатане. Бог не может сделать ничего для тех, кто таким образом и в лице таких подавляющих доказательств отвергает Христа как Бога. Богослов Уильям Хендриксен говорит о таких людях:

> Их грех непростителен, потому что они не желают стать на тропу, ведущую к прощению. Для разбойника, прелюбодея и убийцы есть надежда. Весть Евангелия может побудить такого человека воскликнуть: «Боже! будь милостив ко мне грешнику!» Но когда человек ожесточился так, что принял решение не обращать внимания на... Духа... он поставил себя на путь, ведущий в погибель.[26]

Во время земного служения Христа фарисеи и другие, хулившие Духа Святого, лишили себя Божьей милости. Бог предложил им Свою милость во Христе, но они ее отвергли и насмехались над Ним, как над сообщником сатаны. Автор Послания к Евреям дает суровое предупреждение тем, кто идет по стопам фарисеев и отвергает Христа, несмотря на познание истины и свидетельство Библии о Его сверхъестественных делах:

> " Как мы избежим, вознерадев о толиком спасении, которое, быв сначала проповедано Господом, в нас утвердилось слышавшими от Него, при засвидетельствовании от Бога знамениями и чудесами, и различными силами, и раздаянием Духа Святого по Его воле?.. Ибо невозможно — однажды просвещенных, и вкусивших дара небесного, и соделавшихся причастниками Духа Святого, и вкусивших благого глагола Божия и сил будущего века, и отпадших, опять обновлять покаянием, когда они снова распинают в себе Сына Божия и ругаются Ему.
>
> — Евр. 2:3-4; 6:4-6

Во время Второй мировой войны Американский военно-морской флот принимал участие в военных действиях в северной части Атлантического океана.

Однажды темной ночью, во время сражения один из авианосцев был замечен и подвергся атаке врага. На кораблях поступил приказ потушить все огни. Но шесть самолетов, возвращавшихся с боевого задания, не могли совершить посадку без посадочных огней.

Их просьбе включить огни ровно настолько, чтобы они смогли совершить посадку, было отказано, потому что это подвергло бы смертельной опасности жизни тысяч людей на кораблях. Когда в самолетах кончилось топливо, пилоты вынуждены были садиться в ледяную воду, и команда всех шести самолетов погибла.

Для грешника также наступает момент, когда Бог выключает огни, и возможность для спасения уходит навсегда. Тот, кто отвергает полный свет спасения, больше его иметь не будет. Он навсегда теряет возможность получить прощение.

ДВЕ КЛАССИЧЕСКИЕ ПРОПОВЕДИ О ПРОЩЕНИИ

*Итак, да будет известно вам, мужи братия,
что ради Него возвещается вам прощение грехов;
и во всем, в чем вы не могли оправдаться законом
Моисеевым, оправдывается Им всякий верующий.*
Деян. 13:38-39

Ч. Г. СПЕРДЖЕН
ПРОЩЕНИЕ, СТАВШЕЕ ДОСТУПНЫМ

*Прощайте друг друга, как и Бог
во Христе простил вас.*
Ефес. 4:32

Языческие моралисты, учившие добродетели, не могли поставить своих богов в пример людям, потому что в их мифологии эти боги были помесью всякого мыслимого и немыслимого порока. Многие классические божества в своих преступлениях превзошли самых худших из рода человеческого. Отсюда вывод: скверная жизнь у людей, боги которых хуже их самих.

В противовес этому блаженная чистота нашей святой веры видна не только в ее заповедях, но и в характере Бога, Которого она являет. Сами мы не можем предложить идеальной добродетели, но мы можем видеть ее яркое сияние в нашем Господе. Нет такой области поведения, где верующий мог бы оказаться непревзойденным, но мы можем указать на Христа Иисуса, нашего Господа и Наставника как на образец поведения. И за наивысшие добродетели христианской веры наивысшая похвала Богу, Отцу нашему и Господу Иисусу.

Мы призываем вас к духу прощения, указывая на Бога, Который ради Христа простил вас. Какой более благородный мотив нужен, чтобы прощать друг друга? С такими высоконравственными примерами, братья, какими людьми должны мы быть? Нам приходилось слышать о людях, в своей добродетели превосходивших требования религии, которую они исповедовали, но для нас это невозможно. Духом или поступком мы никогда не сможем подняться на самую возвышенную вершину нашей Божественной веры. Мы должны постоянно подниматься выше самых милосердных собратьев-христиан, но сколько бы мы ни поднимались, над собой мы всегда будем созерцать нашего Господа и Спасителя. Мы можем идти от силы к силе в благих мыслях и благочестивых делах, но Иисус всегда выше, и мы непрестанно должны взирать на Него, когда взбираемся по священному холму благодати.

Сейчас мы немного поговорим касательно обязанностей любви и прощения. И здесь мы сразу отметим, что Апостол ставит перед нами пример Самого Бога. Над этим ярким примером Божьей всепрощающей любви мы проведем большую часть нашего времени, и надеюсь, больше познаем благодать, посредством которой можно прощать других даже до седмижды семидесяти раз.

Слово за словом разберем этот текст, чтобы нам получить предельно ясную картину.

I. Первые для размышления слова — это «во Христе» или *«ради Христа»*. Мы часто употребляем эти слова, но, возможно, никогда не задумывались об их значении. Давайте прикоснемся к ним с глубокомыслием, прося благого Духа наставить нас. *«Ради Христа»*. Все блага, которые Бог даровал нам, Он даровал «ради Христа», но особенно «ради Христа» Он даровал прощение наших грехов. Это ясное изложение текста. Оно означает — *ради великого искупления, предложенного Христом*. Как справедливый Законодатель и Царь, Великий Бог прощает наши грехи по причине их искупления Христом. Если бы грех был только личным оскорблением Бога, то, возможно, Он как Бог многомилостивый и всепрощающий не требовал бы возмездия. Но грех намного больше, чем личное оскорбление Бога. Грех направлен против Божьего нравственного закона: он подрывает основания общества, и если бы он имел возможность для свободы действий, то превратил бы все в анархию и даже разрушил бы руководящую силу и Самого Правителя.

Бог имеет великое Царство, состоящее не только из людей, живущих по всей земле. Под Его властью ангелы и начальства, и силы, и множество других миров. Было бы неразумно предполагать, что Бог создал мириады миров, сияние которых мы видим в ночном небе, не поместив на них живых существ. Намного благоразумнее предполагать, что наша земля всего лишь незначительная крупинка в Божественных владениях, простая провинция в безграничной империи Царя царей. Возмутительная, своевольная непокорность этого мира Богу, в отсутствие расплаты, требуемой за его неповиновение, была бы оскорблением Великого Судьи всех и унижением Его царственного влияния над всеми Его владениями. Если бы грех в случае с человеком был оставлен ненаказанным, он скоро стал бы известен в мириадах миров миллионам Его творений, чтобы они могли безнаказанно грешить — если одни так сделали, почему бы всем этого не сделать? Это было бы провозглашением всеобщего позволения не повиноваться. Это было бы самой худшей катастрофой, которая могла бы произойти — если бы хоть один грех остался ненаказанным Верховным Судьей.

В государстве, где не выполняются требования закона по отношению к преступникам, жить становится опасно. Так и у Бога по отношению к этому грешному миру. Именно Его любовь, а также святость и справедливость побуждают Его к строгому суду. Грех не может и не должен быть заглажен, пока не будет совершено искупление. Прежде всего должна быть жертва за грех, которую великий Бог дает, чтобы показать Свою любовь. Его единородный Сын отдан на смерть, то есть Сам Отец обеспечивает искупление через Своего Сына, Который един с Ним узами совершенного единства, непостижимого, но очень сильного. Если Бог для справедливости требует наказания, Он Сам налагает его с любовью. Это дивная тайна, это тайна пути ко спасению посредством искупительной жертвы. Но ясно то, что теперь Бог ради Христа простил нас, потому что уязвленная честь Божественного закона восстановлена, и справедливость восторжествовала.

Я хочу, чтобы вы на минуту задумались, как легко и просто Бог может загладить грех теперь, после того, как умер Христос. Заглаживание греха кажется трудным, пока мы не увидим крест, а затем оно кажется достаточно легким. Я смотрел на грех, пока он не стал слепить меня своим ужасом, и я сказал себе: «Это ужасное пятно не смыть никогда; самое сильное мыло не может изменить его цвет; скорее ефиоплянин переменит свою кожу или барс — свои пятна. О грех, ты абсолютное, вечное зло, что может тебя удалить?» И затем я увидел Сына Божьего, умирающего на кресте, и воспринял страдания Его души, и услышал вопли, свидетельствовавшие о мучении Его духа, когда Бог Отец оставил Его, и мне показалось, как если бы заглаживание греха стало самой легкой вещью под небом.

Когда я увидел, как умирал Иисус, я перестал понимать, какие трудности могут быть с удалением греха. Пусть человек взойдет на Голгофу и посмотрит на Того, Которого он пронзил, и поверит, и примет совершенное искупление. И тогда станет просто и ясно, что его долг уплачен, и сейчас ему должна быть предоставлена свобода, и он больше не должен быть под осуждением, так как вина, осуждавшая его, удалена Великой Заместительной Жертвой и Господом. Так, на основании тех страданий, перенесенных Христом вместо нас, Бог ради Христа простил нас.

Второе толкование текста было бы таким, что Бог простил нас *на основании положения Христа, как нашего Представителя*. Никогда нельзя забывать, что первоначально мы пали в нашем представителе Адаме. Если бы он исполнил условия завета, мы бы устояли через него; но так как он пал, мы пали в нем. Я молюсь, чтобы вы не возражали против такого определения нашего состояния, потому что надежда для людей есть. Ангелы, вероятно, пали по отдельности, один за другим, и поэтому пали безвозвратно, для них не было восстановления. Но так как мы пали в одном Адаме, для нас оставалась возможность примирения в другом Адаме. И поэтому при полноте времени Бог послал Сына Своего, Иисуса Христа, родившегося от женщины, подчинившегося закону, чтобы стать вторым Адамом. Он обязался снять наши бремена и выполнить условия нашего восстановления. В соответствии с Заветом Божьим Он должен был явиться в нашей природе, и эту природу в полноту времени Он принял на Себя. Он должен был понести наказание, что Он и сделал в Своих личных страданиях и смерти. Он должен был подчиниться закону, что Он и сделал в высшей степени.

И теперь Христос Иисус, понеся наказание и исполнив закон, Сам оправдан перед Богом и стоит перед Ним как Представитель всех, кто в Нем. Бог ради Христа принял нас в Нем, простил и в Нем смотрит на нас с неизменной и безграничной любовью. Вот так все наши благословения приходят к нам — во Христе и через Христа. И если мы действительно в Нем, Господь не только прощает наш грех, но Он возлагает на нас неограниченные богатства Своей благодати в Нем. Он даже относится к нам как к Своему Сыну. Он обращается с нами, как обращался бы с Иисусом. И как приятно понимать, что когда справедливый Бог смотрит на нас, Он смотрит через Примирителя — Он видит нас через Посредника. Мы иногда поем гимн:

Но чрез раны Иисуса,
Смотрит на меня Отец.

Именно так смотрит Господь. Он считает нас оправданными на основании искупления, совершённого нашим Спасителем и Его роли, как Представителя человечества.

Теперь пойдем чуть дальше. Когда мы читаем «ради Христа», это значит *ради великой любви, которую Отец имеет к Нему.* Братья мои, можете ли вы представить, какую любовь Отец имеет к Единородному Сыну? Мы не можем заглянуть в дивную тайну вечного сыновнего положения Сына Божьего, чтобы нам не ослепнуть от силы света. Но мы знаем, что Они есть один Бог — Отец, Сын и Святой Дух; и сила союза, существующего между Ними, превыше понимания. «Отец любит Сына» — это всегда было истиной, истинно оно и теперь. Нонасколько глубоко, насколько сильно Он любит Сына, разум не может постичь. И Господь сделает великие дела ради чада, которого Он любит, как любит Иисуса, потому что в дополнение к факту Его вечной любви к Сыну, как единому с Ним по природе и сущности, теперь есть дополнительная причина для любви, возникшая благодаря тому, что Господь Иисус сделал как Слуга Отца. Помните, что наш Господь Иисус был послушен воле Своего Отца — послушен до смерти, даже до смерти на кресте; после чего Бог высоко вознес Его и дал Ему имя превыше всякого имени. Одна из сладчайших мыслей, в которой я иногда нахожу утешение в одиночестве, в следующем — *Бог Отец всё сделает для Христа.* Здесь еще одна услада — *когда я молю во имя Христа, я могу быть уверен, что буду услышан.* «Ради Христа» есть призыв, который всегда достигнет сердца Великого Бога.

Покажите, что ваше принятие какого-либо благословения прославит Христа, и Отец не может в нем отказать, потому что для Него удовольствие почтить Иисуса, и выразить к Нему Свою любовь. Во все века они имели общение Друг с Другом. Они всегда были едины во всех Своих замыслах; Они никогда не расходились во мнениях и не могут расходиться. И вы видите, что Они настолько соединены, что когда наш Господь говорит: «Отче, прославь Сына Твоего», то тут же добавляет: «Да и Сын Твой прославит Тебя». Их взаимная любовь непостижимо велика, и, следовательно, Бог все сделает для Иисуса. Бог простит нас ради Него. Он делал это с тысячами людей прежде нас. И ты, великий грешник, если в этот момент обратишься к Богу и скажешь: «Господи, я не могу просить Тебя простить меня ради меня самого, но сделай это из любви к Твоему дорогому Сыну», Он сделает это, потому что Он все сделает ради Иисуса. Если вы сейчас осознаёте свой грех до такой степени, что это приводит вас в отчаяние, это естественно, так как вам не на кого уповать. Поэтому, как за спасательный круг, ухватитесь за эту надежду — попросите прощения ради Иисуса, ибо Бог все сделает для вас ради Своего дорогого Сына.

Поэтому еще раз прочитаем этот текст во свете истины, произрастающей из любви Божией, то есть, что *Бог прощает грех ради прославления Христа*. Христос понес позор, чтобы возвеличить Своего Отца, и теперь Отец с радостью возвеличивает Его, смывая грехи людей. Если вы сможете доказать, что любой дар вам будет отражать славу Христа, вы можете рассчитывать на его получение. Если под небом есть что-либо, что более прославит Христа, Отец не пожалеет его ни на минуту. Если вы видите, что для вас иметь прощение ваших грехов превознесет славу Спасителя, идите и представьте этот аргумент Богу, и вы добьетесь своего. Не будет ли радостью для Христа, если Он спасет такого грешника как вы? Тогда идите с этим аргументом на устах: «Отче, спасая меня, прославь Твоего Сына, превознося Его, как чудного Спасителя». Я часто нахожу это замечательным рычагом сдвинуть тяжелый груз, сказав Богу: «Господи, Ты знаешь в каких я обстоятельствах. Ты знаешь, какой я недостойный. Ты знаешь, какое я бедное, ничтожное творение перед Тобой. Но если Твой дорогой Сын поможет и спасет меня, сами ангелы будут удивляться Его могущественной благодати, и так она *принесет Ему славу,* и поэтому я умоляю Тебя, будь милостив ко мне».

Вы обязательно восторжествуете, если сможете обосновать, что это прославит Христа, и конечно же вы не станете желать чего-либо такого, что не прославит Его. Ваша молитва всегда получит ответ, если ваше сердце в таком состоянии, что вы готовы получить или не получить, в зависимости от того, будет ли это почитать вашего Господа. Если это не прославит Христа, будьте более чем довольны обходиться без самого лучшего земного блага; но будьте вдвойне благодарны, когда дарованное благо приносит честь самому дорогому и достойному поклонения имени Иисуса «Ради Христа». Это драгоценные слова; размышляйте над ними, и храните их в вашей памяти: Отец сделает все ради Иисуса Христа, Своего Сына.

II. Теперь мы перейдем к обзору того, что, как сказано в этом тексте, сделано нам и для нас ради Христа. «Бог во Христе *простил вас».*

Во-первых, обратите внимание, что Он сделал это *без условий.* Апостол не говорит, что надеется на это, но он говорит:

«Бог во Христе простил вас». Находитесь ли вы среди прощенных, дорогой слушатель? Поверили ли вы в Господа Иисуса Христа? Поверили ли вы в Его искупительную жертву? Если вы твердо поверили, тогда Бог во Христе простил вас. Надеюсь, вы не начали свой христианский путь с надеждой, что однажды, в далеком будущем вы, может быть, получите спасение. Нет. «Бог во Христе простил вас». Прощение — это не приз, за который состязаются, но благословение, получаемое на первом шагу поприща. Если вы поверили в Иисуса, все ваши грехи остались позади; все ваши грехи удалены из записей прошлого, чтобы никогда уже не быть обвинением против вас. В тот момент, когда грешник поднимает свой взор на Христа, бремя грехов падает с его плеч, чтобы уже никогда не вернуться. Если Христос омыл вас, а Он это сделал, если вы поверили в Него, тогда вы полностью чисты, и стоите перед Господом, избавленными от всякого следа вины.

Прощение не есть вопрос надежды, прощение — это факт, это осознанная милость. Если Христос взял ваш груз, он не может оставаться на ваших плечах; если Христос заплатил ваш долг, он не может оставаться в Божьих книгах. Как же иначе? Само собой разумеется, что если ваша Заместительная жертва взяла на себя ваш грех, он больше не лежит на вас. Бог ради Христа простил вас. Держитесь за эту величественную истину, несмотря на происки диавола. Держитесь железной хваткой. «Бог во Христе простил меня», — пусть каждый из нас будет уверен в этом. Мы не сможем чувствовать Божественную сладость и силу этих слов, если посредством Духа Святого не сделаем это вопросом нашей жизни.

Затем отметьте, что Божье прощение — это *продолжающийся* процесс. Он не только вначале простил наши грехи, но Он каждый день продолжает прощать, потому что Его прощение не имеет границ. Мне приходилось слышать высказывания, что, поскольку мы были прощены, когда уверовали, нам нет больше нужды просить прощения. На это я отвечу: мы были полностью прощены, когда уверовали, но чтобы Господь мог продолжать проявлять к нам полноту Своей прощающей благодати, вначале полностью нас оправдавшей, и мы могли продолжать идти перед Ним с чувством полного прощения, ясного и бесспорного, мы должны постоянно просить о пребывании этого далеко простирающегося акта. Я знаю, что я был прощен, когда уверовал во Христа; и я так же уверен в этом сейчас. Прощение, данное однажды, продолжает изливаться. Когда в сомнениях и тревоге я не был уверен в моем прощении, оно оставалось таким же истинным, потому что верующий в Него не судится, даже если и накопил в себе горечь. Возлюбленные, возьмитесь за эту истину и не отпускайте. Божественное прощение есть продолжающийся процесс.

И это прощение с Божьей стороны было *бесплатным*. Мы ничего не сделали, чтобы его заслужить, и мы ничего не принесли, с помощью чего его купить. Он простил нас ради Христа, не ради чего-то, что мы сделали. Действительно, мы покаялись и поверили, но Он дал нам веру и покаяние, поэтому Он простил нас не из-за них, но по причине Своей великой любви, потому что Он утешается в милости и более всего проявляет Свою природу, когда прощает наши грехи и беззакония.

Помните также, что Он простил нас *полностью*, и весь ужасный список наших преступлений Он уничтожил сразу. Заместительная жертва нашего Господа завершила это дело до конца.

Все наши преступления сразу смыты и как бы потоком воды уносятся так, что не остается никакого следа виновности. Они все снимаются! Верующие, подумайте об этом, потому что *все* грехи — против Святого Бога, против Его любимого Сына, против Евангелия, против закона, грехи против людей, грехи плоти, грехи помыслов и другие многочисленные грехи удалены от нас так, как далеко восток от запада. *Всё* это зло было собрано и возложено на Иисуса; и Он навеки с ним покончил. Когда наш Господь простил нас, Он простил нам весь долг. Он не взял наш список, чтобы сказать: «Я вычеркиваю это, это и это», но одним росчерком пера на всем списке было написано: «Оплачено». Это была полная расплата за всё; Иисус взял имеющееся о нас рукописание и пригвоздил его ко кресту, чтобы показать всей Вселенной, что его осуждающая сила исчезла навеки. В Нем мы имеем полное прощение.

И будем помнить, что это Богом данное прощение во Христе есть *вечное* прощение. Он никогда не возвратит наши прежние преступления, чтобы вменить их во второй раз. Он не будет искать нас в момент нашего согрешения, чтобы сказать: «Я долго тебя терпел, но сейчас Я поступлю с тобою в соответствии со всеми твоими грехами». Наоборот, верующий в Иисуса имеет жизнь вечную и на суд не приходит. Прощение неба необратимо. Бог никогда не раскаивается за то, что Он дал или простил. «Итак нет ныне никакого осуждения тем, которые во Христе Иисусе». «Кто будет обвинять избранных Божиих? Бог оправдывает их. Кто осуждает?» Слава Богу за Его вечное прощение!

Он простил нас *Божественно*. В этом истина, реальность и особое значение, потому что хотя человек и простит всё, что вы ему сделали, но если это зло было довольно большим, трудно ожидать, что он полностью его *забудет*. А Господь говорит: «Беззакония их и грехов их уже не воспомяну более». Если человек вас обманул, хотя вы и простите его, скорее всего вы доверять ему больше не будете. Старая поговорка гласит: «На хромого коня не садись». Но мы видим, как Господь относится к Своему народу. Когда Петр был опять поставлен на ноги после отречения, он был «хромым конем», и тем не менее, посмотрите, как чудесно Господь употребил его в День Пятидесятницы. Не пошел ли он вперед с победой? Господь забывает прошлое настолько, что доверяет прощенным душам Свою тайну, потому что «тайна Господня — боящимся Его». Он доверяет некоторым из нас Свои самые лучшие сокровища, и Павел сказал: «Бог вверил мне благовестие, хотя я и был хулителем». Он вверяет нам эту бесценную шкатулку, содержащую лучшую надежду для людей, то есть, благовествование Христово. «Сокровище сие мы носим в глиняных сосудах».

Это показывает, насколько совершенно и, я бы даже сказал, *божественно* полученное нами прощение. Будем радоваться этому великому обетованию, сказанному устами пророка Иеремии: «В те дни и в то время, говорит Господь, будут искать неправды Израилевой, и не будет ее, и грехов Иуды, и не найдется их; ибо прощу тех, которых оставлю в живых». Вот — единственное абсолютное упразднение греха посредством прощения, которое Господь дарует людям. Будем воспевать эти слова, как если бы они были прекрасным гимном: «Будут искать неправды Израилевой... и грехов Иуды, и не найдется их».

III. Итак, если вы прониклись духом нашей темы, для вас будет ободрением услышать, что я скажу вам в отношении применения: «*Прощайте друг друга,* как и Бог во Христе простил вас».

«Прощайте друг друга, как и Бог во Христе простил вас». Говорит ли Апостол: «Прощайте других»? Нет. Он повелевает: «Прощайте *друг друга!*» Это значит, что если вы прощаете сегодня, то вполне возможно, что завтра вы сами будете нуждаться в прощении, потому что сказано: «*Друг друга*». Это взаимное действие и совместное служение по очереди. Это дело взаимного прощения, и христиане, члены поместных церквей должны вносить большую долю в это дело. «Прощайте друг друга». Ты прощаешь меня, и я прощаю тебя; мы прощаем их, и они прощают нас, и так круг неограниченной снисходительности и любви идет по всему миру. Во мне есть что-нибудь неправильное, что должен простить мне мой брат, но в моем брате также есть что-то неправильное, что я должен простить, и это то, что подразумевает Апостол — что все мы должны взаимно развивать священное искусство прощения друг друга.

Если бы мы всегда так поступали, не было бы тех, кто специально подмечает недостатки. В любой церкви вы встретите бесславящих доброе имя христианина. Я слышал от многих, что «между христианами вообще нет любви». Скажу вам, что человек, делающий такие выводы, не любит других. Другой оправдывается: «В мире сейчас нет искренности». Такой человек лицемер, вы можете в этом быть уверенны. Птицу судят по пению, а человека по его словам. Оценивайте людей на основании их суждения о других людях, и ваша оценка редко вас обманет. Их речь выдает их сердца. Тот, кто зло говорит о своем соседе, имеет злое сердце. Давайте поступать в нашей христианской жизни с полным пониманием, что нам много придется прощать другим людям, но намного больше другим придется прощать нас. Давайте будем рассчитывать на необходимость проявлять снисходительность, нуждаясь в ее проявлении со стороны других. «Прощайте друг друга, как и Бог во Христе простил вас».

Обратите внимание еще раз: прощение нами других — мелкое и ничтожное в сравнении с тем прощением, которое Бог даровал нам, потому что мы прощаем друг друга, тогда как Бог, Судья всей Вселенной, прощает нас, виновных в тяжком преступлении против Его Величия. Божье прощение — это великая милость; наше прощение, хотя некоторые думают, что это великое дело, должно считаться очень незначительным.

Теперь поразмыслите над обидой, которую надо простить. Наш Господь в Своей притче говорит, что один слуга имел должника на несколько копеек, а сам очень много задолжал своему господину. Наш долг перед Богом бесконечен, а то, что другой человек должен нам, — очень незначительно. Что сделал тот, кто вас так обидел? «Он очень неприлично отзывался обо мне». Несомненно, это очень нехорошо с его стороны. «Затем он сыграл со мной злую шутку и поступил нелюбезно; более того, он повел себя очень скандально, и если ты услышишь всю историю, ты будешь очень возмущен». Да, я возмущен. Он нехороший человек, в этом нет сомнения; но ты точно такой же. Таким был и ты, когда впервые обратился к Богу; он плохо обошелся с тобой, но ты был в еще худшем состоянии для Господа. Но я гарантирую, что его провинности перед тобой — непорочность в сравнении с твоими провинностями перед Богом. «Да, но вы не поверите, как он подло поступил». Нет, и я осмелюсь сказать, что я с трудом поверил бы, если бы услышал, насколько подлым ты был перед Господом. В любом случае, наши глаза должны наполняться слезами при воспоминании о том, как мы огорчали нашего Бога и раздражали Его Духа. Некоторые из нас пережили такое явное прощение, так много видимого греха было нам прощено, что прощение должно быть для нас естественным, как дыхание. После такого прощения, которое Господь даровал некоторым из нас, мы на самом деле будем злыми рабами, если будем брать своего брата за горло и говорить: «Отдай мне, что должен». Мы заслуживаем, чтобы наш разгневанный Господин отдал нас истязателям, если мы с радостью не прощаем вину нашему брату.

Если кому-либо трудно прощать других, я дам два слова, которые ему замечательно помогут. Это слова: *Ради Христа*. Можете ли вы простить обидчика на этом основании? Да, ваш сын поступил очень неправильно, и ничто не причиняет столько страданий отцу, как безнравственное поведение сына. В приступе гнева вы приняли очень суровое решение навсегда отказать ему в унаследовании дома. Я умоляю вас ради Христа взять свои слова обратно. Иногда, когда я умолял в подобных случаях, человек, которого я убеждал, любезно говорил: «Я сделаю это для вас, уважаемый». И я отвечал: «Я поблагодарю вас, если вы это сделаете, но я был бы более вам благодарен, если бы вы сделали это для Господа, по причине того, насколько Милостив Господь был к вам! Сделайте это ради Него».

Может быть, и среди вас есть те, кто пообещал никогда не прощать своего непокорного сына. Я обращаюсь к вам. Не говорите этого больше, посмотрите на этот вопрос ради Христа. Не ради вашего сына, не ради соседа, который вас оскорбил, не ради какой-либо другой причины я призываю вас к милости, но ради Христа. Если вы, братья, поссорились, окажите любовь друг другу. Если вы, сестры, если вы, друзья, стали друг другу чужими — встретьтесь и положите конец всем вашим плохим чувствам ради Христа. Вы не должны таить ни капли злобы в своей душе ради Христа. О, как эти чудесные слова смягчают нас, не оставляют и следа гнева. Ради Христа наша любовь долготерпит и никогда не перестает.

Вы должны прощать, иначе не можете быть спасены; в то же время вы не должны делать это из принуждения — вы должны делать это свободно, от всего сердца. Помните, что нет вам пользы класть деньги на тарелку с пожертвованиями, если вы не можете простить своего брата. Бог не примет даров, молитв или прославления из нераскаянного сердца, хотя бы вы все свое имение отдали на дело Божие. Где нет готовности не замечать недостатков, там нет и благодати. Апостол Иоанн сказал: «Не любящий брата своего, которого видит, как может любить Бога, Которого не видит?» Молитва, которая учит нас просить милости, гласит: «Прости нам долги наши, как и мы прощаем должникам нашим». Если вы не простили других, то, произнося молитву «Отче наш», вы подписываете себе смертный приговор.

Как братья и сестры во Христе, если мы прощаем друг друга, мы должны еще что-то делать. И первое, мы не должны провоцировать друг друга на прощение. Если я знаю, что этому человеку что-то не нравится, я не буду подталкивать его к этому. Не говорите: «Ну, если он невоздержан, я ничем не могу в этом помочь; он не должен так быстро обижаться. Я не могу всегда обращать внимание на его чрезмерную чувствительность». Да, но ваш друг очень чувствителен к обиде, и вы это знаете; тогда окажите уважение немощи его характера, подобно тому как вы бы сделали, если бы он имел физический недостаток. Если у вас ревматизм или подагра, ваши друзья не машут рукой, говоря: «Он не должен обращать на это внимание; он не должен этого чувствовать». Чувствительные люди ступают по полу легко из страха, что они могут причинить боль страдающему органу. Если человек имеет больное воображение и очень легко раздражается, обращайтесь с ним осторожно, жалейте его немощность и не раздражайте его.

Не так давно один брат написал мне письмо с серьезной жалобой на своего друга, который в гневе говорил с ним очень резко. Но выслушав другую сторону, я вынужден был сказать: «Итак, вы, братья, оба неправы. Ты, мой брат, вышел из себя. А ты, мой брат, раздражал его, поэтому я не удивлен, что он вышел из себя. А когда ты увидел, что он потерял над собой контроль, почему ты не удалился или не попытался как-то его успокоить? Но ты остался, чтобы усилить его гнев и затем написал мне, разоблачая его». Я обвиняю дрова за горение, но что я скажу о ветре, который раздувает это пламя? Неправильно было воспламеняться, но правильно ли было раздувать пламя? Очень часто, когда человек гневается, не он один виноват. Поэтому, братья и сестры, если мы должны прощать друг друга, не будем раздражать друг друга до состояния обиды.

Следующее, не ищите обид там, где их нет. Часто человек обижается, когда причины вообще нет. Один человек сказал о другом, когда тот прошел мимо по улице: «Он даже не кивнет головой. Он слишком горд, чтобы признать меня, так как я бедный». Но обвиненный человек не мог видеть дальше своей руки, потому что был близоруким. Другой, будучи плохо слышащим, был порицаем за то, что он что-то не расслышал.

Третий, в том, что не протянул руку, чтобы поздороваться, тогда как его рука была покалечена. Не надумывайте обид, когда они непреднамеренны.

Также не принимайте обид, когда они преднамеренны. Лучше будет, если вы останетесь необиженными. Ничто так не унижает человека, как если вы примете его оскорбление за комплимент и поблагодарите его за это. Можете ли вы владеть собой до такой степени? Помните, когда вы победите себя, вы победите мир. Вы победите любого, когда победите свой дух так, что останетесь довольны тем, что обычно могло возбудить ваш гнев.

Затем, если вас обидели, дорогой брат, не преувеличивайте обиды. Некоторые доброжелатели разносят сплетни, очень много выставляя напоказ и добавляя. Они приходят и приносят слухи по какому-либо вопросу, делают предположения, намеки, пока, как говорится, яйцо мухи не становится яйцом страуса. В таких случаях я объективно начинаю разбираться: «Итак, я не вижу, что это мнение или предположение имеет общего с данным вопросом. Все, что я могу видеть, когда смотрю на голые факты, это то и то, а это не так уж и много, не так ли?» «Да, но там намного больше имелось ввиду». Не верьте этому, дорогой брат, дорогая сестра. Если там и есть что-то неправильное, пусть оно будет как можно меньше. Если у вас есть телескоп, посмотрите через большое отверстие, но уменьшите вместо увеличения. А еще лучше, вообще не смотреть.

Слепой глаз — часто лучший глаз, который может иметь человек, и глухое ухо бывает намного лучше, чем то, которое слышит слишком много. «Не на всякое услышанное слово обращай внимание, — говорит Соломон, — чтобы не услышать тебе раба твоего, когда он злословит тебя». Какой-то ваш поступок может вызвать раздражение другого человека, и он сделает неподходящее и дерзкое замечание. Не прислушивайтесь, что он бормочет. Будьте выше этого. Завтра он станет об этом сожалеть и если он будет думать, что вы не услышали его, то ваши отношения останутся хорошими, и он будет верно вам служить. Что бы *вы* делали, если бы *ваш* начальник требовал у вас отчета за каждое слово и критически относился к каждому, сказанному вами предложению? Как бы вы вообще жили, если бы он во всем резко с вами обходился? Нет, дорогие друзья, если вы должны прощать друг друга, то не принимайте обид; а когда обида наносится, не преувеличивайте ее, и если можете, не обращайте на нее внимания вообще.

Далее, не разглашайте свои обиды. Кто-то сказал что-то обидное. Что же теперь? Не повторяйте его. Не идите к одному, другому, говоря: «Это только между нами, и ты должен хранить это в секрете — такой-то говорил постыдное». Пусть лучше ваше сердце сокрушается, чем так ходить туда-сюда и его клеймить. Если брат поступил неправильно, почему вы должны поступать неправильно? Помните, как пришло проклятие на сына Ноева за разглашение наготы отца своего. Насколько лучше для нас, когда что-то неправильно, если мы можем помочь, подойти и покрыть. Любовь покрывает множество грехов.

Превыше всего, братья, никогда, никоим образом, прямо или косвенно не мстите за себя. На любое зло, когда-либо сделанное вам, Господь говорит: «Не противься злому». Во всем послушайтесь, уступите, подчинитесь. «Если наступишь на червя, даже он пытается сопротивляться», говорят некоторые. Будет ли червь примером для вас? Для меня пример Христос. Ужасно, когда христианин забывает своего Господа и ищет для себя оправдания среди бедных тварей под своими ногами. Но если так должно быть, что делает червь, когда вы наступили на него, кусает ли он? Причиняет ли вред кому-либо? Конечно, нет. Он перевернется в агонии, и скорчится перед вами, это все. Вы можете это сделать, если хотите. Братья, самое лучшее отмщение, которое вы можете когда-либо нанести — это сделать добро тем, кто делает вам зло, и говорить хорошо о тех, кто говорит худо о вас. Им будет стыдно смотреть вам в глаза, и они никогда больше не причинят вам зла, если увидят, что вас нельзя возбудить ни на что, кроме любви и доброты.

Это должно быть нормой для христианина. Не угрозы «я нашлю на тебя закон», или «я тебе отомщу», но «я перенесу и вытерплю даже до конца». «У Меня отмщение, Я воздам, говорит Господь». Не берите в свои руки то, что принадлежит Господу. Наоборот, как Он ради Христа простил вас, так и вы прощайте тех, кто делает вам зло. «Как долго мне прощать?», спросил один человек. «Я не против сделать это три или четыре раза». Но Иисус Христос сказал: «До седмижды семидесяти раз». Это очень большое число. Вы можете посчитать, дошли ли вы до него, и если да, вы будете рады опять начать, все еще прощая, как и Бог во Христе простил вас.

Пусть Бог поможет нам быть терпеливыми до конца. Мы должны подражать Иисусу Христу, Который проповедовал любовь к ближним и прощение врагов. Верьте в Иисуса, подражайте Ему, помня, что Он простил Своих убийц на кресте, на котором совершил наше искупление. Пусть Его Дух пребывает на вас вовеки. Аминь.

АЛЕКСАНДР МАК-ЛАРЕН
ПРОЩАЮЩИЙ СЫН ЧЕЛОВЕЧЕСКИЙ

Но чтобы вы знали, что Сын Человеческий имеет власть на земле прощать грехи, — тогда говорит расслабленному: встань, возьми постель твою и иди в дом твой.
Матф. 9:6

Замечательный пример проповеди нашего Господа, известный как Нагорная Проповедь, нашел продолжение в Его делах в восьмой и девятой главах Евангелия от Матфея. Они разделены евангелистом на три группы, каждая из которых состоит из трех чудес. Чудо, о котором говорит наш текст, последнее во второй триаде, в которой другие — это укрощение бури и изгнание бесов из двух человек в стране Гергесинской (Гадаринской).

В этих трех событиях можно увидеть определенное сходство. В каждом из них Господь показан, как Приносящий мир. Но сферы, в которых Он действует, — разные. Затишье, установившееся над бушующим озером, было миром, но это был мир более низкого вида, чем тот, который наполнил души одержимых, когда сила, терзавшая их, была изгнана. Но даже этот мир был более низкого вида, чем тот, который через прощение получил расслабленный. Прощение — более возвышенное благословение, чем даже изгнание бесов. В прощении любовь проявляется в более сильной форме.

Текст подчиняет явное чудо твердой уверенности в прощении и таким образом учит нас, что самая важная часть события — не исцеление, а прощение грехов. Здесь мы находим заслуживающее внимания указание, данное Самим Господом по отношению к Его чудесам и Его вечному делу, которое Он делал во все века и делает сегодня, и продолжит делать для нас, если мы Ему позволим. Оно высоко возносится над чудом, и чудо лишь его подтверждение. Это повествование раскрывает великие принципы, присутствующие в чудесном факте.

ПРОЩЕНИЕ — САМАЯ ГЛУБОКАЯ НУЖДА ЧЕЛОВЕКА

Каким странным и даже неуместным может показаться ответ Христа на страстный энтузиазм несущих и умоляющее молчание страдальца! «Дерзай, чадо! Прощаются тебе грехи твои», — звучало совсем не так, как требовала того ситуация. Но это был прямой ответ на самую глубокую нужду расслабленного. Вероятно, сам расслабленный чувствовал, несмотря на то, чего хотели его добрые друзья, что он больше всего нуждается в прощении. Возможно, долгие часы вынужденной бездеятельности не остались без посещения мыслей раскаяния, и совесть могла пробудиться, хотя руки и ноги не двигались. Но как бы там ни было, следует отметить, что Господь указывает на чудо, как на доказательство Своей силы прощать, показанное не парализованному, а стоящим рядом, как если бы сам парализованный не нуждался в доказательствах, не имел крепкую уверенность прежде, чем получил удостоверение в этом. Таким образом, слова Христа подразумевают, что в этом недвижимом теле, распростертом на носилках, бушевала внутренняя буря раскаяния. Ведь Христос не разбрасывает Своих жемчугов перед теми, которые не могут увидеть свою греховность, и не предлагает Свой дар прощения людям, сердца которых не сокрушены гнетом греха. И эта буря могла быть успокоена только чем-то намного большим, чем телесное исцеление.

Из этого случая исцеления можно вынести урок, что самая глубокая наша нужда — это прощение. Не является ли наше взаимоотношение с Богом самым важным из всего, что мы имеем? Если это так, то не приложится ли все остальное в своем порядке? И не правда ли то, что несмотря на внешние различия, всем людям присуща греховная природа? Король и шут, философ и невежда, интеллигент и хулиган в этом одинаковы, потому что «все согрешили и лишены славы Божией». Царские одеяния и полотняные рубахи скрывают одинаковое человеческое сердце, которое в большей или меньшей степени испытывает одинаковое беспокойство — последствие разделения с Богом.

Следовательно, все люди имеют потребность в Евангелии, которое не заигрывает с симптомами, но прямо обращается к глубоко лежащей и часто скрытой болезни. Обсуждать поверхностные грехи, не вникая в корень проблемы — это напрасно потраченное время. Грех — источник всякой печали. Даже при самом поверхностном наблюдении видно, что самая значительная часть страданий человека исходит или же из его собственных неправильных поступков или таких же поступков других. А остальные — суд веры, согласный с Божьим решением, принимает как необходимые для дисциплины и очищения от греха.

Первое, что нужно сделать, чтобы перевязать раны людей и облегчить их страдания, это очистить раны. А чтобы их очистить, нужно заверить их в Божьем прощении за их греховное прошлое. Поэтому сарказм, часто направляемый на верующих за то, что они «несут людям религиозные брошюры, когда те нуждаются в хлебе», крайне ограничен и просто показывает, что критик поставил болезни только поверхностный диагноз и поэтому неправ в назначении необходимого лекарства. Не дай Бог, чтобы мы сказали хоть слово, которое может унизить ценность других искренних усилий, или будет лишено симпатии и восхищения энтузиазмом, который наполняет многих жертвенных и ревностных работников и ведет их свидетельствовать среди грязи и пороков нашей «цивилизации». Для христиан прямая обязанность всем сердцем радоваться и помогать любой такой работе, видя ее нужной и благословенной, как прямое следствие христианского взгляда на единство человечества и распоряжение своей жизнью.

Но мы должны проникнуть намного глубже, чем могут охватить нравственные, политические или экономические реформы, прежде чем коснемся реальной причины человеческих невзгод. Бесполезно пытаться высушить болото, если не запружен источник. Мы излечим страдания эффективно и определенно только тогда, когда начнем там, где страдание начинается, где начинал Христос, и сначала будем бороться с грехом. «Бальзамом» для общества может быть только такой человек, который может пойти к своему расслабленному и несчастному брату и как служитель, провозглашающий Божью любовь, сказать ему: «Дерзай, чадо! прощаются тебе грехи твои». Тогда паралич покинет пораженные члены, и новая энергия войдет в них, и страдающий встанет, возьмет свою постель и пойдет.

ПРОЩЕНИЕ — ИСКЛЮЧИТЕЛЬНО БОЖЕСТВЕННЫЙ АКТ

Мы прочитали, что в доме, где проповедовал Иисус и где собралось множество народа, находились и ученые мужи, некоторые из книжников. Они собрались, как церковная инквизиция, для изучения дела этого молодого Учителя из Галилеи, Которого Его ученики без всякого на то права называли «Равви». Их не трогало ни нежное сострадание во взгляде Христа, ни зарождающаяся надежда, наполняющая тусклый взгляд расслабленного. Но они имели хорошее чутье на ересь, и инстинктивно ухватились за слова Иисуса расслабленному. «Что Он так богохульствует? кто может прощать грехи, кроме одного Бога?» (Марк. 2:7). Педанты, для которых религия — это свод запретов, они были слепы, как летучие мыши, к ослепительной красоте возвышенной добродетели, и как камни, нечувствительны к нуждам угнетенного грехом человечества.

Но они, тем не менее, были абсолютно правы в принципе, который по их словам нарушал Иисус. Прощение — исключительно Божественный акт. Безусловно. Грех искажает наши отношения с Богом. Слово «грех» не имеет смысла, если не рассматривается по отношению к Богу. Один и тот же поступок может считаться грехом, преступлением или пороком. Как грех, он оскорбляет Бога; как преступление, он бросает вызов государственному закону и окружающим людям; как порок, он нарушает стандарт нравственности и может повредить мне самому. Представители государственного закона могут простить преступление. Безликий кодекс нравственности не говорит ничего в отношении прощения порока. Только Бог считает порок или преступление грехом, и только Он один, против Которого мы согрешили, может простить наше беззаконие.

Только Бог может прощать грехи, потому что сущность прощения не в освобождении от внешнего наказания, а в неограниченном потоке любви из оскорбленного сердца Иеговы, против Которого был совершен грех. Когда вы, отцы и матери, прощаете своих детей, состоит ли ваше прощение только из отказа применить розгу? Не заключается ли оно намного больше в том, что ваша любовь никак не изменилась и не ожесточилась проступком вашего ребенка, но изливается на маленького сорванца, как и до совершения проступка? Поэтому природа Божьего прощения в следующем: «Чадо, в Моем сердце нет ничего к тебе, кроме чистой, совершенной любви». Наши грехи все еще застилают небо туманом, через который само солнце часто не может показаться иначе, как красным шаром пылающего огня. Но оно все так же сияет, и рассеивает туман. Прощение — это Божья любовь, неограниченная и неомраченная, предоставляемая грешнику. Это исключительно Божественный акт. Правы были злые языки, сказавшие: «Кто может прощать грехи, кроме одного Бога?»

Такое прощение может сосуществовать с сохранением некоторых взысканий за прошенный грех. «Ты был для них Богом прощающим и наказывающим за дела их». Когда грех — это преступление, он обычно наказывается. Наказание за грехи, считающиеся пороками или нарушениями нравственного стандарта, обычно не налагается, потому что сделанное зло для человека, его совершившего, ушло в прошлое, и сознание воспринимает его, как прощенное Богом. Настоящее наказание за грех для человека, которого Бог простил, полностью упразднено, потому что такое наказание — разделение с Богом, то есть единственная настоящая смерть. И тот, кто прощен и знает, что он прощен, также знает, что он соединен с Богом, излившим на него, хотя и недостойного, эту бесконечно милосердную и терпеливую любовь. Прощение — это возвышение любви над плотиной, которую мы соорудили между нами и Богом, и заполнение наших сердец ее чистыми водами.

Здесь мы могли бы добавить, хотя это и отступление от темы, что прощение возможно, несмотря на современные противоположные утверждения. Когда в христианском смирении мы осмелимся спросить современных мудрецов, почему прощение невозможно, нам указывают на неизбежную связь между настоящим человека и его прошлым, утверждая, что ни Бог, ни человек не могут остановить произрастание посеянного семени, и пожатие сеятелем того, что он посеял. Но мы можем ответить, что тоже верим в принцип «что посеет человек, то и пожнет». И затем спросим, что общего это имеет с учением Писания о прощении, которое никак не изменяет этот священный закон, упоминаемый противниками, а провозглашает, что грешный человек, оставивший свои грехи и поверивший в жертву Христа, получит столько внимания, как если бы его грехи никогда не существовали, поскольку они могли бы помешать потоку Божьей любви.

Но мы сами нуждаемся в ясном изложении Божественного прощения. Если мы когда-либо спускались в подвалы наших сердец и видели то ужасное, что там ползает и жалит, туманной веры в туманное милосердие таинственного Бога будет для нас недостаточно. Простое предположение, что Бог милосерд, слишком нечеткое, чтобы за него ухватиться и слишком хрупкое, чтобы обеспокоенная совесть могла на него опереться. Ничто другое, кроме прощения Самого Царя, скрепленного Его печатью, не имеет силы; и если мы на самом деле не познаем Бога и не услышим, так или иначе, с непоколебимой уверенностью из Его уст заверение о прощении, мы не удовлетворим нужд нашей души.

ХРИСТОС ПРЕДЪЯВЛЯЕТ И ИСПОЛЬЗУЕТ БОЖЕСТВЕННОЕ ПРАВО ПРОЩАТЬ

Тот факт, что Иисус ответил на затаенные мысли книжников, мог их убедить, что Он обладал и другими Божественными правами и читал человеческие сердца более чистым глазом, чем наш. И обращаться к Нему нужно как к Господу, о Котором можно сказать: «Еще нет слова на языке моем, — Ты, Господи, уже знаешь его совершенно». Если Он имеет Божественную способность читать сердца, Он имеет право Божественной властью даровать прощение, что Он здесь и показывает.

Но обратите внимание на Его ответ противникам. Он полностью признает сказанное ими. Они сказали: «Кто может прощать грехи, кроме одного Бога?» И если Иисус был просто человек, как мы все, находясь в таком же отношении к Богу, как другие святые, пророки и учителя, имея не больше отношения к Божьему прощению, как только сказать беспокойному сердцу, как сказал бы любой из нас: «Брат, ободрись; говорю тебе, что Бог прощает тебя и всех, кто ищет Его прощения», если бы Его слова расслабленному были в Его намерении только пастырскими и пояснительными, тогда Он был бы связан всеми обязанностями религиозного учителя обратиться к противникам и сказать им, что они неправильно поняли смысл Его слов. Почему Он просто не сказал им: «Я богохульствую? Нет, я не имел это ввиду. Я знаю, что простить может только Бог, а Я просто говорю этому несчастному бедняге, как это делаете и вы, что Он прощает. Богохульство присутствует только в вашем непонимании Моих слов».

Но ответ Христа совсем не был таким, хотя любой здравомыслящий и набожный учитель закона ответил бы именно так. Фактически Он говорит: «Вы правы. Человек не может прощать грехи, только Бог. Я прощаю грехи. Тогда за кого вы примете Меня, Сына Человеческого? Я утверждаю, что могу прощать грехи. Легко сделать такое заявление, легче, чем заявлять о власти поднять этого больного человека с его постели, потому что вы можете видеть, последует ли за словом дело, тогда как предыдущее заявление нельзя подтвердить видимым образом. Произнести оба предложения одинаково легко, сделать оба дела для человека одинаково невозможно; но исполнение одного видно, а другого — нет. Я сделаю видимую часть невозможного, а вы затем можете судить, имею ли Я право, как Я то утверждаю, делать невидимую часть».

В этом ответе ясно присутствует недвусмысленное утверждение Иисуса как Бога о власти прощать грехи. Протест, который Он встретил, и манера его принятия в одинаковой мере запрещают нам брать на себя власть «прощать грехи», кроме как в высшем Божественном смысле. Кажется, что это заявление приводит нас лицом к лицу к очень ясной альтернативе, которую я осмелюсь предложить для вашего размышления. Предложить вариант «оказаться меж двух огней» в принятии решения — не лучший способ убеждать колеблющиеся умы в истине; но тем не менее, справедливо будет сказать, и для некоторых это может звучать убедительно, что здесь нам навязывается очень веское «или-или». Или же фарисеи были правы, а Иисус Христос, кроткий, смиренный, набожный мудрец, образец всякого самоотречения, благозвучное и здравое учение Которого за восемнадцать столетий не исчерпано и не исполнено, был дерзким богохульником, или же Он Бог, явившийся во плоти. Этот случай побуждает нас, во всем честном объяснении, понести Его слова больному человеку, как восприняли их фарисеи, как заявление использовать исключительно Божественное право. Он взял на Себя власть загладить беззакония человека и подтвердил принятие власти не на основании, что Он провозглашал или приносил Божественное прощение, но на основании, что Он мог сделать то, чего не мог сделать никакой другой человек. Если Иисус Христос сказал или сделал то, что это повествование Ему приписывает — и если мы вообще знаем что-либо о Нем, мы знаем, что Он это сделал — нет такой гипотезы, которая может спасти Его репутацию для уважения человечества, но есть та, которая видит в Нем Слово, ставшее плотию, Судию мира, от Которого, и только от Него, мир может получить Божественное прощение.

ИИСУС ХРИСТОС ПРЕДСТАВЛЯЕТ ВИДИМЫЕ СВИДЕТЕЛЬСТВА СВОЕЙ НЕВИДИМОЙ ВЛАСТИ ПРОЩАТЬ ГРЕХИ

Несомненно, и чудо исцеления расслабленного, и прощение, которое оно удостоверяло, в одинаковой степени были Божественными актами, вне сферы влияния человека. Мы также можем отметить, что здесь наш Господь учит нас, сравнивая их важность, и подчиняет чудесное исцеление высшему акту предоставления прощения. Но мы можем допустимо использовать этот принцип и указать на внешнее влияние христианства в материальной видимой сфере вещей, как на удостоверение его внутренней силы, которую познал только тот, кто у подножия креста испытал, как спадает с плеч бремя греха. Явное влияние христианской веры на отдельные личности и менее заметное влияние на общество, действительно предстают как убедительные доказательства реальной власти Христа даровать прощение. Видимые результаты любого искреннего усилия засвидетельствовать Евангелие человекам, и влияния, проявляющиеся в жизни получателей, действительно создают серьезное предположение в пользу реальности власти, которой обладает Христос. Мы можем признать крайности и недостатки, которые слишком часто деформируют такие усилия и мешают духовному росту новообращенных. Но когда вся злая критика как пена уносится прочь, не остается ли в чаше то великое, что на вид и вкус очень похоже на новое вино Царствия? Утихшие страсти, изменившиеся надежды, стремления, получившие новое, благородное направление, усмиренные собственные интересы, растущие как цветы добродетели там, где были заросли и тернии или бесплодная пустыня — вот свидетельства того, что когда Иисус Христос говорил: «Прощаются тебе грехи твои», Он не делал опрометчивых заявлений, не давал надежд, которые не смог бы осуществить.

Всякий раз, когда сила Христова прощения входит в сердце, жизнь становится красивее, чище и благороднее, и вторичные материальные блага следуют своим чередом. Мы можем указать на различие между так называемыми христианскими и нехристианскими странами, как на свидетельство реальности спасающего дела Христа. Это веский ответ на многие сомнения сегодня. Если вы хотите увидеть Его доказательства, посмотрите вокруг. Все еще применим Его собственный ответ пришедшим от Иоанна: «Пойдите, скажите Иоанну, что слышите и видите».

Есть еще чудеса, осязаемые и видимые, творимые Иисусом Христом, более убедительные чем те, на которые было указано предтече, когда пошатнулась его вера. Все еще истинно, что «Его имя, чрез веру в Его имя, исцеляет человека», и это происходит в присутствии неверующих, которые могут засвидетельствовать исцеление. Мертвые воскресают, глухие слышат, нераскрывшиеся способности оживают, и тысячами потоков стремительный дух жизни исходит от Иисуса, и «все живет там, где приходит река». Пусть любая другая система верования или неверия делает подобное, если сможет. Пусть современные чудотворцы сделают то же самое со своим волшебством.

Эти мысли преподают два очень ясных урока. Один обращен к притворным последователям Иисуса Христа. Вы говорите, что в глубине своей души испытали прикосновение Его прощающей руки, загладившее ваши грехи. Никто не может сказать, так это или нет, пока не увидит вашу жизнь. Похожа ли она на то, что ваше покаяние было настоящим? Мир составляет свои собственные представления о христианстве намного больше от вас, исповедующих христианство, чем от проповедников и апологетов. Вы — письмо, читаемое всеми людьми. Поэтому смотрите, чтобы ваша жизнь достойно представляла искупительную силу вашего Господа, и чтобы люди, глядя на вашу прекрасную, святую и кроткую жизнь, были вынуждены сказать: «Да, что-то в этой религии есть, что сделало его таким человеком».

Другой урок касается всех нас. Так как мы все похожи в том, что прощение — наша самая глубокая нужда, будем искать, чтобы эту первоначальную и основную потребность удовлетворить прежде всего; и так как Иисус Христос заверяет нас, что Он использует Божественное право прощения и дает нам подтверждения Своего заявления в видимых результатах действия Его силы, будем все идти к Нему за прощением, в котором мы нуждаемся более всех остальных наших нужд, и которое может даровать нам только Он. Не теряйте попусту времени, пытаясь очистить поток вашей жизни далеко от его истока; позвольте Богу исцелить поток и сделать его горькие воды сладкими. Не думайте, мой друг, что ваша беспомощность, ваш паралич воли по отношению ко всему доброму, или больное воображение, с которым вы идете за злом, а следовательно и за непрекращающимся страданием, могут быть исцелены где-либо еще. Идите ко Христу, прощающему Христу, и пусть Он возложит на вас Свои руки.

Прислушайтесь к словам из Его сладчайших и непогрешимых уст, словам, которые как бальзам повлияют на всю вашу природу: «Чадо! Прощаются тебе грехи твои». «Дщерь! Вера твоя спасла тебя; иди в мире». Тогда откроются глаза у слепого, запрыгает от радости хромой, и запоет язык немого. Тогда пройдет ограниченность, печаль и болезни духа, и прощение принесет плод в радости и силе, в святости, здравии и мире.

ПРИМЕЧАНИЯ

1   Боб Джордж, «Возрастая в благодати» (г. Казань, изда-
     тельство «Ключ», 1997), стр. 71.

2   Боб Джордж, «Классическое христианство» (г. Казань, из-
     дательство «Ключ», 1997), стр. 203-205.

3   Там же, стр. 205.

4   Там же, стр. 204-205.

5   Там же, стр. 205-206.

6   Детальное исследование безопасности спасения см. в кни-
     ге Джона Мак-Артура, «Saved Without a Doubt» (Wheaton,
     IL: Victor, 1992).

7   Matthew Henry, «Matthew Henry's Commentary on the
     Bible», 4 vols. (Old Tappan, NJ: Revell, n.d.), 4:page unknown.

8   Дальнейшее обсуждение этого текста см. в приложении 3.

9   Jay Adams, «From Forgiven to Forgiving» (Amityville, NY:
     Calvary, 1994), 34.

10   Там же.

11   Джей Адамс цитирует этот стих, но при этом утвержда-
     ет, что он призывает только к подготовке сердца к про-
     щению. Он считает, что повеление «прощайте» в этом
     стихе просто означает, что молящийся должен быть «готов
     прощать» (там же, стр. 30). Но Адамс считает, что насто-
     ящее прощение не наступит до тех пор, пока обидчик не
     попросит прощения. Следовательно, человек, простив-
     ший таким образом, не может считать прощение полным,

пока сам не обличит обидчика, не услышит слов прощения и официально не простит сам.

12 Matthew Henry, «Matthew Henry's Commentary» (Old Tappan, NJ: Revell, n.d.), страница неизвестна.

13 Dietrich Bonhoeffer, «Life Together» (New York: Harper and Row, 1954), 112-113.

14 Jay Adams, «From Forgiven to Forgiving» (Amityville, NY: Calvary, 1994), 25.

15 Там же, стр. 64.

16 A. A. Hodge, «The Atonement» (Memphis: Footstool, n.d.), 267.

17 Смотри Джон Мак-Артур, «Charismatic Chaos» (Grand Rapids, MI: Zondervan, 1994), 278ff.

18 George Otis, Jr., «The Atonement» (transcribed from a message delivered at a series of YWAM meetings in Tacoma, Washington, autumn 1981). Transcripts of these messages are available on the World Wide Web at: http://www.concentric.net/~for1/otisa.htm.

19 Ibid.

20 Ibid.

21 Финней уделяет довольно много времени в своей «Автобиографии» споря против «этой богословской выдумки вменения» (Old Tappan, NJ: Revell, 1908), 56ff.

22 Там же, стр. 362.

23 Charles Finney, «Systematic Theology» (Minneapolis: Bethany House, 1994), 249.

24 Otis, ibid.

25 Hodge, 269.

26 William Hedricksen, «The Exposition of the Gospel According to Matthew» (Grand Rapids, Mich.: Baker, 1973), 529.

УКАЗАТЕЛЬ НА МЕСТА СВЯЩЕННОГО ПИСАНИЯ

ПРЕДМЕТНЫЙ УКАЗАТЕЛЬ

The Master's Academy International
www.tmai.org
publishing@tmai.org